光明社科文库
GUANGMING DAILY PRESS:
A SOCIAL SCIENCE SERIES

·法律与社会书系·

网络空间

——情感动员与规则体认

刘玉梅 | 著

光明日报出版社

图书在版编目（CIP）数据

网络空间：情感动员与规则体认 / 刘玉梅著 . --
北京：光明日报出版社，2021.6
ISBN 978-7-5194-6119-5

Ⅰ.①网… Ⅱ.①刘… Ⅲ.①互联网络—社会问题—
研究—中国 Ⅳ.①D669.4

中国版本图书馆 CIP 数据核字（2021）第 090304 号

网络空间：情感动员与规则体认

WANGLUO KONGJIAN：QINGGAN DONGYUAN YU GUIZE TIREN

著　　者：刘玉梅

责任编辑：郭思齐　　　　责任校对：李小蒙
封面设计：中联华文　　　　责任印制：曹　净

出版发行：光明日报出版社
地　　址：北京市西城区永安路 106 号，100050
电　　话：010-63169890（咨询），010-63131930（邮购）
传　　真：010-63131930
网　　址：http：//book. gmw. cn
E - mail：guosiqi @ gmw. cn
法律顾问：北京德恒律师事务所龚柳方律师

印　　刷：三河市华东印刷有限公司
装　　订：三河市华东印刷有限公司
本书如有破损、缺页、装订错误，请与本社联系调换，电话：010-63131930

开　　本：170mm×240mm
字　　数：220 千字　　　　印　　张：16
版　　次：2021 年 6 月第 1 版　　　　印　　次：2021 年 6 月第 1 次印刷
书　　号：ISBN 978-7-5194-6119-5

定　　价：95.00 元

序

我从2006年最初接触网络研究至今，已经十几个年头过去了。最初我探究的是网络环境下大学生的人格教育，后来转向研究网络心理健康教育。当深度接触社会学学科后，我发现网络以及相关社会问题研究，是一个值得为之努力探究的话题。

由于本人一直承担社会心理学、社会学概论和传播社会学的教学任务，在上述学科领域有了很多理论收获，同时在教学以及各种社会实践中也获得了非常多的感悟。这些积累和感悟，主要包括网络行动、认知、情感以及道德等。我认为在网络时代这些都有重要意义，于是我把上述选题带给了我指导的学生。在引发其研究兴趣的基础上我和他们一道深研选题。学生利用内容分析法、社会调查法等专业的方法和手段收集了大量的一手调研材料。我利用自身的理论积累，深度发掘这些材料背后的深层内涵就构成了今天这本专著的主要内容。

至于用什么样的主线组织起纷繁复杂的内容，我思考良多，最终从社会心理学的研究中有所获益。社会心理学专著中有一本津巴多著的《影响力心理学》，该书强调社会影响的技巧。要撼动人心要从行为开始，通过行为的发生影响内在的认知，随之撬动情感，最终影响价值、信念等深层次的东西。我于是按照这样一条主线，即行动—情感—道德—价值来组织本书的内容。

在这条主线之下，有着大量的社会学、社会心理学和传播社会学的理论分析。在本书中可以看到，需求及其满足、印象管理、从众、集群行为、道德情感以及规则重建等话题。本书对社会心理学的理论应用得比较充分。社会认知的相关理论，如归因的理论、印象管理的理论、认知失调理论等被深度挖掘。群体心理中集群行为的相关理论，谣言的传播等以及社会情感的理论在本书中也得到充分运用。至于传播学的理论，在本研究比较凸显的是沉默的螺旋理论、议程设置理论、涵化理论以及需要与满足理论。社会学的理论主要应用的是符号互动论、集群理论、社会信任相关的理论以及费孝通的差序格局理论。

本书最大的特色是理论和实践并重，看似浅显的网络行动背后有复杂的理论逻辑对之加以解释。通过阅读本书，读者会经历一次理论的游历以及对社会实践的深度接触，所以会大有收获！尽管本研究还有各种不足之处，但相信随着网络空间更深度地介入以及5G时代的来临，网络研究的话题还将备受瞩目。

刘玉梅

2020年7月

于长沙

目 录
CONTENTS

德国思想家海德格尔曾断言：人在世界中（Being in the world）。而在21世纪的今天，我们有足够的理由将其改写为：人在网络中。网络成为这个时代的宠儿，我们无时无刻不徜徉于网络空间之中。截至2019年年底，中国网民规模达到9.04亿人，较2018年年底增长7508万，互联网普及率为64.5%，手机网民规模高达8.97亿，手机上网率99.3%①。互联网已经通过对人们沟通交流、信息传播等方式的颠覆，撼动着传统的人类社会结构。现实世界的镜像化、社会组织边界的虚化和群体趣缘格局的出现，对人们的工作和生活产生了深刻的影响。在这种新的存在空间中，人们在行为、情感、认知和信念等方面的变化值得探讨。

① 第45次中国互联网络发展状况统计报告［R/OL］. 中国互联网络信息中心，2020-04-28.

第一章

别样家园——虚拟社区分析

一、虚拟社区是什么

社区作为社会学领域的重要概念，最早由德国社会学家滕尼斯在其《共同体与社会》中提出。其社会学界定为：人类社会生活的共同体①。后经社会学者的不断丰富与延伸，增加了区域、联结等概念。目前现实社区可以被理解为：由在一定地域范围内聚集的相互联结的社会群体或社会组织构成的一个实体。人是社区的主体，人与人之间的相互联系构成社区的文化与社会联系，人们创造了一系列的基础生活设施和规则来维护已经形成的文化与联系。为了区分各个不同的社区，人们利用地域的与文化的界限来加以标识，社区成员对于本社区有着一定的归属感与心理认同。

社区的形式是随着经济和社会的发展而不断发展的，托夫勒在其经典著作《第三次浪潮》中将人类社会划分为三个阶段：第一个阶段是农业阶段，第二个阶段是工业阶段，第三个阶段为信息化阶段，虚拟社区正是信息化阶段人类社区的新型表现形态。网络世界仿佛一个全新的宇宙，虚拟社区则类似一个全新的地球。现实生活中的“原住民”在“精神移民”到虚拟社区中后可以获取与现实生活截然不同的新体验。著名传播学家麦克卢汉早在20世纪60年代就在其著作《地球村》中提出了“地球村”的

① ［德］斐迪南·滕尼斯. 共同体与社会［M］. 林荣远，译. 北京：商务印书馆，1999：65.

概念，这是一个伟大的预言，事实证明这也是一个正确的预言。他在书中提到，网络的出现和兴起将重新洗牌旧有的社会结构和社会秩序。人们在虚拟的网络世界中更重视精神交往，由此形成具有文化认同和归属感的新的共同体，也就是如今我们所说的虚拟社区。

但何谓虚拟社区，却众说纷纭。美国学者唐·泰普斯科特在《数字化成长——网络时代的成长》一书中指出，“virtual community”的意义是网络衍生出来的社会群聚现象，也就是一定规模的人们，以充沛的感情进行某种程度的公开讨论，在网络空间中形成的个人关系网络。约翰·哈格尔三世、阿瑟·阿姆斯特朗在《网络利益》一书中做了这样的定义：所谓“虚拟社区”，就是一个供人们围绕某种兴趣或需求集中进行交流的地方；它通过网络，以在线的方式来创造社会和商业价值。

最为流行的定义来自 Rheingold，H.。他在 1993 年出版的《虚拟社区：电子边疆的家园》中将虚拟社区定义为：“一群彼此有着某种程度的认知、分享某种程度的知识、某种程度上像对待友人般相互关怀的人，借助互联网相互沟通，所形成的团体。①”他认为虚拟社区是通过互联网形成的社会群体，群体内的成员相互分享自己的知识和经验信息，从而建立一定程度上的亲密关系；同时，Rheingold，H. 还为虚拟社区总结了三个主要特征：虚拟社区首先是一个基于互联网的空间，一系列活动发生在这个网络空间内；其次，虚拟社区中的观点、知识或情绪是一种公共讨论的形式；最后，虚拟社区中的成员可以建立个人关系，在充足的时间前提下，参与者可以在虚拟社区中与其他成员发展人际间的关系。

国内学者也逐渐向虚拟社区领域倾斜。崔嵬认为虚拟社区至少具有四个特性：虚拟社区通过以计算机为媒介的沟通得以存在，从而排除了现实社区；虚拟社区的互动具有群聚性，从而排除了两两互动的网络服务；社区成员身份固定，从而排除了由不固定的人群组成的网络公共聊天室；社

① RHEINGOLD H. The Virtual Community：Homesteading on the Electronic Frontier Reading，[M]. Reading，MA：Addison- Wesley，1993：76.

区成员进入虚拟社区后，必须能感受到其他成员的存在①。杜骏飞认为虚拟社区具有社会实在性，并不是一种物理的组织形态，而是由具有共同需要和兴趣的人群组成，成员可能散布于各地，以旨趣认同的形式在线聚集的网络共同体②。徐世甫认为，虚拟社区是以网络为基础并以互动为动力，一类拥有相同或者相似价值观的拟像化为数字符号集合体的公众通过精神再生产所形成的公共领域③。刘柳也认为虚拟社区是一种新的社区形式，那些以心理和情感因素为纽带的亲密的群体关系延伸到网络社会中来，并没有因为工业社会的到来而瓦解④。徐小龙和王方华在总结了近年来学者的有关研究后提出，虚拟社区是人们形成和维持社会与经济关系的虚拟空间⑤。虽然由于关注的视角和侧重的维度不同，研究者对虚拟社区的理解有所不同，但绝大多数的讨论都是基于“精神共同体”而展开，认为虚拟社区是对现实社区的投影和拓展⑥。本研究援引 Rheingold，H.（1993）对虚拟社区的界定。虚拟社区是由一批网民自动聚集并相对固定在一定的网际空间进行如信息发布、言论交流等活动的场所⑦。

社会学对于社区的研究所揭示的基本特质（构成要素）是：一定的空间（地域）、一定的人群以及相应的组织或团体、公众的参与和某些共同的意识与文化。而“社区”作为一种社会实存的特质，在网络社会中也得到了相应的表现：第一，网络社区是一个空间单位；第二，网络社区存在

① 崔嵬. 在虚拟与现实之间——一塌糊涂 BBS 虚拟社区研究［D］. 北京：北京大学，2001.
② 杜骏飞. 存在于虚无：虚拟社区的社会实在性辨析［J］. 现代传播，2004（01）：73-77.
③ 徐世甫. 主体技术·拟像·公共领域——论虚拟社区［J］. 南京社会科学，2006（05）：106-113.
④ 刘柳. 虚拟社区中的人际互动［J］. 南京邮电大学学报（社会科学版），2006（02）：36-40.
⑤ 徐小龙，王方华. 虚拟社区研究前沿探析［J］. 外国经济与管理，2009（09）：10-16.
⑥ 杜骏飞. 存在于虚无：虚拟社区的社会实在性辨析［J］. 现代传播，2004（01）：73-77.
⑦ RHEINGOLD H. The Virtual Community：Homesteading on the Electric Frontier［M］. New York：Harper Perennial，1993：76.

着一定的人群；第三，网络社区内人与人、人与群体、群体与群体的互动，表现为合作、竞争、同化、冲突、适应等各种形式；第四，网络社区具有相应的组织对社区进行管理。同时，为社区居民提供服务，以满足社区居民的基本需要。

二、现实社区与虚拟社区的关系

从定义当中可以看出，虚拟社区与现实社区有一定的相似之处，虚拟社区中也包含着现实社区的一些构成要素，比如，人、交往关系、共同目标（需要）等，但两者之间仍然存在着很大的差异（见表 1-1）。虚拟社区的出现打破了现实社区的地缘及血缘等限制，从而导致虚拟社区有着更加自由的准入和退出规则。此外，与现实社区从上至下的社区权威达成方式不同。在虚拟社区，其权威是自下而上的，即人人都是权威。若是从社会整合的方面来看，现实社区较虚拟社区有着更加稳定的成员流动，结构相对更稳定，更加有利于社会整合与社会功能的发挥；虚拟社区成员流动性较强，不利于整合与社会功能的发挥。

表 1-1　现实社区与虚拟社区的对比

不同点	虚拟社区	现实社区
形态	无形	有形
载体	电子空间	地理空间
边界	无限	有限
结构	不稳定	稳定
互动方式	文本为主，同步较少	面对面为主，同步
成员身份	匿名、虚拟	真实
成员流动	流动性大	相对稳定
参与意愿	自愿	非自愿
成员责任	不承担责任	承担责任
社会功能	少、简单	多、复杂

资料来源：虚拟社区前沿探析①②③④⑤⑥。

三、虚拟社区的类型

根据虚拟社区设立的初衷不同，社区成员参与的目的与动机不同，社区成员关系程度的不同，虚拟社区有不同的分类。根据成员参与社区目的，有学者将虚拟社区划分为交易社区、兴趣社区、共景社区和关系社区⑦。Hagel 和 Armstrong 将虚拟社区分为交易社区、关系社区、兴趣社区以及幻想社区。根据成员参与动机的不同，将虚拟社区划分为三类：以试图达到相似的目标为动机，以共享某种专业知识为动机与以寻求共同兴趣为动机。根据成员关系，虚拟社区被划分为网络型虚拟社区和群体型虚拟社区⑧。还有学者根据虚拟社区交互的丰富程度与交易性的增减分为：游戏社区、兴趣社区、B2B 社区、B2C 社区、C2C 社区等。根据虚拟社区的赢利性与经营主体将其分为以下四类：论坛式虚拟社区、商店式虚拟社区、俱乐部式虚拟社区、集市式虚拟社区。

本研究大致把虚拟社区分为以下两种类型：

一是现实社会生活共同体的功能需要的延伸。即在现实社会生活中原

---

① 杜俊飞．存在于虚无：虚拟社区的社会实在性辨析［J］．现代传播，2004（01）：73-77.

② 刘丽晶，武艳君．近年来虚拟社区研究综述［J］．成人教育，2007（12）：31-32.

③ 毛波，尤雯雯．虚拟社区成员分类模型［J］．清华大学学报（自然科学版），2006（01）：1069-1073.

④ 陈劲松．现实社会中的虚拟社区的权威达成［J］．社会科学研究，2001（04）：113-116.

⑤ 徐健，赵新芯．社交网站成员参与动机的实证研究［J］．现代管理科学，2011（10）：64-66.

⑥ 王俊秀．虚拟与现实——网络虚拟社区的构成［J］．青年研究，2008（01）：35-43.

⑦ ARMSTRONG A. The real value of on-line communities［M］//TRPSCOTT D. Creating value in the network economy. Boston，MA：Harvard Business School Press，1999：134-141.

⑧ 程志超，王斯宁．基于角色认同的虚拟社区用户活跃行为综述［J］．北京航空航天大学学报（社会科学版），2017（03）：78-81.

本相识的个体因为某种需要而在网络上建立的方便联系的平台，比如，QQ群、微信群等，相对而言不再具有匿名性，且稳定性较强。

二是在互联网上因兴趣爱好相似而自发地集结在一起所形成的互动频繁的互联网社区，如各论坛、贴吧等，此类虚拟社区就是本书的主要讨论点。

因兴趣爱好相似而自发地集结在一起互动频繁而形成的虚拟社区是相对于传统的现实社区而言的，但同样也具备现实社区的一些特征。比如，有一定的活动区域（如论坛主页、贴吧讨论区等）；有一定数量的固定人群（“斑竹”、会员等），社区居民之间有相对频繁的互动（如在线聊天、话题讨论、“跟帖盖楼”等）。但虚拟社区毕竟不同于现实社区，也有其独立的鲜明特征。比如，其互动的超时空性——只要网络允许，世界各地的网民都可以参与其中进行交流和互动；匿名性——目前除了部分婚恋网站要求会员实名制外，多数论坛、贴吧都是后台实名前台匿名的，使网民得以部分脱离其现实身份，以全新的姿态进入这个虚拟世界、以符号性而出现；另外，虚拟社区中的人际关系较为松散，社区成员的流动也较为频繁。

四、虚拟社区的特点

虚拟社区作为网络中社会关系的生成物，具有自身的特点。一般来说，研究者们多认为虚拟社区的特征主要有：体系开放性、非地域性、成员身份符号性、管理自主性、非线性文本等。

（一）虚拟社区的开放性

开放性是虚拟社区存在的必要条件，就像其自身具备的特质，让人不容置疑。网络平台对于用户是免费开放的，网民乐此不疲地参与其中：三言两语、现场记录、发发感慨、晒晒照片，可简单快捷地将自己的所见所闻、感慨、心情、观点传达给别人，也乐于关注别人的动态。开放的平台使得精英与草根共舞，用户可自由地表达，也可为自己争取利益发声。虚拟社区在短短的时间里能得到迅猛发展，是因为它具有把世界“一网打尽”的能力。在横向上，国家间、地区间的距离因虚拟社区的互联而不复存在；在纵向上，历史、种族、信仰将被逐渐淡化；不同文化背景、不同语言的人们能够聚集在一起实时、“面对面”地互动。

虚拟社区存在的“空间”是无形的，而且跨越了地理上的限制。走进网络世界的人们，无论在什么位置，无论“身居”何处都不影响社区的构成；其成员可能散布世界各地，一个人也可以超越空间的障碍生活在多个网络社区里。它把人们从二维空间拉进了三维空间，人们走进“社区”不再依靠双脚，而是依靠计算机网络实现。跨越时空的虚拟社区正在使世界放大或缩小；同时，它也在营造人们之作为地球人或世界公民的土壤与环境。

（二）虚拟社区的差异性

虚拟社区中，成员间价值认知、知识结构、兴趣取向、年龄等诸方面都存在着较大差异。正是由于这些差异性存在，在虚拟社区的话题讨论上就必然要远离平庸的均衡态，表现为话语主题色彩纷呈、千差万别的多样性，话语讨论过程中大量“不同声音”的认同差异性，不同类型话语讨论区话题数量多少的不均衡性。结果是使虚拟社区更具活力和吸引力。

网络事件的诞生就是因为其不平衡。如果对一个事件大家都保持一种意见，则这个帖子会很快被大家遗忘，为了吸引持续的关注，有时会人为地制造“不同声音”。这时各种爆料、各种信息就会涌进帖子中，从而让更多的用户参与其中，让其变得更具吸引力。俗话说“理不辩不明”，只有在用户的相互争论和激辩过程中，才能推动整个网络事件的发展，从而让社区快速成长。

（三）虚拟社区的非线性

根据对网络及用户规模的分析，可以看出其非线性变化。当某一个话题只存在一个用户和另一个用户时，那它就只能是一个人和另一个人相互交流的通信场所；而过一段时间，参与的人数增多，可能发展成为一个小型的和陌生人相聚的平台；随着越来越多的用户加入（输入），实现了系统规模的扩大，虚拟社区逐步得以形成。但是，系统的输出不是线性发展的，当社区的形态出现后，吸引用户加入的动力已不再是话题当初的是与非，而是更深层次的真相、价值或一些人文层面的成分。这种输入与输出之间的非线性关系，是由系统本身的非线性决定的。

（四）虚拟社区的涨落性

所谓涨落，是指系统中某个变量的行为对平均值的偏离。当偏离程度达到或者超过某一阈值也就是临界点时，一点微小的涨落都有可能被放大，使系统打破原有状态和结构。虚拟社区中的涨落存在于话题争论、成员需求、建议和意见、斑竹的权利行使等方面①。

由于现实世界的规范层面被打破，网络逐渐变成展示、践行和增强规范的理想场所。社会成员活跃在网络氛围中，寻找到了所谓的归属感。成员的集体记忆激活了每个个体的潜在愿望，各种情绪得以宣泄，并为在线乌托邦的实现提供了美好的憧憬。因此，在该空间情感动员和规则体认成为主要活动。

① 姜胜. 虚拟社区自组织演进研究［D］. 北京：清华大学，2007.

第二章

浏览发帖——用户活跃度分析

2020 年 61.6%的中国人是社交网民，达到 8.591 亿人。预测到 2023 年，几乎所有网民（96.8%）都将是社交网络用户。尽管中国社交网络用户的增长速度正在放缓，但从 2020 年到 2023 年，每年将至少新增 3000 万社交网络用户。国内社交应用市场主要包括即时通信工具、综合社交应用和垂直细分社交应用。即时通信工具以微信、QQ 为主要代表，主要满足用户交流互动的社交需求，使用率在 90%左右；综合社交应用以新浪微博、微信朋友圈、QQ 空间为代表，主要满足用户进一步展现自我、认识他人的社交需求，使用率介于即时通信工具和垂直社交应用之间；垂直社交应用主要包含婚恋社交、社区社交、职场社交等类别，在特定领域为用户提供社交关系连接，用户相对小众。

对于社交应用的健康发展来说，用户是最为重要的资源。学者根据不同的特征对用户角色进行分类描述。根据用户在社区中的贡献水平进行划分最为常见，一般将用户分类为领袖用户、活跃用户和非活跃用户。其中，非活跃用户是指可能极少或从不访问社区，或者访问社区但只是浏览他人发布的信息，对社区没有贡献的用户。活跃用户是指在虚拟社区中参与互动交流，并留下行为记录的用户①。从网络社交用户平均每日接触互联网的时长来看，活跃用户较多，平均每天上网时长在 6 小时以上的用户

① 胡名叶. 虚拟社区中社会线索对用户贡献的影响研究［D］. 哈尔滨：哈尔滨工业大学，2019.

占20.0%，另外21.5%的用户每天的上网时长在3~6小时，每天的上网时长在1小时以内的用户仅占17.2%①。

Blanchard和Markus认为，虚拟社区的成功依赖于平台上大多数人的积极参与②。只有参与者在社区平台上不断交互，才会发生思想、信息和其他资源的互换，虚拟社区的价值才得以产生。网络的内容架构就是基于用户的紧密联系。控制独特的、难以再造的数据源，并且用户越多内容越丰富③。如何保留用户并引发其活跃度成为各大虚拟社区的挑战。目前排名比较靠前的国内虚拟社区，虽然每天拥有大量的点击率，但是虚拟社区的未来发展仍然取决于成员的持续性参与，探究与分析成员的虚拟社区活跃度成为焦点。

一、用户活跃度研究进展

（一）用户活跃度概念

用户活跃度的概念相对较多。张昱和谢怀军认为活跃度是指用户使用一项功能或服务的频繁程度④。刘卉在对网络社区的用户活跃度研究过程中指出，活跃度的高低反映了用户对网站的忠诚度和回头率，侧面上也反映了网站的质量水平，而用户活跃度关系网站的生存和发展⑤。由此可见，用户留存、活跃时间、天数、每天发布微博数、转发、评论的条数都和活

① 2016年中国社交应用用户行为研究报告［R/OL］. 中国互联网络信息中心，2017-12-27.

② BLANCHARD A L, MARKUS M L. Sense of virtual community - maintaining the experience of belonging［C］// System Sciences, 2002. HICSS. Proceedings of the 35th Annual Hawaii International Conference on. 2002.

③ 汤代禄，韩建俊，边振兴. 互联网的变革——Web2.0理念与设计［M］. 北京：电子工业出版社，2007：75.

④ 张昱，谢怀军. 手机银行用户活跃度与黏度的影响因素与业务发展研究［J］. 财经界，2012（04）：168-170.

⑤ 刘卉. 基于网络社区用户活跃度的研究［D］. 上海：上海师范大学，2012.

跃度有关①。用户活跃行为包括内容发布和关系建立两方面。内容发布行为，如发布原创信息、转发消息、分享信息等；关系建立行为，如关注好友、评论、点“赞”、私信等行为。内容与关系也构成了以社交媒体为典型的虚拟社区的基础元素②。虚拟社区成员的活跃度在本次研究当中设定为成员在过去一周的时间内，有登录社区并浏览帖子、发表言论等行为。

（二）影响因素研究

国外学者认为，虚拟社区成员在社区的使用过程当中会产生初始接受与后续接受两种判断过程，再次使用的意愿取决于前一次使用的认同，进而信息系统的持续性使用是一系列初始接受后的判断而催生的后续接受行为③。在此之后的学者 Malhotra 将承诺引入信息系统的持续使用行为研究当中，考察承诺对信息系统使用者使用行为的影响④，结果表明内化和认同不仅与情感承诺相互关联，而且情感承诺对于使用行为有着积极的影响。其他一些学者则认为虚拟社区的参与主要受两个变量的影响：社会认同和群体规范。成员的参与行为由个人动机和社会动机共同作用而成，个人动机与社会动机相吻合的时候，成员会更倾向于参与虚拟社区活动⑤。但是此研究的不足之处在于，仅将调查范围设定在虚拟聊天室内，受访者的代表性较弱，调查结果难以推及至所有虚拟社区成员。有学者以社会认同和群体规范为中心建立研究模型，把内在化和社会认同作为测量社会影

---

① 程志超，王斯宁. 基于角色认同的虚拟社区用户活跃行为综述［J］. 北京航空航天大学学报（社会科学版），2017（02）：78-81.

② BOYD M B，Ellison N B. Social Network Sites：Definition，History，and Scholarship［J］. Journal of Computer Mediated Communication，2008（01）：210-230.

③ BHATTACHERJEE A. Understanding information systems continuance：an expectation-confirmation model［J］. MIS Quarterly，2001，25（03）：351-370.

④ MALHOTRA Y，GALLETTA D. A multidimensional commitment model of volitional systems adoption and usage behavior［J］. Journal of Management Information Systems，2005，22（01）：117-151.

⑤ BAGOZZI R P，DHOLAKIA U M. Intentional social action in virtual communities［J］. Journal of Interactive Marketing，2002，（02）：2-21.

响的中介变量①。虚拟社区成员通过自身价值与他人价值的重叠程度做出行为决策，通过对自身所属社会范畴的界定，构建自我观念。Rau 在以社交网络为研究对象进行研究的过程中，分析了亲密程度与“潜水”行为的关系，指出社交网站成员之间的社会联系和人际关系会影响到成员的参与②。研究发现，“潜水”行为的出现是因为个体的社会情感需要得不到满足，可感知的亲密程度（口头的或情感的）的提升可以增强成员的参与行为。

国内对于虚拟社区成员的参与行为大多以网络游戏社区或资源共享型社区为研究对象。李仪凡和陆雄文以定性的研究方式研究了网络游戏虚拟社区成员的参与行为，分析了人们参与网络社区的关键动机，并且改进原有的量表，使其更适合研究中国人的虚拟社区参与行为动机③。他们利用该量表进行实证研究，发现人们参与虚拟社区的八个动机：领导、角色探索、休闲、亲和、赚钱、沉溺、性、攻击与贬低。刘丽群和宋咏梅通过分析虚拟社区中的知识交流行为建立了研究模型④，探讨虚拟社区中发生知识交流行为的动机和影响因素。他们认为，知识交流行为受需求程度和贡献程度影响，与他人亲和、成就感以及展现权利的需求对于知识贡献行为影响较大；而知识的需求主要受个体与社区成员的相似性以及对社区的认同性影响，二者成正比关系。郭朝阳和吕秋霞研究了虚拟商业社区中的成员参与行为，并将虚拟社区成员的参与动机划分成五种类型⑤：信息性、

---

① DHOLAKIA U M, BAGOZZI R P, Pearo L K. A Social Influence Model of Consumer Participation in Network- and Small-Group-Based Virtual Communities [J]. Social Science Electronic Publishing, 2004.

② WENGER E. Communities of Practice: Learning, Meaning, and Identity [M]. Cambridge: Cambridge University Press, 1998.

③ 李仪凡，陆雄文. 虚拟社区成员参与动机的实证研究——以网络游戏为例 [J]. 南开管理评论，2007 (05): 55-60.

④ 刘丽群，宋咏梅. 虚拟社区中知识交流的行为动机及影响因素研究 [J]. 新闻与传播研究，2007 (01): 43-51.

⑤ 郭朝阳，吕秋霞. 成员参与动机对虚拟社区商业模式的影响 [J]. 中国工业经济，2009 (01): 98-102.

娱乐性、社会强化、工具性和社会化联系。成员的参与动机对于虚拟社区的商业化运作产生显著影响。赵欣、周密等人认为，虚拟社区的持续使用并不是简单的一系列理性判断的结果，其中包含着一定的情感规律性。在借鉴了其他学者的研究成果之后，以“需求满足形成依恋，依恋导致持续使用倾向”为思路，建立了情感依恋视角的虚拟社区持续参与行为研究模型①。打破了以往单纯以认知视角研究信息系统使用的局限，从情感角度对比虚拟社区的优缺点，分析虚拟社区的持续使用行为更具现实意义。

楼天阳等人则从心理学角度“围绕虚拟社区参与的表征、动机及心理驱动机制三方面对虚拟社区成员的参与行为进行分析”②，并结合前人研究成果，提出了虚拟社区成员参与行为研究的四个未来发展方向：重视对虚拟社区成员参与行为的分类分析、关注虚拟社区成员参与动机的动态转变、加强对虚拟社区成员参与行为心理机制的理论分析、人际关系网络（虚拟/真实）对成员参与虚拟社区活动的行为影响研究。

刘行军以社会网络分析和使用与满足理论等为基础，通过自编软件以及问卷调查的方式获取新浪微博平台的用户行为数据，从而发现信息性收益、心理性收益中的沉浸感，成员身份以及社交性收益正向影响用户的浏览微博行为③。关月以原创型视频网站 bilibili 为例，利用使用与满足理论分析用户对原创视频的使用情况，在实证调查的过程中发现用户存在了解新知、获取消息、寓教于乐、情感共鸣、人际交友等多重使用动机④。刘湛通过对大学生短视频用户进行问卷调查，发现娱乐消遣、社交时尚、便

---

① 赵欣，周密，于玲玲，等．基于情感依恋视角的虚拟社区持续使用模型构建——超越认知判断范式［J］．预测，2012（05）：16-22.

② 楼天阳，褚荣伟，李仪凡，等．虚拟社区成员参与心理机制研究述评［J］．外国经济与管理，2011，33（05）：33-40.

③ 刘行军．微博用户及其信息传播影响因素研究［D］．武汉：华中师范大学，2013.

④ 关月．Bilibili 用户关于原创视频的使用与满足研究［D］．大连：大连理工大学，2018.

捷表达和信息获取是其主要的使用动机①。总体而言，现有的用户需求/动机研究多停留在使用动机/需求的归纳层面。虽然用户群体的需求/动机各异，但大体上可以由娱乐需求/动机、社交需求/动机、认知需求/动机以及情感需求/动机等涵盖。

（三）指导理论分析

虚拟社区成员的持续参与行为取决于很多因素。现有研究从需要层次理论、动机理论、社会资本理论、承诺理论、期望确认理论、观察学习理论、领导成员交流理论等众多视角提出了相关的影响因素②。本研究以马斯洛的需要层次理论和斯金纳的操作制约学习理论为指导。

人的需要是人体某种生理或心理上的不满足感，它可使人产生行动的动机。这些需要之间的微妙关系构成一个动态的需求系统。马斯洛在1943年发表的《人类动机的理论》一书中提出：人要生存，他的需要能够影响他的行为。只有未满足的需要能够影响行为，满足了的需要不能充当激励工具。人的需要按重要性和层次性排成一定的次序，从基本的（如食物和住房）到复杂的（如自我实现）。基本性需要包括生理需要、安全需要。生理需要是人类生存的最基本、最原始的本能需要，包括摄食、喝水、睡眠、求偶等需要；安全需要是生理需要的延伸，人在生理需要获得适当满足之后，就产生了安全的需要，包括生命和财产的安全不受侵害，身体健康有保障，生活条件安全稳定等方面的需要。心理性需要包括社交需要、自尊需要、求知需要、审美需要。社交需要是指感情与归属上的需要，包括人际交往、友谊、为群体和社会所接受和承认等；尊重需要包括自我尊重和受人尊重两种需要，前者包括自尊、自信、自豪等心理上的满足感，后者包括名誉、地位、不受歧视等满足感；求知的需要简言之就是认识和

① 刘湛. 短视频大学生用户使用行为的问卷调查研究［J］. 新闻研究导刊，2019，10（04）：123-124.

② 胡名叶. 虚拟社区中社会线索对用户贡献的影响研究［D］. 哈尔滨：哈尔滨工业大学，2019.

理解的需要；审美需要是对真、善、美追求的需要。① 关于自我实现的需要，马斯洛的描述是："人在自己的本性中表现出一种朝着越来越充分的存在，朝着他的人性越来越完美的方向发展的趋向。"② 当人的某一级的需要得到最低限度满足后，才会追求高一级的需要，如此逐级上升，成为推动外界变革的内在动力。某一时刻，在人的许多需要中，会有一种需要是相对最强烈的，我们称其为强势需要。强势需要产生主导动机，而主导动机直接导致人的行动。人通过行动满足了强势需要后，又会有新的需要变成强势需要，如此循环往复③。

操作制约学习中，行为主体的行为改变了环境，即行为结果对环境产生影响。当行为结果是令人满意的、有益的或者是令人愉快时，相应的行为就会不断地被重复，并最终可能成为一种习惯。当获得强化的行为非常复杂，或者个体难以习得这一行为时，就必须先对该行为进行"塑造"。塑造是一种学习程序。在这一学习程序中，最初对任何与目标行为相类似的行为都给予奖赏；然后逐步提高标准，只对与目标行为越来越相类似的行为予以奖赏，最后，只有在目标行为真正出现时，才予以奖赏④。例如，在训练学生对问题的思考时，起先，无论学生给出何种答案，教师都对学生勇于举手这一行为给予口头表扬；然后，有选择性地对那些越来越好的回答进行强化。人们喜欢重复那些能为自己带来益处的行为，而操作制约学习就是这一原则运用的直接结果。在操作制约学习中，行为成了获得益处的"工具"，而"这些益处"就是一种正强化；在这里，强化被定义为一种能够增加行为发生频率的刺激。

---

① ［美］马斯洛. 人类动机的理论［M］. 许金声，等译. 北京：中国人民大学出版社，2007：69-88.

② ［美］马斯洛. 存在心理学探索［M］. 李文湉，译. 昆明：云南人民出版社，1987：123.

③ ［美］马斯洛. 动机与人格［M］. 许金声，等译. 北京：华夏出版社，1987：115.

④ ［美］菲利普·津巴多，迈克尔·利佩. 影响力心理学［M］. 邓羽，等译. 北京：人民邮电出版社，2008：37.

因为不同的虚拟社区其实用性、易操作性、娱乐性都有所差异，虚拟社区的参与行为以及参与动机的研究还需要进一步深入。另外，现有的关于虚拟社区参与行为的研究主要集中于单次使用行为方面，研究所选取的参与行为是一种短期性的行为，而长期性行为研究的视角比较少。虚拟社区成员在初始动机的驱动下选择进入某一社区，经过一段时间，个体对该社区的认识会发生一定程度的改变，当初进入该虚拟社区的原因未必还是现在留在该社区的原因。研究虚拟社区成员在参与过程当中的行为转变，有助于虚拟社区制定更好的经营策略，吸引更多的、高质量的用户参与，避免老用户的流失。

二、豆瓣社区用户活跃度的研究模型

目前的互联网上有众多虚拟社区，其规模、类型、创建时间都各不相同，很难去恒定哪一个更具有代表性，经权衡，最终选取豆瓣社区（http：//www. douban. com/）作为分析对象。主要是因为，豆瓣（douban）创立于2005年，以书影音起家，由用户提供书籍、电影、音乐等作品的信息，是具有特色的一个网站。网站还提供书影音推荐、线下同城活动、小组话题交流等多种服务功能，它更像一个集品味系统（读书、电影、音乐）、表达系统（我读、我看、我听）和交流系统（同城、小组、友邻）于一体的创新网络服务。同时，豆瓣小组的功能设置，将内容生产与社交相结合，体现出社会化媒体的特征。它的用户可谓是一个个性鲜明的群体，在使用豆瓣时，有着特定的并且个性鲜明的需求。正是由于豆瓣社区有着一定的历史、服务多样性、用户数量庞大，使得对于该社区成员参与行为的研究更有说服力。

网络用户参与社区活动的过程是一个双向选择的过程：一方面，网络用户倾向于寻求一种更低成本的满足自己需要的途径；另一方面，虚拟社区提供了这样一个低成本的途径帮助他们满足这些需求，凭借网络这个桥梁，二者得以对接。一个网络用户基于自身需求经过选择便成了特定虚拟社区的一个成员。但是这种基于动机的虚拟社区参与行为是一种短期性质的判断驱动行为，网络用户是否持续参与该社区的活动依赖于接下来的若干次参与的一致性认可判定，显然仅从动机的角度很难分析长期性的行为。因而本书拟从需求的满足以及被强化的参与行为两方面来研究参与者的持续参与行为，并运用心理学的知识试图对虚拟社区参与者的持续参与行为做出解释。

模型的核心是参与者的需求，这是参与者进入一个虚拟社区的关键因素，也是一个虚拟社区留住网络用户的关键。当一位网络用户认为某一个虚拟社区有可能满足自己的某种需求而尝试性地进入该虚拟社区之后，一次性参与行为发生。但是虚拟社区的存在意义不仅仅是捕捉这些一次性参与行为，这只是发展了一个潜在的新用户，虚拟社区的发展还要尽可能持久地留住这个潜在的新用户，使之发展成为老用户、高质量用户，这就需要有特定的强化。豆瓣社区用户活跃度的研究模型如图 2-1 所示。

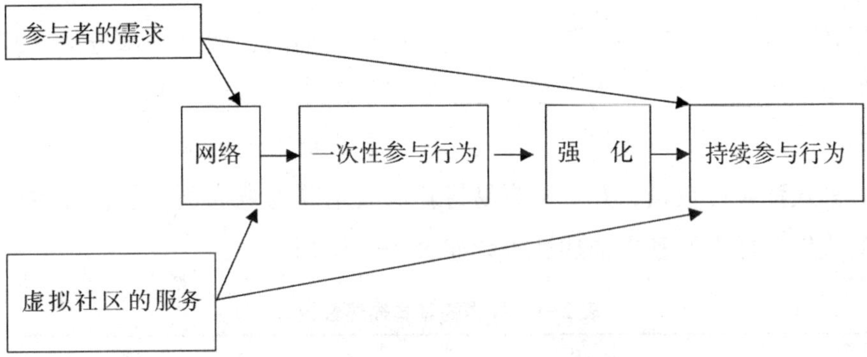

图 2-1　豆瓣社区用户活跃度的研究模型

虚拟社区通过升级、奖励、虚拟货币、人气等方式，不断强化参与者的参与行为。为参与者的参与行为附加了除满足自身需求以外更多的含义，使得参与者情不自禁地、习惯性地参与到虚拟社区的活动当中去。如此往复，虚拟社区就可以达到留住老用户的目的。

为了对研究的模型进行检验，豆瓣社区发起线上调查活动，确保所调查的对象均为豆瓣社区成员。问卷采取的是自愿填写的方式，完整填写问卷后有随机的奖励。问卷在豆瓣社区发布一周，共收回有效问卷135份①。

三、用户活跃度的情况及影响因素

根据文献回顾大致可将参与虚拟社区的影响力量视为推力和拉力两方面。推力来自个体的需要及其满足，拉力来自外界的诱因以及强化。本研究结合豆瓣社区的情况对此加以检验。

（一）活跃度情况

从豆瓣社区成员的社区活动情况调查看来，在豆瓣社区内参与发表言论或其他形式活动的成员数量比较少。一半以上的成员都只是浏览，并不发表言论。从虚拟社区成员对自己的评价也可以看出，不到一半的人认为自己是活跃的虚拟社区活动参与者，大部分人还是对虚拟社区的活动持观望态度，只是浏览，很少发帖子，就是网络上所谓的“潜水”。虚拟社区的活跃程度大多是靠一些资历比较老的成员带动的，而这一部分成员只占成员总数的三分之一。大多数成员采取了仅限于浏览的参与行为，这虽然不影响虚拟社区的发展规模，但是，仅靠老成员带动虚拟社区活动气氛的发展模式依赖性较强，并且不容易将新成员培养为老成员，也会导致老成员的流失。样本的基本描述性统计如表2-1所列。

表2-1　样本的基本描述性统计

变量	类别	样本数	比例（%）
性别	男	63	46.67
	女	72	53.33

① 本次调查由周洪秀协助完成。

续表

变量	类别	样本数	比例（%）
年龄	A. 16 岁以下	9	6.67
	B. 17—30 岁	104	77.04
	C. 31—40 岁	16	11.85
	D. 41—50 岁	6	4.44
	E. 51 岁以上	0	0
学历	A. 初中以下	6	4.44
	B. 高中	21	15.56
	C. 专科	16	11.85
	D. 大学	86	63.71
	E. 研究生及以上	6	4.44
每周浏览时间	A. 少于 2 小时	61	45.19
	B. 3~5 小时	43	31.85
	C. 6~9 小时	25	18.52
	D. 10~19 小时	4	2.96
	E. 20 小时以上	2	1.48
参与回复、讨论或撰写书评或影评等的数量	A. 只浏览，不发表见解	56	41.48
	B. 0—1 篇	22	16.3
	C. 2—3 篇	20	14.81
	D. 4—5 篇	14	10.37
	E. 6 篇以上	23	17.04
社区参与度	A. 游客	75	55.56
	B. 社交者	45	33.33
	C. 贡献者	10	7.41
	D. 权威人士	4	2.96
	E. 社区经营者	1	0.74

（二）参与需求分析

根据马斯洛的需求层次理论，人们的需求是由低至高的层次递增的，低层次的需求满足了之后，人们会主动地追求高一层次的需求①。在对豆瓣社区成员的虚拟社区参与需求进行测量之后发现，豆瓣社区在知的需求层面给予了社区成员最大的满足，换句话说，豆瓣成员是为追求对人、事、物更好地理解而参与到社区的活动当中的。反过来，从社区活动当中所获得的认识与理解又吸引着豆瓣成员参与社区的其他活动，从而使成员的参与行为得以持续。

从表 2-2 还可以看出，豆瓣成员在社区内所寻求的需求更多是位于需求层次金字塔顶的。更多豆瓣社区成员希望通过参与社区活动，实现追求真和美以及人生理想的过程。

表 2-2　参与需求频次表

	频数	频率（%）
隶属于爱的需求	57	42. 22
自尊的需求	44	32. 60
知的需求	73	54. 07
美的需求	65	48. 14
自我实现的需求	65	48. 14

研究进一步检验发现虚拟社区成员的参与需求与成员的持续参与行为存在着正相关关系。虚拟社区成员参与社区的活动是为了满足自己的特定需求，如果这种需求的满足状态能够一直持续下去，成员的参与行为也会随之持续下去，而需求满足程度较小的成员很可能在几次参与行为之后就不再参与到该虚拟社区的活动当中去。研究还发现大部分的虚拟社区成员追求高层次的、自我实现层次的需求满足，对于这一部分成员来说，满足

① ［美］亚伯拉罕·马斯洛. 动机与人格［M］. 3 版. 许金声，等译. 北京：中国人民大学出版社，2013：86.

对人生最高境界的追求是其持续参与到虚拟社区活动当中的原因。

（三）强化行为分析

个体的行为如果被给予适当的正向强化，那么，该行为的重复概率就会提高。如果这种正向强化操作得当，特定的行为即可内化为个体的行为习惯，只要强化物一出现，特定行为也随即发生。此外，如果强化物是以非固定比率出现的，那么其强化的效果会更加明显。个体会加大行为产生频率，以避免错失强化物①。从表 2-3 可以发现，对豆瓣社区成员强有力的强化物是发置顶帖。一个成员的帖子如果能被置顶，那么他继续发表其他帖子的可能性就会增加，继而他参与豆瓣社区的行为频率相应提高。

与发置顶帖强化效果相差无几的是被关注或被邀请的强化行为。成员得到他人的关注或被邀请解答疑问是一种很好的奖励行为，这在成员心理上是一种肯定与认同。为持续、更多地得到这种认同与肯定，豆瓣成员会选择参加更多的社区活动，被更多的人所认识和肯定，进而被关注，并在需要的时候被邀请参与某项活动。

表 2-3　强化行为频次表

	频数	频率（%）
发置顶帖	72	53.33
获得小豆	50	37.04
建立小组	47	34.81
使用推荐功能	61	45.19
被关注或被邀请	68	50.37

发置顶帖及被关注和邀请都是非固定比率的强化物，即这两种强化物的出现并不遵循绝对条件。因而，这两种强化物对于豆瓣成员的参与行为有着更加明显的强化效果。

为考察参与需求与持续参与两个变量之间是否有相关关系，采用

① ［美］斯金纳. 科学与人类行为［M］. 谭力海，等译. 北京：华夏出版社，1989：94.

Pearson 相关系数对两个变量之间的相关性进行检验。结果表明 $r=0.01$，$p=0.00$，p 值小于 0.05，表示两个变量之间有显著相关关系，即虚拟社区成员的参与需求与其持续参与行为之间存在着相关关系。线性回归检验表明，p 值小于 0.05，表示自变量是因变量的显著预测变量。因而，虚拟社区成员的参与需求是其持续参与行为的显著预测变量。两个变量的回归方程是：

$$Y=3.460+0.446X$$

强化行为与持续参与的相关分析与回归分析也表明，$r=0.01$，$p=0.00$，p 值小于 0.05，所以两个变量之间存在显著相关关系，即虚拟社区成员的持续参与行为与其被强化的行为之间具有相关关系。为更直观地查看两个变量之间的因果关系，经线性回归分析检测，p 值等于 0.00，小于 0.05，因而自变量是因变量的显著预测变量，即虚拟社区成员的被强化行为是其持续参与行为的显著预测变量。两个变量的回归方程为：

$$Y=2.874+0.483X$$

四、对于虚拟社区运营的建议

目前网络上的虚拟社区种类繁多，网络用户在现实当中可能同时是多个虚拟社区的成员，不同的虚拟社区可以满足网络用户不同的需求。网络用户在不同虚拟社区的参与行为也有所差异。以研究的豆瓣社区为例，在所有被访者当中，有接近一半的成员只在社区进行浏览，不参与发帖、讨论等活动，如果能很好地调动起这一部分成员的社区活动参与积极性，虚拟社区的发展会更加活跃。

而对于虚拟社区的运营来说，新用户源源不断地加入、更加持久地留住老用户、互动更加活跃是虚拟社区的生命力所在。如何能更有效地做到这几点，是每一个虚拟社区的发展关键。从本次调查的结果来看，虚拟社区的服务可以从以下几方面来进行完善。

（一）设置形式新颖的、更具内涵的活动内容

豆瓣社区的成员大多年纪较轻，容易被新奇、特殊的事物吸引，喜欢与众不同，追求轰动效果。因而社区在活动的内容与形式方面应该尽量符合年轻人的审美需求，从年轻人的角度出发，发起社区活动。此外，由于虚拟社区成员的文化水平普遍较高，应避免活动当中的粗俗、劣质因素的出现，以免打击社区成员的活动积极性。

（二）提供能够带来新知的活动

在五个层面的需求因素当中，获得对人事物的知的需求对于持续参与行为的影响力最大。如果在虚拟社区内的经历能够使成员对身边的事物有新的理解与认知，成员的参与行为长久持续的可能性更大。因而，虚拟社区应该推广富含新知识、新信息的活动，避免用无营养的低俗活动号召成员参加，造成成员流失。

为虚拟社区成员提供自我实现的可能。虚拟社区为成员提供了一个自我实现的平台，部分成员持续参与虚拟社区活动是为了寻求美或自我提升与自我实现。因而，虚拟社区可以举办一些能够满足更多成员对美和自我实现需求的活动，提高成员参与质量。

（三）发置顶帖和关注与邀请系统的完善

在本研究中发现，五种强化行为当中，发帖置顶和被关注与被邀请对社区成员的持续参与行为有着最大的强化作用。因而虚拟社区在运营的过程当中应明确发帖置顶的规则与途径，建立正规的邀请制度，激励虚拟社区成员更加积极地参与社区活动。

（四）加强基础文化建设

豆瓣社区在建站初期，管理者以线下活动的途径和私人关系，吸引来第一批核心用户，这些用户以清新风格为主，为社区贡献了很多高质量内容。随着社区的不断发展壮大，新用户需求与爱好迥异，清新风格难以保持，社区内容受到低质量信息的冲击，部分老用户深感社区落入俗套而离

开。由于新成员鲜有贡献好的内容，社区内容质量进一步恶化。这是豆瓣社区目前发展的一个瓶颈，最主要的解决途径是加快建设虚拟社区基础文化，让不同层次的新成员能够明显感觉到社区文化的熏陶，在潜移默化的影响之下认同并忠实于本虚拟社区的价值观，让不同层次和不同需求的人在虚拟社区共生。

（五）会员准入

虚拟社区发展壮大离不开新成员的加入，但是绝对开放的准入规则难以保证虚拟社区成员的质量，因而社区内活动的质量也难以保持。因而，虚拟社区在运行的过程当中，可以适当考虑设定一定的准入限制或实行邀请制。这样虽然会缩小虚拟社区的规模，但是从长远发展的角度来讲，虚拟社区的繁荣发展并不以用户的数量取胜，更多的是靠虚拟社区的文化氛围、价值观、思想高度等方面因素来支撑。所以，实行会员准入并不会导致虚拟社区运营的萎缩。

总之，互联网在满足着人们无限需求的过程中不断变革和发展，网络用户也正是在获得满足的需要驱使之下，参与其中。我们有理由确信虚拟社区会因为用户的持续参与而得到持续不断的提升。

第三章

乐在其中——乐 Q 族的人际传播

CNNIC 结合我国社交应用的现状，参考国内外相关研究机构的分类标准，主要结合用户的使用目的，把国内的社交应用类型主要分为即时通信工具、综合社交应用、图片/视频社交应用、社区社交应用、婚恋/交友社交应用和职场社交应用六大类。其中即时通信工具的使用率最大，占 90.7%。即时通信，或称即时通讯（Instant Messaging，简称 IM）是指互联网上用以进行实时通信的系统服务，其允许多人使用即时通信软件实时地传递文字信息、文档、语音以及视频等信息流。即时通信软件除了基本通信功能以外，还集成了电子邮件、博客、音乐、电视、游戏和搜索等多种功能。因此即时通信已经不再是单纯的聊天工具，而是具有交流、娱乐、商务办公、客户服务等特性的综合化信息平台。移动即时通信工具作为网民日常沟通的主要载体，用户黏性较强。典型社交应用中，微信朋友圈、QQ 空间、新浪微博均属综合社交应用，使用率分别为 85.8%、67.8%、37.1%，排在前三位。其中微信朋友圈、QQ 空间作为即时通信工具所衍生出来的社交服务，用户使用率较高①。

腾讯 QQ 逐渐成为目前中国最流行的网络交流工具之一，它引领着一种新的人际传播方式。腾讯 QQ 在网络与计算机日益普及的大背景下，加之其使用的便易性和廉价性，迅速地融入人们的生活，成了网民的宠儿，几乎每台电脑上都有只系着红领巾的企鹅。

---

① 2016 年中国社交应用用户行为研究报告［R/OL］. 中国互联网络统计中心，2017-12-27.

QQ 不仅为现实中相识的人们日常联系和沟通所用，充当着人们交流的手段和工具，而且其提供的在线用户查找功能，使用户可以在网上寻求交流对象，扩大交流范围。除此之外，QQ 所拥有的低成本的各项聊天、娱乐功能也成为吸引用户的魅力所在。在 2020 年突如其来的疫情暴发期间，QQ 群课堂的卓越表现，使 QQ 已经逐渐内化为网民生活中的一部分，使得很多网民出现“上网必上 Q”的现象。他们长时间地和习惯性地使用 QQ 作为网络交流和娱乐的工具，对 QQ 产生了强烈的依赖感。

QQ 是现代高科技带给人类的福祉，是获取信息、生活娱乐、互动交流的重要渠道，QQ 传播对社会生活发生着越来越重要的影响。作为一种传播现象我们应该在结合实践与理论的基础上，对其展开深入的研究，这样才能使人们从理论上正确认识、从实践上有效利用这种传播形式。

一、何谓乐 Q 族

QQ 的普及化和其强大的功能等因素促使 QQ 已经逐渐内化为网民生活中的一部分，使得很多网民出现“上网必上 Q”的现象。调查显示，在 00 后最常使用的 App 中，QQ 以 72.6%占比远超过微信。至于为什么使用 QQ 的频次会超过微信，00 后表示：“主要是用习惯了——朋友都在上面，方便交流，而且，QQ 上还有 QQ 秀、皮肤等。”此外，QQ 空间也成为 00 后选择 QQ 的重要原因①。他们长时间地和习惯性地使用 QQ 作为网络交流和娱乐的工具，对 QQ 产生了强烈的依赖感，这类网民群体被界定为乐 Q 族。

乐 Q 族有以下群体特征：使用 QQ 超过三年，平均每天使用 QQ 且时间在一小时以上，大多数情况下一上网就会登录 QQ，对于 QQ 的使用频率不低于刚注册时。乐 Q 族对 QQ 有着一定程度的依赖感，但其与网络成瘾者、微博控等群体对于网络的依赖程度还是存在着根本差异的，乐 Q 族群

① 美图《00 后 App 使用情况调研报告》验证，00 后爱“QQ”胜过“微信” [EB/OL]. 搜狐网，2015-10-19.

体是能够理性使用 QQ 的网民群体。他们通过使用 QQ 获取人际交往、信息获取等方面的满足、使自己受益，是一种正常水平的人际依赖，而不是过度的沉迷。

二、QQ 人际传播

人际传播是人类生存与发展的一种最基本的形式。西方著名传播学者 W.宣威伯对此下的定义是："个人与个人间无须传播机构来居其中的传播行为，包括谈话、演讲、上课等面对面的传播，也包括有工具在中间进行协助的传播，例如打电话、用扩音器说话和用书信来往等。人际传播与网络传播显著不同的地方是传者知道受方是谁，而且能很快或即时取得回报，并且没有也不必依靠传播机构在其间产生作用。"① 有人将这种人际传播形象地称为 FTF（face to face）。网络人际传播是指人与人之间借助计算机和互联网进行的非面对面的信息传递、交流情感的活动，它以文字和符号为主要表达方式。据此，有人将之称为 CMIC（Computer——Mediated Interpersonal Communication）。

（一）QQ 的传播特征

网络人际传播按反馈的即时性可以分为同步传播和异步传播。显然 QQ 传播是一种同步传播。这种新型的人际传播方式既具有一般人际传播的特点，又有其显著的个性特征。

第一，侧重网络空间人与人之间的"独特关系"。在进行 QQ 聊天时，尽管话题内容和类别很多，但基本上能反映聊天者之间独特的关系。在聊天时，"明星与八卦""恋爱、娱乐和时尚购物""饮食、美容与减肥""好友与同学近况"② 等都是谈资。这些话题包罗万象，涵盖了个人生活的各方面，但大多以私人事务为主。

---

① 邵培仁. 传播学［M］. 北京：高等教育出版社，2004：196-228.

② 姚锦云. QQ 人际传播对高校思想政治教育的启示［J］. 学校党建与思想教育，2011（23）：57-58.

第二，交流的可控性和情感的易表露性。网络交流较之面对面传播更具可控性，因为有更多的时间来思考如何回复。不仅如此，在 QQ 人际传播中，借助表情符号的帮助，交流者能更容易控制自己的情感表露，尤其是那些现实生活中不善表达的人。

第三，交流时间的便捷性。QQ 具有视频语音通话、延时聊天功能，用户既可以选择即时交流，也可以进行延时交流。聊天记录保存、离线文件发送等功能大大扩展了 QQ 人际传播的时间限度。

（二）QQ 人际传播的影响

QQ 人际传播作为一种传播现象，在后现代社会将越来越普遍。它极大地改变着人们的社会生活，积极效果和负面作用同时共存。具体表现为：

观点改变。在 QQ 里，人们释放着自己的欲望，尽情展示自己对于事物的看法。这可能导致其他传播主体在自我互动的过程中，对自己原有的观念进行“换血”，影响其对现实的看法。观念的变化会改变人的行为，有些主体就不再满足于在网上释放，而是选择下网走向现实，在生活中尝试新鲜刺激的事物带给人的快感。社会是由有着各种关系的人建构起来的，社会中人们行为的改变必然会使现实社会发生改变，QQ 传播对现实有着重塑和再造的作用。

身份重塑。透过 QQ，人们了解自我身份的多重性，并开始建构虚拟的自我。当使用者创造一个线上自我时，就进入了一个极具挑战性的自我多元试验场域，这种多元化的现象，让我们得以重新审视自我是完整个体的传统看法。多面向的对话，在统一自我和多重自我之间，最终会想象出一个弹性自我，鼓吹多面向的对话，而“真实”变成了身份认同“协商”下的结果。

社会逃离。个人完全忽略真实世界的人际关系，整天逃遁到网络上。使用者将所有的身份认同放置在网络身份上，借此逃避真实世界生活的压力，就如同宁愿停留在梦幻当中，不愿醒来的人一样。其结果是，个人借着化名的掩护，企图完全脱离真实世界这个首要现实对个人的强制性，一心一意追求网络人际关系所带来的满足，或是想要借着电脑网络所提供的方便性，不断地更换 ID（也就是身份）与游走在不同的舞台之间，来逃避任何角色固定下来时所蕴含的社会责任。网民的心态呈现出隐匿与披露、信任与怀疑、飘移与沉醉①等特征。

三、乐 Q 的理论解释

目前已有的研究主要以角色社会化理论、沟通行动理论以及社会拟剧理论为分析框架。本研究主要以使用与满足理论、社会交换理论为依据。

（一）使用与满足理论

使用与满足理论（Uses and Gratifications）是传播学领域关于大众媒介的效果与使用的经典理论，用以研究媒介和受众的关系。该理论认为受众不是被动的而是主动的，并且总是出于一定的需求和动机来进行传播媒介的选择从而达到需求的满足，受众的需求而不是媒介机构决定了受众的媒介选择和使用行为。

1974 年，伊莱休·卡茨（Elihu Katz）在其著作《个人对大众传播的使用》中首先提出使用与满足理论，该理论站在受众的立场上，分析受众对媒介的使用动机和获得需求满足。以此为基础提出了“使用与满足”过程的基本模式，即将媒介接触行为概括为一个“社会因素+心理因素—媒介期待—媒介接触—需求满足”的因果连锁过程。

经补充、修正和发展，后人综合提出“使用与满足”的过程，包括：其一，人们接触使用传媒的目的都是满足自己的需要，这种需求和社会因素、个人的心理因素有关。其二，人们接触和使用传媒有两个条件：接触媒介的可能性和媒介印象。后者即受众对媒介满足需求的评价，它是在过

① 陈泳华. 网络人际传播中网民的分裂心态及自我调适［J］. 河北师范大学学报，2003（01）：101-105.

去媒介接触使用经验基础上形成的。其三，受众选择特定的媒介和内容并开始使用。其四，接触使用后的结果有两种：一种是满足需求，一种是未满足需求。其五，无论满足与否，都将影响到以后的媒介选择使用行为，人们根据满足结果来修正既有的媒介印象，不同程度上改变着对媒介的期待。

使用与满足理论开创了从受众角度研究传播的先河，强调了受众需求在传播过程中的首要地位，在解释受众的媒介使用行为方面发挥着巨大作用。但同时由于其自身的理论缺陷也遭到一些学者的批评：首先，使用与满足理论过于强调个人的心理因素，行为主义色彩浓重；其次，脱离媒介内容的生产和提供过程而只单方面考虑受众的使用动机和行为，无法全面揭示受众和传媒的真实关系；最后，受众的能动性也仅限于受众对媒介提供的内容进行选择性使用，因此不能反映作为有着传播需求和权利的社会实践主体所具有的能动性①。

（二）社会交换理论

社会交换理论是 20 世纪 60 年代兴起于美国进而在全球范围内广泛传播的一种社会学理论。由于它对人类行为中的心理因素的强调，也被称为行为主义社会心理学理论。这一理论主张人类的一切行为都受到某种能够带来奖励和报酬的交换活动的支配，因此，人类一切社会活动都可以归结为一种交换，人们在社会交换中所结成的社会关系也是一种交换关系。社会交换理论由霍曼斯创立，主要代表人物有布劳、埃默森等。

霍曼斯的社会交换理论包括以下六个命题。成功命题：在一个人所做过的所有行动中，若其中某一特定行动经常得到酬赏，那么这个人就越愿意重复该行动。刺激命题：如果一个人在过去对某一种或一组刺激做出的某一行动获得了报酬，那么，当类似于过去的那种刺激再发生时，这个人就有可能做出与过去相同或类似的行动。价值命题：如果某种行动带来的

---

① 关月. Bilibili 用户关于原创视频的使用与满足研究［D］. 大连：大连理工大学，2018.

结果对一个人越有价值，则这个人就越有可能做出该种行动。剥夺—满足命题：某人在近期越是经常得到某一特定酬赏，则随后而来的同样酬赏对他的价值也就越低。侵犯—赞同命题：这一命题包括两个副命题。第一，若一个人之行动没有得到预期酬赏或甚至受到没有预期的惩罚时，此人会被激怒并可能采取侵犯行为；第二，若一个人的行动获得了预期的酬赏或得到的酬赏比预期的还多，或此人的行动没得到预期的惩罚，则这个人会产生喜悦的心情，并可能做出别人赞同的行动。理性命题：在面对各种行动方案时，行动者总是选择价值最大和获得成功概率最高的行动。

彼得·布劳在很多方面修正和发展了霍曼斯的交换理论。首先，布劳指出，虽然大部分人类行为是出于对交换的考虑，但并不是所有的人类行为都是交换行为。他指出使行为变为交换必须具备两个条件：一是某行为的最终目标只有通过与他人互动才能达到，二是该行为必须采取有助于实现这些目标的手段。布劳还进一步将行动者期望的酬赏分为“外在酬赏”（如金钱、商品和服务）和“内在酬赏”（如爱、尊敬、荣誉和职务等）。布劳认识到霍曼斯式理论只适合于解释小群体内成员面对面的互动。面对面互动的小群体内的交换与大型和复杂社会群体内的交换是不同的。于是，布劳在霍曼斯理论的基础上分析了大型复杂组织中的交换与权力。在大型复杂组织中普遍存在着权力分层。权力既可以是合法化的（权威），也可以是强制性的。在这种权力分层体系中，只有当这种关系无论是对下层成员还是对上层成员都有好处时才是交换关系。但实际上，这种对等关系可以被强制性的权力所取代，地位较低的成员只能取得较少的报酬。强制性的权力关系是一种不平等的交换关系，这种关系是用消极的惩罚手段来维持的。这种复杂群体内的分层体系一旦建立，它就是用权力关系而不是用社会交换来维持的①。

---

① ［美］迈克尔·E. 罗洛夫. 人际传播社会交换论［M］. 王江龙，译。上海：上海译文出版社，1991：6.

在上述理论指导下，本研究以自编问卷为调查工具，辅以通过 QQ 聊天平台展开的非结构式访谈，分析乐 Q 族在使用 QQ 过程中的深层动机和乐之所在。样本选取采用目标式抽样和滚雪球抽样相结合的方法，以保证样本的有效性。样本主要分布在经常上 QQ 的互联网使用群体，共计收回有效样本 106 份。①

四、乐 Q 族群像

本次所调查的样本总数为 106，男性有 54 名，占总人数的 50. 9%；女性有 52 名，占总人数的 49. 1%。样本的平均年龄是 23. 7 岁，年纪最小为 12 岁，年纪最大为 48 岁。年龄结构以 18~28 岁居多，人数为 94 名，占总人数的 88. 7%；其他年龄段人数所占比例偏小，29~40 岁，共有 6 人，占总人数的 15. 7%；其次为 41 岁以上的人，共有 4 人，占总人数的 13. 7%；再次为 17 岁以下，人数为 2 人，占总人数的 1. 9%。具体样本情况如表 3-1 所列。

表 3-1　样本基本情况

变量	取值	频数	百分比（%）
性别	男	54	50. 9
	女	52	49. 1
年龄	17 岁以下	2	1. 9
	18~28 岁	94	88. 7
	29~40 岁	6	5. 7
	41 岁以上	4	3. 7
总计		106	100. 0

① 本调查和分析由吴国静协助完成。

（一）上网时间状况

本次调查的 106 位网民中，每天平均上网的时间各有差异。总结来看，上网时间 1~3 小时的最多，有 36 人，占总人数的 34%；其次是 3~5 小时和 5~7 小时，分别有 25 人和 21 人，占总人数的 23.6%和 19.8%；再次是 7 小时以上和 1 小时以下的，分别有 16 人和 8 人，占总人数的 15.1%和 7.5%。上网时间状况如表 3-2 所列。

表 3-2　上网时间状况

变量	取值	频数	百分比（%）
每天平均上网时间	1 小时以下	8	7.5
	1~3 小时	36	34.0
	3~5 小时	25	23.6
	5~7 小时	21	19.8
	7 小时以上	16	15.1
总计		106	100.0

（二）QQ 的使用简况

在 106 名被访问者中，有 57 人使用 QQ 超过 5 年，占总人数的 53.8%；有 38 人使用 QQ 有 3~5 年；使用 QQ 时间 1~2 年和 1 年以下的分别为 6 人和 5 人，占总人数的 5.7%和 4.7%。

在 106 名被访问者中，有 71 人每次都是上网先上 QQ 的状态，占总人数的 67%；有 27 人偶尔是这样，占总人数的 25.5%；有 8 人一般不会上网就登录 QQ，占总人数的 7.5%。

在接受调查的 106 位网民中，每天登录 QQ 的时间各有差异，其中每天平均登录 QQ 时间在 1~3 小时的最多，有 37 人，占总人数的 34.9%；时间在 3~5 小时、5~7 小时和 7 小时以上的被访者很平均，分别有 18 人、19 人、19 人，分别占总人数的 17%、17.9%和 17.9%；而时间在 1 小时以下的人最少，有 13 人，占总人数的 12.3%。QQ 的使用简况如表3-3所列。

表 3-3 QQ 的使用简况

变量	取值	频数	百分比（%）
使用 QQ 的时间	1 年以下	5	4.7
	1~2 年	6	5.7
	3~5 年	38	35.8
	5 年以上	57	53.8
平均每天登录 QQ 时间	1 小时以下	13	12.3
	1~3 小时	37	34.9
	3~5 小时	18	17
	5~7 小时	19	17.9
	7 小时以上	19	17.9
是否一上网就登录 QQ	每次都是	71	67
	偶尔这样	27	25.5
	一般不是	8	7.5
总计		106	100.0

根据乐 Q 族群体的特征，结合问卷调查样本的基本情况来看，被调查者中有 89.6%的人使用 QQ 超过三年；根据表 3-2，有 92.5%的人平均每天上网一小时以上；表 3-3 显示有 87.7%的人平均每天登录 QQ 时间也达一小时以上；67%的人一上网就会登录 QQ；占总人数 79.2%的 QQ 使用者使用频率高于以前或与以前持平。由此数据来看，被调查者绝大多数符合乐 Q 族的群体特征，因此选取的样本还是有较强的代表性和说服力的。

（三）乐 Q 族的人际传播的动机分析

使用 QQ 的动机主要分为四类，具体如表 3-4 所列。

表 3-4 QQ人际传播的动机

动机类别	题项	非常不符合	不太符合	一般	比较符合	非常符合
联系与人际交流	(1) QQ可以同时和多人聊天	7.5%	15.1%	38.7%	28.3%	10.4%
	(2) QQ能方便联系家人、同学和朋友	4.7%	6.6%	18.9%	38.7%	31.1%
	(3) 可以通过QQ结识更多新朋友	21.7%	31.2%	35.8%	8.5%	2.8%
	(4) 使用QQ交流比与别人面对面交谈更舒服，不拘束	8.5%	15.1%	39.6%	27.4%	9.4%
信息获取	(5) 为了获取信息、共享信息	5.7%	24.5%	37.7%	25.5%	6.6%
	(6) 想了解朋友有什么新鲜事	6.6%	19.8%	33%	34%	6.6%
	(7) 因为学习、工作需要	8.5%	23.6%	34.9%	26.4%	6.6%
自我呈现	(8) 向大家发布信息	8.5%	21.6%	45.3%	20.8%	3.8%
	(9) 提高我的被关注度	16%	38.7%	35.9%	7.5%	1.9%
消遣与打发时间	(10) 玩游戏、看电视等娱乐项目	26.4%	35.8%	24.5%	10.4%	2.9%
	(11) 为了打发时间	19.8%	24.5%	35.8%	17.1%	2.8%

由上表的百分比可以看到，认为QQ可以和很多人聊天选项符合其使用动机的人占38.7%；认为QQ能方便联系家人、朋友和同学选项比较符合其使用动机的人占38.7%、非常符合的占31.1%；认为使用QQ交流比与别人面对面交流更舒服、不拘束选项符合其使用动机的人占39.6%、比较符合的占27.4%。因此联系与人际交流动机成为乐Q族进行QQ人际传播的强烈动机。对于消遣和打发时间动机，高达35.8%的人认为使用QQ来玩游戏、看电视等娱乐项目不太符合。

总结看来，本书将乐Q族通过QQ进行人际传播的动机分为四类，分别是：联系与人际交流动机、信息获取动机、自我呈现动机、消遣与打发时间动机。其中联系与人际交流动机是乐Q族最为强烈的动机，信息获取动机和自我呈现动机也比较强烈，它们是其进行QQ人际传播的主要动机。这与1973年E. 卡茨、M. 格里维奇和H. 赫斯提出的使用媒介的五大类需求——认知需求、情感需求、个人整合需求、社会整合需求以及舒解压力需求等有一定的相符之处。

（四）乐Q族的自我呈现行为分析

从调查中可以看到，QQ可以发布信息和提高个人被关注度是很多乐Q的重要动机之一，这反映出了其希望进行自我呈现的心理。自我呈现的行为可具体为更新QQ空间、QQ签名等，然而当这些行为得到他人的回应，例如上传的照片和日志得到许多好友的回复，更新的QQ签名得到很多人的支持和关心，就会强化其进行自我呈现的行为。QQ平台上的自我呈现具有以下特点：

一是匿名交往中有一定的自我呈现。当QQ好友是网络中的陌生人时，此时乐Q族不愿意对其公开过多和个人现实生活相关的东西，但是这并不意味着他们不会进行自我表露，在访谈中，了解到以下信息：

“我上QQ一般喜欢和陌生人聊天，因为不认识，聊得比较随便，可以问他一些具体情况，不觉得很有种猎奇的感觉吗？”

“我比较内向，平时不喜欢和别人打交道，但是在QQ上我就会变得比较善谈，当然是对于那些陌生的好友。”

当问到“你会和网络上认识的好友谈一些现实生活中的苦恼或者开心的事吗？”的时候，被访者答道：“会啊，分享下自己的开心事，说说自己不开心的，这样对方也会说说自己的事，这样容易加强沟通，”并说，“现实中我可能不会那么放得开，因为对方是陌生人，所以说起一些问题没有太多的顾虑。”

被访者在和陌生人通过QQ交流时能更加放得开，可能比起在现实生活中的交流会说得更多、更深入。原因可以总结为两点：其一是网络中的客观空间隔断和匿名性的特征，使自我防范的心理降低了；其二是彼此不同的生存环境为“怕身边人知道自己的情况”消除了顾虑。

现代社会确实给人们带来了较大的压力，从表面的生活工作节奏加快到深层的因为各种竞争导致的人际关系的紧张化，都使得原本简单自然的人际交流遇到困境。社会功利性的交往模式越来越压迫人们单纯的情感交流①，网络无疑为这种压迫打开一个缺口，使很多人得以在网络环境中满足情感交流的需要。

二是匿名之下共同话题依然重要。在虚拟网络人际传播过程中，QQ主要是通过其交流功能，但并不是所有的人之间都能够建立起这样的一种人际传播。当被问及是否加陌生人为好友或者与陌生好友的聊天内容时，QQ名为“麦田守望者”网民做出如下回答：

“我与陌生人聊天一般是看有没有共同的话题吧，比如，聊电影啊，我会问对方喜欢什么电影，然后就以此为话题聊下去。他们一般都会给予回答，比如说说当下有什么新电影上映，聊聊那些曾经的经典电影，然后开始回忆，慢慢地就聊得比较多了，但是如果聊的话题双方都不感兴趣一般就不会继续聊了，没有话题的话，聊也没意思啊！”

在一些网民中，网上的朋友并不比现实中的“虚幻”多少，那一个个QQ号码后面也是有着喜怒哀乐的鲜活的人，他们通过网络诉说着心中的真实想法。QQ传播的特点是匿名传播与非匿名传播的共存，这使得同一个人在通过QQ进行人际传播时，往往需要扮演不同的角色。有时是社会中的“现实人”，有时是网络中的“虚幻人”。为了降低这种角色冲突，用户往往运用QQ提供的分组功能，将现实中与网络中的交流对象进行分组。更多的是注册多个用户，在不同的QQ中扮演不同的角色②。被访者在与陌生好友交流时，要进行选择也是应对QQ传播特点的举措。大多QQ使用者选择有相同兴趣爱好、有共同话题的对象聊天，而不选择那些没有

① ［美］弗洛姆. 健全的社会［M］. 孙恺祥，王大庆，等译. 北京：国际文化出版社，2007：328.

② 姚劲松. 新媒体中人际传播的回归与超越——以即时通讯工具QQ为例［J］. 当代传播，2006（06）：54-56.

共同话题或者不感兴趣的交流对象，其与前者之间的共同爱好就是二者之间存在人际吸引的纽带。

五、QQ 传播状态分析

（一）QQ 登录状态

QQ 登录上线后，使用者可以选取不同的登录状态进行设置，上线状态的显示也可以反映出 QQ 使用者的不同心态，因此对 QQ 登录状态的在线、忙碌、隐身、离开四种状态进行了统计，数据如表 3-5 所列。

表 3-5 登录 QQ 的状态

	频数	百分比（%）
在线	22	20.8
忙碌	5	4.7
隐身	78	73.6
离开	1	0.9
总计	106	100.0

由表 3-5 可知，高达 73.6%的被调查者在平常登录 QQ 时为“隐身”状态。而隐身状态又可以对一部分人设置为隐身对其可见和在线对其隐身两种。通过 QQ 进行访谈时也涉及这个问题，例如，对名为“佐岸丨佑转”的被调查者的访谈中，涉及 QQ 上线后的状态设置问题时，被调查者提到如下内容：

“我啊，差不多每天都登 QQ 吧，就挂在那里啊或者被别人找。”“我登录的时候一般都是隐身啊，有的时候在线没别人理，还不如隐身呢!”“有的时候也觉得没什么事，也就不会主动说话了，偶尔在群里冒个泡，表示一下存在感，还是看心情咯，嘻嘻！当然对一些玩得好的都是‘隐身对其可见’，这样又可以和想聊天的人聊天，同时也可以躲着一些不想理的人嘛!”

登录 QQ 可选择的状态类型大致分为：在线和隐身。“在线”又分为 Q 我吧、离开、忙碌、请勿打扰四类。值得一提的就是“隐身”，其实每个人的 QQ 上都存在大量的隐身族。针对隐身，QQ 也产生了两个对应功能：一是“在线对其隐身”，对你很不想接触的人，但又不好意思拉黑名单的，就可以这样做。二是“隐身对其可见”，对你很在乎的人，想随时让其知道你的网络存在，在线不交流也不会觉得尴尬的人。

现在越来越多的人使用 QQ 的隐身状态选择性地进行 QQ 传播，但是登录状态只是微小地影响了他们 QQ 传播的对象群，其 QQ 使用频率是否因此而发生了变化，如表 3-6 所示。

表 3-6　使用 QQ 的频率变化

与刚注册时相比使用 QQ 的频率变化	频数	百分比（%）
更频繁	56	52.8
差不多	28	26.4
次数减少	22	20.8
已经注销	0	0
总计	106	100.0

被访者（边缘路人）在访问中谈道：“我的 QQ 是七年前申请的，那时候上网主要就是为了聊天，同学、朋友、陌生人都聊，甚至可以同时和几个好友聊不同的话题，还主动添加陌生网友。后来可能是没多大兴趣和话题了，就只是和比较投缘的朋友聊，为了不被别人打扰，就开始使用隐身功能。现在似乎已经没什么话题可聊，偶尔与好友打过招呼后，觉得无话可说，只能随便找个理由说‘88’，然后继续隐身。虽然不怎么聊天，但每天开电脑第一件事仍然是让 QQ‘隐身登录’，一天不登录就会觉得别扭，也许上 QQ 已经成为一种生活习惯。”

两位被访者都是乐 Q 族中的隐身一族，挂着 QQ、对一部分人“隐身对其可见”、偶尔关注却离不开它。时至今日，类似于这样光上 QQ 不聊天的“隐身族”已经十分常见。有意思的是，越喜欢隐身的人，往往也越喜欢挂着 QQ。他们把 QQ 当成网络生活中的亲密伙伴，无论是工作、浏览网页，还是玩游戏的过程中，都让 QQ 时时陪伴左右。看来，隐身已经成为玩 QQ 的一种潮流，而 QQ 则逐渐淡化了它的娱乐功能，成为一些人眼中名副其实的工具。

（二）QQ 使用行为

在 QQ 使用行为方面，表 3-7 显示，有 41.5%的人较多使用 QQ“与同学、朋友或家人聊天”；有 38.7%的人较多地使用 QQ“传图片、影音、文档、软件等各种文件”，可见 QQ 的聊天与传送文件功能得到较多人的喜爱与使用。其次使用 QQ 邮箱和更新 QQ 空间也是乐 Q 族较多的行为。

表 3-7　QQ 人际传播的使用行为

行为	题项	几乎不用	比较少用	一般	较多使用	经常使用
聊天	与网友聊天	28.3%	34%	24.5%	7.5%	5.7%
	与同学、朋友或家人聊天	2.8%	9.4%	20.8%	41.5%	25.5%
传送文件	传图片、影音、文档、软件等各种文件	1.9%	12.3%	35.8%	38.7%	11.3%
	参加 QQ 群聊天	10.4%	18.9%	45.2%	20.8%	4.7%
使用 QQ 邮箱	通过 QQ 邮箱发送邮件、贺卡等	3.8%	22.6%	32.1%	34%	7.5%
更新 QQ 空间	在 QQ 空间上写日志、发照片	8.5%	20.7%	34.9%	25.5%	10.4%
	在 QQ 空间分享文章或影音图片等	13.2%	28.3%	34.9%	21.7%	1.9%
休闲娱乐	玩 QQ 游戏	20.8%	24.5%	39.7%	7.5%	7.5%
	通过 QQ 看电视或电影	37.7%	33.1%	23.6%	4.7%	0.9%
	使用 QQ 购物	57.5%	23.6%	13.2%	3.8%	1.9%
获取资料	使用 QQ 搜搜来搜索信息	50.9%	21.7%	19.8%	5.7%	1.9%

乐 Q 族进行 QQ 人际传播的行为被概括为六种，分别是聊天、传送文件、使用 QQ 邮箱、更新 QQ 空间、休闲娱乐、获取资料。其中，聊天、传送文件和使用 QQ 邮箱行为是频率最高的行为，其次是更新 QQ 空间行为。它们都是乐 Q 族进行网络人际传播的主要行为。

QQ 具有满足信息获取需要的功能，又具有满足人际情感沟通需要、进行自我展示的功能。乐 Q 族基于心理或社会的需求使用 QQ 的各种功能以满足需求的行为，可以用使用与满足理论解释。其使用动机的差异可能引发不同的 QQ 使用行为，从而导致使用者不同的社会心理效应。使用动机是 QQ 使用行为的起始因素，而 QQ 使用行为恰巧反映了受众的心理需求。

“使用与满足”理论认为：受众成员是有着特定“需求”的个人，把受众使用大众传播媒介的活动看作有目标导向的行为，并通过这种使用让需求得到满足。受众接触媒介是为了满足他们特定的需求，能否在使用过程中得到心理满足，直接影响着受众对媒介的期待。他们的媒介接触活动是基于特定需求动机去“使用”媒介，从而使这些需求得到“满足”的过程。

可见，作为传播主体和受众的 QQ 用户，他们接触和使用 QQ，确实是怀着特定的需求动机的。聊天、传送文件满足了受众进行人际交流和获取信息的心理，更新 QQ 空间满足了受众想要自我呈现的心理，这都证明 QQ 的使用给乐 Q 族带来了一定的心理满足。当这些需求得到满足时，他们会更大程度地接触和使用 QQ；当他们的需求受挫时，往往会对这一方面的使用失去兴趣，甚至放弃使用。受众主动选择 QQ 平台，并且将使用 QQ 成为一种习惯，使用者必然从 QQ 这种新型人际传播方式中找到了自己所需要的东西。QQ 使用的趋向应该最终是作为一种比电话、手机等更常用的主要用于搜寻信息、联络亲友的工具而存在①。

---

① 王莉. QQ 传播的外部性研究［D］. 长沙：湖南大学，2007.

（三）乐 Q 族人际网络扩展情况

随着QQ使用的普及化，越来越多的人拥有QQ账号，而QQ用户的好友也呈现增长趋势。表3-8显示，有36.8%的QQ用户好友数量为51~150；有41.5%的QQ用户好友数量更是达到151~300；有11.3%的用户好友高达300人以上，但是好友的数量这一单薄的因素不能准确地反映出人际网络的变化。

表3-8　QQ好友总数情况

QQ好友总数	频数	百分比（%）
小于50	11	10.4
51~150	39	36.8
151~300	44	41.5
300以上	12	11.3
总计	106	100.0

许多乐Q族除了使用QQ交流联系之外，还经常更新自己的QQ空间，将自己的一些心情、照片等展示在空间里。在进行QQ访谈时，当问到“你的QQ空间是向所有的好友开放的吗?”时，被访者回应：“不是的，我只向某些组群里面的好友开放。”“我会设置访问权限，只有知道我某些重要个人信息的好友才能通过密码访问我的空间。”可见乐Q族虽然有自我呈现的动机和行为，但由于网络匿名性，陌生人之间无法完全信任，大部分只会选择对一些现实中的好友或者某些比较信任的网络好友进行自我表露，这种表露涉及的大部分是与乐Q族个人紧密相关的。

在人际交往扩展方面，如表3-9所列，有50%的被调查者认为QQ扩大了其交际圈，但是无法进行深交。但是QQ能够满足人们一对一，一对多，与不同身份对象的群聊交流，这是传统交流方式无法做到的。QQ用三个对话框节约了时间和成本，又准确迅速地超越了时空的限制与束缚①，这在很大程度上扩展了人际交往圈。

表 3-9　QQ 对交际圈的影响

QQ 有没有扩大交际圈	频数	百分比（%）
有，现在有很多朋友是原来现实生活中不可能接触到的	25	23.6
有，但是基本无法深交	53	50.0
没有	28	26.4
总计	106	100.0

社会交换论认为人类的一切行为都受到某种能够带来奖励和报酬的交换活动的支配。因此，人类一切社会活动都可以归结为一种交换。同样地，当某种行为没有得到相应的奖励或报酬的话，这种交换就会终止。在虚拟的网络空间，匿名性让人可以减少现实中的顾虑。若 QQ 使用者用真心换到了真情实意，则会对 QQ 进一步产生好感。若 QQ 使用者真实的交流得到的却是虚假的信息，就会产生一种不平等的交换关系，是无法长久维持的。

那么，在 QQ 中是和谁在交换呢？表 3-10 提示我们，51%的被调查者 QQ 空间主要访问人群为初高中和大学同学，41%的被调查者 QQ 空间的主要访问人群为身边的好友和亲人。QQ 空间是一个相对比较私人的网络领域，它有可能包括一些和个人生活息息相关的日志、照片、各类信息等，是其进行自我呈现的网络空间。数据表明，乐 Q 族更多地愿意让身边的好友和亲人、初高中或者大学同学访问自己的空间、了解自己的动态，不愿意将太多的个人东西展现在网络陌生人面前。

① 付垚. 大学生人际传播中的网络媒介依赖分析——以即时通讯工具 QQ 为例 [J]. 中国传媒科技，2013（02）：95-97.

表 3-10 QQ 空间来访者情况

访问 QQ 空间的主要人群	频数	百分比（%）
身边的好友和亲人	41	38.7
初高中和大学同学	51	48.1
老乡	5	4.7
网络陌生人	2	1.9
其他	7	6.6
总计	106	100.0

对于 QQ 中结识的陌生好友，由表 3-11 可知，有 51.9%的被调查者选择只停留在 QQ 联系阶段，35.8%的被调查者则根本不会将其延伸到现实人际关系中。

表 3-11 QQ 陌生好友的现实延伸情况

是否会把 QQ 结识的陌生人变成自己现实中的好友	频数	百分比（%）
会，很多朋友就是在 QQ 中认识并见面	13	12.3
会，但大多数都只停留在 QQ 联系阶段	55	51.9
不会	38	35.8
总计	106	100.0

在进行访谈的过程中，也涉及此话题。被访者是一名在校女大学生，QQ 名为“猫”，关于 QQ 好友的相关问题，被访者回答：

“我的 QQ 好友中，认识的同学比较多，或者是在现实中有点交集的人，譬如在火车上认识的学长，偶尔上过一堂课的学妹之类的。这些有点交集的人，现在都联系比较少了，但是偶尔碰上会聊天，一般都是他们主动联系我。”“至于完全陌生的人，几乎不会加为好友，所以也谈不上对现实有什么影响咯！”

被访者“海阔天空”是一名即将踏上工作岗位的大四女学生，她与上一位被访者有所不同，并不是完全不加陌生人，而是有选择性地加其为好友。访谈中提到以下内容：

“加陌生人为好友，有时候会的，但是如果感觉这些人和自己不太合得来，还是会做点小动作，删除掉的。对于陌生人，如果不是经常喜欢找我聊天，偶尔看到了，打个招呼，问候一下，这样的人我不会删除。但是如果每天看到我在线，都会不停地抓住不放地聊个没完，问个人基本信息，要电话号码，看照片等，我就比较反感，可能下次就会把他们删掉了。”

“我几乎不会让网上加的陌生人涉及我的现实生活，因为各种网络骗局还是有前车之鉴的。我的空间有访问权限的，只有好友才能看，也不向网络中的陌生人开放的。”

以上两名被访对象都提到不会将网络中的陌生好友关系延伸到现实中来，第一位是根本不加陌生好友，第二位对于 QQ 陌生好友的交流也只是停留在 QQ 层面。

（四）QQ 使用的心理意义

QQ 对于不同的受众有着不同的意义，在不同的情况下可能会扮演不同的角色，因此 QQ 在生活中扮演的角色是多样化的。题目“QQ 在生活中的角色”是一道多选题，可以统计出 QQ 在乐 Q 族生活中充当角色的重要性并进行排列。对于该题目，使用多选题百分比计算法，即百分比=该选项被选择次数÷有效答卷份数。结果如表 3-12 所列，有 78.3%的人认同 QQ 在生活中充当的最重要的角色就是与老朋友、亲人联系的工具。有 49.1%的人认为 QQ 是抒发内心情感及情绪的地方。

表 3-12　QQ 在生活中的角色（多选题）

QQ 在您生活中充当什么样的角色	频数	百分比（%）
与老朋友、亲人联系的工具	83	78.3
展示自己的平台	13	12.3
抒发内心情感及情绪的地方	52	49.1
组织活动与发布消息的地方	40	37.7
交新朋友的平台	19	17.9
可有可无	10	9.4

QQ所扮演的重要的角色是与老朋友、亲人联系的工具，它作为即时交流工具，联系他人最有效。可见，使用QQ主要是进行一种理性的出于情感维系目的或者宣泄目的的交流。这与满足消遣的短时交流不一样，对于消遣满足的人群，他们并不是太希望和别人发生深入交流，所以才会以一种经常开玩笑的方式起到面具功能作用。而对于出于理性基础交流的人群，则比较想迫切得到与他人的深度交流。他们在宣泄过程中不单单达到释放的功能，与此同时还要对情绪郁积做一个积极梳理。表3-13显示，有58.5%的被调查者认为自己从QQ上得到了一定程度上的精神支持，其次有25.5%的人认为得到的精神支持不太多，再次有8.5%的人从QQ上得到了很多的精神支持，仅有7.5%的人认为没有从QQ上得到精神支持。

表3-13　在QQ上得到的精神支持情况

您在QQ上得到的精神支持多吗	频数	百分比（%）
很多	9	8.5
一般	62	58.5
不太多	27	25.5
根本没有	8	7.5
总计	106	100.0

表3-14是对多选题“您认为QQ传播带来了哪些负面影响”的数据统计。可以看出在QQ传播的各种负面影响中，有三种拥有较高的被选率，即“虚拟化，让一些人沉溺其中，而忽视关注身边的亲朋好友”占53.8%，“冷漠化，用电脑手机等工具代替面对面交流”占54.7%，“浮躁化，人们对任何事情包括感情都开始走向高速化”占46.2%。

表3-14　QQ传播的负面影响（多选题）

您认为QQ传播带来的负面影响有哪些	频数	百分比（%）
虚拟化，让一些人沉溺其中，而忽视关注身边的亲朋好友	57	53.8
冷漠化，用电脑手机等工具代替面对面交流	58	54.7

续表

您认为 QQ 传播带来的负面影响有哪些	频数	百分比（%）
公开化，把自己的一些秘密东西暴露出来	31	29.2
低俗化，增加了人们对色情毒品危险物的接触概率	22	20.8
浮躁化，人们对任何事情包括感情都开始走向高速化	49	46.2

由以上数据可以看出，虽然 QQ 传播给乐 Q 族带来了诸如联系好友、展示自我、抒发内心等方面的满足，并在其生活中充当着多样化的角色。但是乐 Q 族同样清楚地认识到了 QQ 传播带来的一些负面影响，如会让人沉溺网络从而疏忽现实中的人际关系发展、人与人之间由于缺乏面对面的交流会变得冷漠、任何事情开始变得高速化而失去了其本来的意义等。乐 Q 族应该在认识到 QQ 传播负面影响的基础上，更加理性地使用 QQ，将对 QQ 的依赖感变成一种健康的人际依赖。

六、乐 Q 之得与失

（一）乐 Q 族之乐

通过调查数据和分析，发现乐 Q 族对于使用 QQ 有着不同的动机和行为，动机大概有四大类，分别是联系与人际交流动机、信息获取动机、自我呈现动机、消遣与打发时间动机。其中联系与人际交流动机是乐 Q 族最为强烈的动机，获取信息动机和自我呈现动机也比较强烈，它们是其进行 QQ 人际传播的主要动机。

乐 Q 的行为包括聊天、传送文件、使用 QQ 邮箱、更新 QQ 空间、休闲娱乐、获取资料。其中，聊天、传送文件和使用 QQ 邮箱行为是使用频率最高的行为，其次是更新 QQ 空间行为。它们都是乐 Q 族进行网络人际传播的主要行为。

QQ 传播作为以网络为平台的新型传播方式，而且是当今时代方兴未艾、影响巨大的一种，QQ 传播的正外部性同时也带给使用者很多有益之处。它有利于人们获取信息、有利于人们工作效率的提高、有利于人们的身心健康、有利于加强人群协作、有利于创新精神的培养、有利于加深拓展人际关系，让乐Q族有乐可得。

（二）乐Q族之失

多数的乐Q族认为“和陌生人的交流只停留在QQ上”，甚至某些被调查者表明“不会将网络中的好友关系延伸到现实人际关系中”。本研究认为出现这一结论的原因与QQ传播的匿名性与虚拟性有紧密的联系。在QQ人际传播中，传播主体是匿名的，我们称之为“身份丧失”。谁也不知道对方的真实的姓名、性别、年龄、种族，这些都可以随意虚拟。

网络上结识的朋友都是以网名出现的，即便从网上发展为网下的朋友，也可能只知道对方的网名。相比于现实中交往的朋友，匿名性带来了一定的神秘感。网民以网名的称谓存在，并且这种存在方式为网络所普遍接受，这其中暗含了网络和现实相对的虚幻性质。同时交流又是客观存在的行为，这种虚幻与客观的有趣融合折射出网民一种普遍的心态，即在充分自我保护的基础上交流。本研究所涉及的乐Q族，大部分只是将与网络陌生人的交流停留在QQ层面，这也是该群体在充分自我保护的基础上进行交流的表现。

QQ传播在实际的应用中，有着显而易见的负外部性，也就是对乐Q族产生的负面影响：一是虚假信息泛滥。由于没有大众媒体的真实性和权威性，以及有待完善审查制度，使得一些道听途说的传闻、无从证实的假消息、天花乱坠的谎言，甚至恶意诽谤的流言在QQ上屡见不鲜。QQ传播也缺乏人际传播的责任感，因为不是每一个聊友都可以在生活中真实触摸，没有了言责自负的顾及，QQ传播成了虚假信息泛滥的温床。二是容易造成网络沉迷、危害健康。过分迷恋聊天能给人带来生理和心理上的危害。如果聊天出现上瘾现象，没有时间感，没有自制力，把聊天放在第一位，把本该用于生活其他内容的时间用于聊天，就会耽搁自己本来的事业，缩小能对自己产生现实意义的生活空间，玩物丧志。生命在于运动，长期枯坐于电脑桌旁，不注意运动，能诱发很多疾病，对人体健康不利。因此，乐 Q 族需要理性地选择上网行为、正确地使用它，从 QQ 传播的正功能中得益，同时也要远离 QQ 传播可能会产生的负功能。

（三）对于乐 Q 族的建议

首先，乐 Q 族应对 QQ 保持一种健康的人际依赖。QQ 人际传播的种种功能满足了乐 Q 族许多的需求，如联系好友、展示自我、抒发内心等方面的需求，获取信息、交换信息方面的需求，休闲娱乐的需要等。可以说，在乐 Q 族心灵深处，QQ 不仅仅是一个可供聊天、娱乐的工具，而是一个扮演多样化角色的不可或缺的网络中的“伙伴”。纵然 QQ 对乐 Q 族有如此重要的意义，乐 Q 族也同样清楚地看到了 QQ 传播带来的一些负面影响，如会让人沉溺网络从而疏忽现实中的人际关系发展、人与人之间由于缺乏面对面的交流会变得冷漠、任何事情开始变得高速化而失去了其本来的意义等。能够清楚地、全面地看待 QQ 传播，是值得庆幸的，因为这样就可以避免盲目地沉溺其中。

乐 Q 族应该在认识到 QQ 传播负面影响的基础上，更加理性地进行 QQ 使用行为；在满足个人心理需求、获取帮助的同时，不对其产生过分的心理依赖；在使用 QQ 时，最大限度地使自身受益，在不使用 QQ 时，不因为对 QQ 的依赖感而茫然不知所措；掌握正确地进行 QQ 人际传播的技巧，使对 QQ 的依赖感变成一种健康的人际依赖。

其次，乐 Q 族应正确使用 QQ 人际传播中获得的人际交流技巧。网络交流是现实交流的延伸，可以毫无顾虑地畅所欲言。它虽然不能代替面对面的交流，但也同样有着面对面所不能有的效果。乐 Q 族在进行网络交流的同时，间接地认识了好多不可能在现实中面对面交流的朋友，好多生活中不可能接触到的各类优秀的朋友，同时也通过网络交流学到了好多知识。利用 QQ 交流，是一种非语言的文字、符号的交流，相对于现实的面对面交流来说，这种方式比较纯粹，直接连通心灵。在进行 QQ 交流时，其过程远比现实人际交往的过程要简单得多。

但是网络生存不可能代替现实生活，网络中的QQ交流减少了人与人直接面对面的交流机会，沉迷其中，必然会降低现实生活中人与人的交往能力。当然，网络中获得的交往技巧和现实的人际交往技巧是相通的，但是网络中的交流更加直接、无拘无束，而现实生活往往是充满了各种人际关系的潜在危机的。因此，网络中获得的人际交往技巧需要通过思考和整理才可以适当地使用在现实当中。

第四章

喜忧参半——微商的社会形象分析

随着互联网的发展，传统工业时代正在离我们远去，后工业时代已经悄然来临。我们不需要亲自去实体店，只需要在PC端浏览网页并下单，就可以享受传统商业模式无法带来的便利和多样的选择。互联网技术不断地创新和突破让生活在信息洪流中的人们切身体验到了方便与快捷，形成了全新的消费方式与习惯。现阶段，全球已有超过三分之一的电子商务交易发生于移动设备，并且即时通信类应用是主要的交易平台。截至2020年3月，我国即时通信类应用的用户规模达到8.96亿，占网民整体的99.2%，我国网络购物用户规模达到7.10亿，占网民整体的78.6%①。报告显示，2019年社交电商保持高速增长，预计市场规模达20605.8亿元，同比增长高达63.2%。2019年社交电商消费者人数已达5.12亿人，成为电子商务创新的主要力量。2019年社交电商从业人员规模预计达到4801万人，同比增长58.3%，社交电商行业的参与者已经覆盖了社交网络的多个领域②。

网购用户与微信用户的重合度最高，网购用户中的微信用户占比为70.6%；网购用户与QQ空间用户的重合度排在第二位，网购用户中的QQ

① 第45次中国互联网络发展状况统计报告［R/OL］. 中国互联网络信息中心，2020-04-28.

② 中国社交电商行业进入下半场，预计市场规模超2万亿［EB/OL］. 澎湃新闻，2019-07-11.

空间用户占比为 55. 2%[1]。从淘宝、京东、天猫等传统电商营销到微博、微信等的移动社交电商模式，新的开发领域激发了大批个人的创业激情和企业的关注，大量经营者从中获益。微信作为近年来被越来越多人使用的大众社交平台，自然也被逐步开发成为成功的社交营销工具。

微商的诞生是建立在微信快速发展基础之上的，微商的快速增长离不开微信强大的用户群体。在 2017 年，微信及 WeChat 合并月活跃用户数突破 10 亿；小程序上线 58 万个，活跃用户数 1. 7 亿；企业微信注册企业超 150 万，活跃用户 3000 万；拉动信息消费规模达 2097 亿元，自 2014 年以来年均增长超 30%，占同期我国信息消费总额 4. 7%；覆盖出行、餐饮、购物、酒店旅游等消费场景，推动互联网、人工智能、大数据等技术与实体经济融合，带动传统消费 3339 亿元[2]。根据微信、中国信通院、数字中国研究中心于 2019 年联合发布的《微信就业影响力》报告数据显示，微信及微信合并用户规模已达 10. 82 亿，公众平台超 2000 万账号，带动传统消费规模增长，成功释放数字经济潜能。约 70%的用户每月都会有转账记录，65%以上的用户必然会浏览朋友圈，而微信更是成为人人必不可缺的联系平台之一。

微商发展到如今声势宏大的局面，不得不说是基于微信平台自身具有的绝佳优势，它像个集大成者一样，几乎将目前流行的社交工具的优势都进行了吸收并添加了更加独特的自身魅力。从微信的演变历程看，微信 1. 0 和 2. 0 重点开发即时通信功能，尤其是 2. 0 的语音通信工具；微信 3. 0 和 4. 0 将重心放在社交平台的搭建上，以用户基础作为产品开发的依托。这不得不说腾讯 QQ 多年的用户积累为微信的新生提供了最初的动力，可以通过 QQ 好友的推荐和通信录访问来添加到朋友圈，今后一系列产品的推出都是以此网络移动社交平台为核心的；微信 5. 0 是针对微信商业化的趋势推出的，添加了微信支付、公众平台、扫一扫、游戏平台等功能。基

---

① 2015 年中国网络购物市场研究报告［R/OL］. 中国互联网络信息中心，2016-06-22.

② 2017 年微信经济社会影响力研究报告［R/OL］. 搜狐网，2018-06-25.

于微信不断革新的技术和越来越个性化的服务，逐渐形成了自己的特色并渐成规模。微商面临着巨大的发展机遇和广阔前景的同时也面临挑战，公众对微商形成的社会印象决定了其成败，提升公众对自身的积极认知就成了微商面临的主要问题。

一、相关概念解释

（一）微商的概念

对于微商有广义和狭义两种解释。广义的微商主要是指自然人或者商家依托移动互联网技术所开发的具有移动电商或社交属性的应用终端或软件（如微信、微博、手机 QQ 等）所进行的各种具有商业经营性质的相关活动的总称。狭义的微商仅是指自然人或商家利用具有社交性质的“微信”软件所进行的商业活动。狭义的微商有两种形式：一种是微商通过朋友圈发布产品广告信息，所有朋友可见；另一种是建立专用的微信群，通过病毒式的社交网络拓展新的客户，发布的广告消息为群内朋友。微盟研究院将微商分为四种主要形态：平台微商、个人微商、社群微商、品牌微商①。消费者微信购物方式主要有四种：一是借微信平台进行商品或店铺的推广，但最终的交易行为主要发生在淘宝等传统网络平台上；二是直接在微信中的“购物”功能选项中购买，此选项主要是京东商城的购物入口；三是通过腾讯认证的企业微信公众号销售；四是在微信朋友圈个人私下完成的交易或通过个人微信公众号达成的交易②。事实上，前三种都不是纯粹意义上的微商。在微信朋友圈推广和卖货，才是时下微商的主流。微商的生存离不开人与人之间的社交关系，所以决定微商生死的，就是公众的社会印象。社会印象好，微商就可以大有作为；社会印象不好，微商就会黯淡收场。

---

① 微盟发布《2015 年一季度中国微商行业报告》［R/OL］. CNET 科技资讯网，2015-06-10.

② 微商假冒伪劣盛行代理乱象频发　野蛮生长何时休［EB/OL］. 新华网，2016-08-11.

（二）社会印象的内涵

社会印象是人们应用能得到的所有信息，在头脑中形成，并留在记忆中的他人的形象。简言之就是判断对方是什么类型的人，以及对由人构成的群体和社会的印象。在实际生活中，人对物的印象也常常成为社会印象，这种对物的印象转化为社会印象，是因为其中渗透或体现了人的东西，是被物化了的人的形象。社会印象是一个很复杂的体系，它是一个个体的特征在另外一个或几个个体眼中或心目中的形象的复制①。

印象形成的基本规律如下：观察者在少量信息基础上，迅速形成对他人的印象，并赋予他人一些通常的特质；观察者特别关注到的是被观察者的显著特征，而不可能对所有的方面都给予注意。观察者注意到的是那些使他人与众不同或者不同寻常的品质；在一定程度上，参考他人行为发生的情境并从中推导其意义，而非孤立地看待他人行为；通过把刺激分类或分组来组织知觉领域。看一个人并非将他看作孤立的个体，而是把他看作团体的一员；使用自身具有的稳定的认知结构来理解他人的行为。观察者自身的需要和个人目标影响其如何知觉他人。以上规律具体来说，就是形成对他人印象时使用的信息；我们组合这些信息的方式，我们的个人状态，譬如目标、情绪等均影响我们形成的印象②。我们通过物理线索、显著性、行为信息、特质信息和类别化信息等对他人形成印象。

二、微商的研究现状

微信以及微商作为新兴社交媒介和电子商务模式，从发展初期到现在吸引了越来越多学者的关注，他们从不同角度对微信和微商进行了研究。国外很多关于电子商务的研究，也在理论基础上支撑了微商的兴起与发展。

---

① 周晓虹. 现代社会心理学［M］. 上海：上海人民出版社 1997：172.

② ［美］泰勒，佩普劳，等. 社会心理学［M］. 谢晓非，等译. 北京：北京大学出版社，2004：61.

（一）微信传播的作用

微信传播促进虚拟社区的形成。张长乐①提出网络人际传播在网络技术发展和网络媒介更新换代的双重作用下，其传播功能和传播效果均显著增强。社会个体通过网络人际传播媒介分享、互动和交换信息更加便捷，网络社区在信息传播活动中逐步形成，网络人际传播的内涵更加丰富。主要表现为：网络人际关系泛化，网络群体聚合与扩张，社会关系向网络空间转移，网络人际传播情景模拟现实人际交往情景，网络人际交往拓展现实人际交往范围。王欢②等将微信视作一种网络和移动终端相结合的媒介，是人的综合延伸，微信的使用改变了人们的生活，提供了全方位的感官体验。聂磊③等从社会网络的角度将微信朋友圈看作虚拟社区，微信的性质是以强连带为主，弱连带为辅。将虚拟社区与现实的社交圈融合在一起，微信是一个去中心化的社交平台，人们在这一平台上的双向沟通与交流造就了微信朋友圈这种新型虚拟社区。朋友圈虚拟社区既从关系维度对社交关系起到了维持与增进的作用，又从功能论维度阐述了朋友圈作为社会资本具有互惠的功能。

微信的使用与满足。王艳丽④根据微信具备的不同功能，认为微信更为恰当的现实属性是新型注重用户体验，依托于互联网技术和智能手机等客户端的程序。她在对微信属性进行分析的过程中，对微信的功能设置和信息传播方式进行了阐述：首先，微信点对点的互动式即时沟通得到受众的追捧，语音沟通流量成本低并且受距离和频率等环境的影响小，使得信息流动阻力变小。其次，点对面的分享式传播，使信息在朋友圈里“无限、大量、交叉式”的转发传播得以实现。最后，微信在现实中的使用大

---

① 张长乐．微信社区化网络人际传播的建构［D］．合肥：安徽大学，2013.

② 王欢，祝阳，刘颖．网络社会对大学生社会化过程的影响研究［J］．现代情报，2014，34（08）：42-46.

③ 聂磊，傅翠晓，程丹．微信朋友圈：社会网络视角下的虚拟社区［J］．新闻记者，2013（05）：71-75.

④ 王艳丽．从功能论角度探析微信的属性［J］．中国报业，2013（14）：27-28.

多与用户的私人移动端连接，很多推送信息就以强制性传播方式进入了受众的私人领域。这些微信具备的传播方式使微商的信息得以频繁、大量、准确地传播。张艳[①]指出微信自有传播学的特征，用户成为自媒体既是传播者又是受众，信息传播技术也提供给用户随身化和个性鲜明的发布和接收信息的机会，其跨平台的信息传输也大大节约了信息传播过程中的成本，实现用户共享和二次传播并且能优化传播效果，对微商的宣传效果起到不可估量的影响。在网络社交媒体中，是信息传播方式的一种突破。方志鑫和蔡莉白[②]从传播学角度探讨了网络媒体发展中的这一新热潮，使用了"使用与满足"理论解释微信的功能和受众之间的关系，并阐述了微信带来的传播方式的革新。

（二）微商的社会特征

微商的针对性。曾炜楠[③]认为操作简便和成本低廉是微商最大的优势。微信具有的互动式交流也使微商不受地域和时间的限制，使交易双方一对一地互动沟通。微信朋友圈具有高度一致性，微商更具针对性。彭雨冰[④]将微商与传统电商进行了比较，微商具有市场投入小、门槛低、传播范围广、消耗流量低等特点。国外流行的 SNS、Facebook 和 Twitter 都已经融合了电子商务发展的社交网络平台。可以说电子商务与社交网络的融合造就了社交电子商务，它是在社会化媒体情境下，通过整合社交图谱（基于人际关系的互动）和兴趣图谱（基于信息流的互动）来对产品或服务进行推广和推销的一种商务模式。所以微商的主要特征是基于微信这一社交平台中的人际关系网络进行商业运作的，人际网络是微商的关键也是基础。

---

① 张艳．传播学视角下即时性营销模式与战略实现——以微信营销为例［J］．中国出版，2013（16）：18-20.

② 方志鑫，蔡莉白．从传播学角度看微信的兴起［J］．科教导刊（中旬刊），2012（02）：233-234.

③ 曾炜楠．微信时代的圈子营销［J］．现代交际，2014（08）：120-121.

④ 彭雨冰．论微商的定义和现状［J］．智富时代，2014（12）：29.

微商的社会性。Kim 和 Park① 着重研究了社交电子商务中的信任问题，他们认为在社会化电子商务中信任是关键的因素，他们将信任看作中介变量，影响因素包括信息质量、交易安全、信誉等，结果变量是购买意图和口碑。研究结果表明影响因素通过信任这个中介变量对口碑和购买意图的影响是显著的。Amblee 和 Bui② 对电子购物中的口碑影响进行了研究，他们认为社会化商务的核心就是口碑销售、用户内容等，这些核心内容的信息集合足以反映社会化电子商务中产品和商家的口碑以及信誉。微商作为国内的一种社交化电子商务模式，社交互动中人与人之间的信任和口碑传递是营销中的关键环节，熟人经济的价值在微商中得到了充分的体现。

（三）微商的发展困境

在微信这样功能强大和群众基础广泛的移动平台上，不少人看到了销售的新途径和商机，开始利用微信朋友圈发布商品销售信息，而这些信息随着朋友的转发而迅速扩散，使商家拥有了大量的顾客。在 2015 年微商发展达到高峰之后，不久就出现了短暂的停滞，其原因和微商所面临的发展困境有关。

服务和技术上的困难。左佩佩③从微信软件具有的特征出发，分析了微商商家对这种点对点的精准直达的营销工具趋之若鹜，并产生了一系列亟待解决的问题，O2O（Online To Offline）的发展严重不对等，因为中国线下市场还欠成熟，决定了线上和线下的服务难以完全对接，严重制约了 O2O 的发展。在相对封闭的传播系统中品牌的推广受到一定限制而影响推

① KIM S, PARK H. Effect of various characteristics of social commerce（s-commerce）on consumers trust and trust performance [J]. International Journal of Information Management, 2013, 33（02）: 318-332.

② AMBLEE N, BUI T. Harnessing the Influence of Social Proof in Online Shopping: The Effect of Electronic Word of Mouth on Sales of Digital Micro-products [J]. International Journal of Electronic Commerce, 2011, 16（02）: 91-113.

③ 左佩佩. 微信营销存在的问题探析 [J]. 中国商贸，2013（36）: 32-33.

广效果，但同时大量媒体和自媒体的纷纷加入使得病毒信息传播难以控制，用户隐私安全也受到威胁。微商的低门槛使得监管难度加大，正是微商处于发展初期很多方面发展不够完善，让很多企业观望不前甚至产生抵触心理。曾炜楠①对微信时代圈子营销的担忧同样是用户安全问题，地理位置的定位和缺乏实名制认证都容易使用户的个人信息泄露，正当利益受到侵害。而由于缺乏安全监督中心，软件本身存在安全漏洞，大量的无价值信息也通过微信平台实时地传达到用户终端上，虚假广告推送充斥平台就在所难免。

人际关系上的困难。彭雨冰②将微商与传统电商进行比较并详细分析了微商所面临的困境：暴力刷屏带来的人际关系的危机，经营中缺少正规的行业准入标准和规则，在产品的销售链条中缺少监管，尤其是商品的售后服务几乎没有，出现维权难的状况等。王林③则强调了评价机制的重要性，并指出层层代理的分销机制存在传销的危机，他们的利润不是来自商品本身而是来自代理下线，这无疑将风险转移到了底端的分销个人身上，这不仅增加了商品的不必要成本，而且造成了货源不明，加大了监管和执法难度。汪志晓④针对微商对创业的影响进行了分析，指出了微商创业现阶段发展所产生的问题：假货频发鱼目混珠；朋友圈中大多是下线代理而非真正的供货商，渠道过长造成了成本增加。张晓霞⑤针对微信购物维权问题展开了分析，她辩证地分析了微信购物的现状，针对微信具有的社交特点，举证了一系列的事例，提出熟人圈维权难的问题，并从腾讯开发商、健全法律和微商卖家三方面提出应对策略。

---

① 曾炜楠. 微信时代的圈子营销［J］. 现代交际，2014（08）：120-121.

② 彭雨冰. 论微商的定义和现状［J］. 智富时代，2014（12）：29.

③ 王林. “朋友圈”变“生意圈”微商带来哪些挑战［J］. 决策探索（上半月），2015（03）：38-39.

④ 汪志晓. 浅谈移动互联时代的微商创业［J］. 电子制作，2015（04）：107-108.

⑤ 张晓霞. 关于“微商”购物维权难引发的思考——以微信平台为例［J］. 现代商业，2015（02）：29-30.

（四）相关理论支持

印象管理理论。戈夫曼认为："在人际互动中，不管个人具体目标是什么，他的兴趣始终是控制他人的行为，特别是控制他人对他的反应。这种控制将主要通过影响他人而逐渐形成的限定而实现，而且他能通过给他人某种印象的方式借以表现自己达到影响这种限定的目的，他给人的这种印象将引导他人自愿地根据他的意图而行动。"① 这就是所谓"印象管理"。戈夫曼认为人都会戴着假面具在台前表演，所以表演是被有意或无意地设计出来的，是一种在他人面前伪装起来的"我"，用以给观众塑造一个"我（们）是谁"的印象②。

社会交换论。乔治·霍曼斯以心理学为基础，借用大量的经济学的概念阐述他的社会交换观点。"把社会行为视为一种至少在两人之间发生的、或多或少要获得报酬或付出成本的、有形或无形的交换活动。"③ 他认为，利益最大化是人与人交往的基本原则，利己主义、趋利避害是人类行为的基本原则，因为人都是理性的，人的行为是为了得到最大化的回报或者是规避对自己不利的状况（惩罚）。在人们互动的时候需要有投资（一个人所拥有的全部资源），包括情感也是一种用来交换的社会资源。"对于一个人来讲，他的行动结果对他越有价值，他就越可能去执行这个行动。"④ 布迪厄进一步将资本总结为四种主要类型——经济资本、文化资本、社会资本和符号资本，以上每一种资本都有各自的特征并且可以相互转化。其中，社会资本即个人所拥有的社会关系网络，这种可以持久维持的社会关系就是个人拥有的社会资源，可能是实际的也可能是潜在的。社会资本强

---

① ［美］欧文·戈夫曼. 日常生活中的自我呈现［M］. 冯钢，译. 北京：北京大学出版社，2008：3.

② 周晓虹. 现代社会心理学［M］. 上海：上海人民出版社，1997：179.

③ 高连克. 论霍曼斯的交换理论［J］. 齐齐哈尔大学学报（哲学社会科学版），2005（02）：8-10.

④ 侯钧生. 西方社会学理论教程［M］. 天津：南开大学出版社，2010：223.

调的是社会网络和人际互动，它们促成人们之间的互惠互利①。

三、对微商的社会印象素描

社会印象的综合性和完整性，可以整体上反映微商的若干实际状况，有助于简化人们的认知过程，为人们迅速适应环境提供一定的便利。了解微商的社会印象，有助于软件开发者不断完善用户体验，帮助商家改进产品提供更高质量的服务，对加强微商侵权行为的监督和完善维权法规提供依据。所以，对微商的社会印象既是发展问题的投影，又是未来继续发展壮大的依据。

微商的发展困境直接影响了其社会形象，基于此形象公众对其印象自然大打折扣。因为门槛一低、缺乏监管，劣币驱逐良币的效应就开始出现。新闻报道中充斥着各种在微信朋友圈中上当受骗的事例。一则“90后网络红人卖毒面膜自称年收入七位数”的报道将微商假面膜的事件推到了公众面前和舆论的风口浪尖。这位90后卖家通过炒作手段将自己包装成“女神”，吸引粉丝在朋友圈购买其推荐的“三无面膜”，造成使用者患上严重的过敏性皮炎和激素依赖性皮炎。加之此前央视曝光称，一些微商出售的面膜多出自黑作坊，原料低劣且添加激素，有的甚至激素含量超标6000倍，此事件一经报道便迅速在网间发酵，爱美女性皆谈“膜”色变。微商对社会经济的贡献有目共睹，但尚处于发展初期的新模式在实践中总会遇到各种困难，需要不断地完善。央视曝光的“毒面膜”余震犹存，个别卖家鱼龙混杂，货品真假难辨，价格混乱，“暴力刷屏”“囤货”“质量差”成了大众对于微商的主要印象。

与此同时，网民的互联网感知和应用水平良好。48.6%的网民认同我国网络环境比较安全或非常安全，有54.5%的网民对互联网上信息表示信任，60.0%的网民对于在互联网上分享行为持积极态度，有43.8%的网民

① 侯钧生. 西方社会学理论教程［M］. 天津：南开大学出版社，2010：415.

表示喜欢在互联网上发表评论，53.1%的网民认为自身比较或非常依赖互联网。经过多年的市场培育，全社会的网络交易意识在高水平上继续提升①。在这样一种矛盾的情形之下，开展深入的调查，已经成为厘清微商社会印象的关键。为此，本研究采用实证研究的方法，主要以问卷调查为主。在网络发放并收回694份问卷的基础上，引用了现有的权威机构调查数据。问卷回收后，对问卷进行编码和数据录入，应用统计分析软件对数据统计分析。经调查，微商的基本情况如下：

（一）微商营销基本情况

微信已经成为微商用户的首选信息来源和关注平台，占受访者的87.60%，其他的平台（微博、QQ、人人等）都无法与之比较。所以微信作为主要的微商平台，具有代表性。

微商被关注的商品种类：大多都是以女性商品为主，衣服鞋子、零食小吃和化妆品、护肤品的关注度占绝对优势（见表4-1）。它们属于日常消耗用品，并且成本较低，选择范围广，分别得到60.37%、80.98%和87.60%的受访者关注。

表4-1 微商被关注的经营项目

多选（请选出您关注最多的三项）		
选项	小计	比例（%）
衣服、鞋子	419	60.37
零食小吃	562	80.98
化妆品、护肤品	608	87.60
数码产品	212	30.54
珠宝玉器等	95	13.69
其他	53	7.63

① 2015年中国网络购物市场研究报告［R/OL］. 中国互联网络信息中心，2016-06-22.

微商对象的年龄：在朋友圈购物的主流人群分布在21~35岁之间，这部分人群年轻而易于接受新事物。他们是社会主要的劳动力，因而日常生活中缺少大块的时间段，微信以及由之而来的微信贸易的碎片化特点迎合了他们的时间安排。这群人的购买欲相对较强，是微信交易的主要消费群。本次调查中18~25岁的人群占80%以上，18~30岁占受访者将近90%，18岁以下也有5.64%的比例。

微商对象的性别：微商客户性别调查中女性消费者约占70%(68.55%)，男性消费者约占30%。女性成为微信的主要营销对象，这也和微信平台中销售的主要产品种类（面膜、化妆品、服装、零食等）相吻合。

微商对象的收入（生活费）情况：在调查中受访者年龄偏小，收入并不高，而且很大一部分是在校大学生。虽然收入不高，却是微信购物的主力军。有80%以上的受访者收入（生活费）在2000元以下，有46.6%的人花费1%~25%的月生活费用于微信购物；有27.21%的被调查者几乎不在微信上购物；在微信购物超过月收入一半的受访者大约占10%。

综上，微商平台是所有微商模式中最具有潜力和实力的。消费者群体具有女性化和年轻化的特点，总体收入（生活费）并不高，但大部分消费者会平均每月使用一定收入比例用于微信购物消费。微信平台上的产品也迎合了消费群体的特点，以女性产品为主，多是成本低、易于包装和运输方便的快速消耗品，更新速度快。

（二）对微商的负面社会印象

表4-2中大多数（51.07%）被访者并不介意朋友圈里的朋友做微商创业，也有接近28%的人对朋友圈暴力刷屏很厌烦，将近21%的人认为朋友圈做熟人生意就是在消耗人脉，有损社交关系和朋友间的感情信任。调查中受访者对微商的负面印象主要是由于暴力刷屏和利用朋友关系谋利产生的。虽然大部分受访者认为，微商的身份并没有对他们的朋友关系造成影响，但微商的社会形象仍受到诟病：他们在熟人圈利用朋友关系谋利，

利用技术手段美化和虚构自我形象。

表 4-2 对朋友成为微商的感受情况

选项	小计	比例（%）
没有丝毫影响，朋友依旧是朋友	353	51.07
对被广告刷屏很厌烦甚至采取屏蔽措施	193	27.96
对熟人的销售变相地消耗自己的人脉，产品质量不好，伤及朋友间信任	145	20.97

第一，熟人经济的获利者。

由于微信通过 QQ 好友和手机通信录添加好友，所以经过层层筛选和过滤，进入朋友圈的基本都是用户熟识的人。他们具有相同的目标、兴趣和爱好，相较于公开性较强的公众社交网络，微信是一种小团体式的互动体验。从之前的“大众”社交媒体到“聚众”的圈子社交媒体，圈子成员之间具有频繁的互动和极强的私密性，同时信息的传播畅通无阻并相对真实。正是出于这种熟悉感和真实感，才使得微信一经推出就备受追捧，在移动互联网社交媒体中占据优势。朋友圈的实质是具有强关系的虚拟社区，内部成员具有相似的经历。虽然强连带使得信息传播封闭，但也正是因为这样，特定圈子成为特定产品和服务的销售对象。

微商正是基于这样一种熟人圈子，在社交平台上大显身手。中国人本能地对陌生人有着不信任感，而熟人则知根知底，更容易消除戒心。通过人与人之间的近距离交流，通过朋友圈这种具有高度信任的社交平台，利用“熟人”的社会关系，通过朋友们的点赞分享，促成交易成功的概率极高。在微商消费群中老客户的比重占一半以上，可见信任和口碑营销在社交化电商中的重要性。

选择微商购物的原因中（表 4-3），有 77.52%有微信购物经验者选择了因为朋友关系。可见，在社交平台中熟人社交网络在营销中的价值。

表 4-3 选择微商购物的原因统计（多选题）

选项	小计	比例（%）
方便	238	34.29
信赖朋友，有亲切感	538	77.52
价格公道	163	23.49
反正都一样	150	21.61
其他	14	2.02

在中国这个伦理本位的人情社会中，中国人之间熟人经济自古有之。费孝通在《乡土中国》一书中就解释了深深植根于中国人性格中的“差序格局”现象。朋友圈的成员，就是离自己最近的涟漪最大的社会关系。这样的社会关系就是社会资本。

社会交换理论也认为利益最大化是人与人交往的基本原则。利己主义、趋利避害是人类行为的根本特征之一。因为人都是理性的，人的行为是为了得到最大化的回报或者是规避对自己不利的状况（惩罚）。而在人们互动的时候需要有投资（一个人所拥有的全部资源），包括情感也是一种用来交换的社会资源。微商营销中买方和卖方之间存在着某种交换，一方需要依赖对方来实现其目标或者满足其需求。首先消费者需要购买产品来满足自己的需求，而卖家需要售卖自己的产品来获取利润。在微商中卖家为消费者提供产品和服务资讯，消费者则帮助卖家将他们的社会关系轻松地在微商模式中转化成为经济资本，刺激了卖家利用自己的社会关系资源去谋利。

但是由于保障制度的缺失，不少微商怀着“杀熟”的心态，这一心态使微商在微商模式发展初期尽收红利。微信中有 B2C 和 C2C 的模式，由于微商只需注册一个账户，拥有熟人资源便可开张，成本低，准入门槛低，非常适合没有太多资金的个人创业，所以其中大多数是 C2C 模式，是个人对个人的熟人买卖。商家也看到了熟人交易的优势才不断鼓励发展下线，促成更多的销售渠道。交易的分销底层往往对货源和产品质量缺乏必要的了解，就算买到了次品也碍于朋友圈的特殊性不便维权。频繁爆出的杀熟行为造成了客源和潜在客户的流失，同时失去了大量宣传与销售的渠道。

在表 4-4 中非常显著地表明只有 4.03%的人选择“不能忍，一定要维权”，其他三个选项都是不进行维权。我们可以看到即使在朋友的推荐和销售下产生假货等损害自己利益的情况下，多数人还是忍气吞声，大事化小，小事化了，不去揭发举报只能自己承受损失。中国人尤其重视人与人之间的感情，其中不能忽视影响深远的脸面文化，态度与行为往往会出现不一致的情况。中国人顾及自己的面子更顾及别人的面子，尤其是朋友的脸面，所以遇到消费者正当利益被侵害时不想付诸法律而想私下内部解决，而结果往往是不理想的。

表 4-4　对购买产品不满意时的行为选择情况

选项	小计	比例（%）
都是朋友，下次不买就行	224	32. 42
小钱而已，不去追究	239	34. 59
跟朋友沟通，但不会过多纠缠	200	28. 94
不能忍，一定要维权	28	4. 05

第二，印象整饰下的表演者。

美国社会学家欧文·戈夫曼借助戏剧与日常生活进行类比研究，提出了著名的拟剧理论。该理论认为“社会和人生是一个大舞台，舞台上的社会成员作为表演者非常关心自己如何在众多的观众面前塑造被人接受的形象”①。与此同时，人们会运用各种方法和技巧以左右他人，戈夫曼将这种行为过程称为“印象管理”②。微商希望凭借熟人关系扩大销售量，谋

① ［美］乔恩·威特. 社会学入门［M］. 3 版. 王建民，译. 北京：人民邮电出版社，2016：64.

② ［美］欧文·戈夫曼. 日常生活的自我呈现［M］. 冯钢，译. 北京：北京大学出版社，2008：3.

取更多利润。中国传统亲朋好友间“谈钱伤感情”的思想却困扰着他们：一方面，担心自己商业化的朋友圈会引起好友反感；另一方面，在产品销售过程中的盈利也让不少微商内心产生负罪感。朋友圈微商的情感与商业双重属性使其陷入重情与谋利的两难①。为了解决这种两难，微商必然进行印象管理。我们承认印象管理可以维持甚至促进人与人之间的交往与互动，建立起良好的人际关系。

印象管理的策略很多，其中获得性印象管理策略是指试图使别人积极看待自己的努力的措施，而防御性印象管理策略是指尽可能弱化自己的不足或避免别人消极看待自己的努力②。微商一般会采取获得性印象管理策略，来提升自己的形象。他们为了提升形象，在朋友圈往往呈现三类内容：成功学，强调奋斗的重要性，鼓励更多的朋友加入他的团队；生活小事，拉近和潜在客户的距离；销售业绩，证明自己被社会大众所认可。业绩是营销时最具说服力的广告。深谙此道的微商经常在前台（朋友圈）展示良好的销售业绩和用户反馈。一些微商卖家口若悬河地吹捧自己销售的产品，甚至在网上购买软件编写自己与消费者的对话来虚构“表演团队”，利用微信的定位系统谎报自己的所在位置，晒出自己的微商成功史和“奢侈”的生活来骗取消费者的信任。但是这毕竟是一种整饰之后的形象，一旦假面具被揭开，将造成后果严重的人际关系破坏。

在表 4-5 中有 37.91%的受访者认为微商不可靠，有将近 20%的受访者认为朋友圈购物是可靠的，有 41.93%的受访者是依卖家而定的。可以看出，用户对朋友圈购物的印象并不乐观，只有近 20%的受访者认可微商模式。

---

① 郝妍. 朋友圈微商的印象管理——基于“拟剧理论”的分析［J］. 青年记者，2017（01）：88-89.

② 李耘耕，朱焕雅. 朋友圈缘何而发：社会心理视阈下大学生微信自我呈现策略及影响因素研究［J］. 新闻记者，2019（05）：25-35.

表 4-5 微商购物的可靠度

选项	小计	比例（%）
可靠，都是身边熟悉的朋友	138	19.97
不可靠，缺少统一正规的行业规范	262	38.18
依卖家情况而定	291	41.93

对于卖家来说，这些熟人和熟人背后的朋友就是自己的社会资本或潜在资源。社会网络和人际互动正是社会资本所强调的，它们促成人们之间的互惠互利。卖家为消费者提供产品和服务资讯，消费者则帮助卖家将他们的社会关系轻松地在微商模式中转化成为经济资本。社会交换论认为人都是理性的，会以获得最大利益为原则进行资源的投入，包括情感，在微商初步发展阶段，经营成本低门槛低使创业变得又方便利润又高，同时相关的行业规则还没有完善，报酬丰厚且惩罚力度小，这都刺激了卖家利用自己的社会关系资源去谋利。

第三，认知失调的利用者。

认知失调是一个经典的社会心理学概念，费斯廷格早在 1957 年就概括了其内涵。他认为随着经验的增长，认知能力的增加，人的头脑中会积累很多观点。这些观点彼此之间的关系有三种：第一是观点和观点之间没有任何关系，它们互不干扰地共存于人的头脑中。例如，我是一个善良的人和我喜欢读书。第二是观点和观点之间是有联系的且它们的关系是相容的。例如，我是一个善良的人和我喜欢参加慈善活动之间的关系。第三是观点和观点之间是有联系的，但是这些观点之间彼此不相容。例如，我是一个善良的人和我在有能力的情况下却没有帮助亟须我援手的人这两个观点之间就是如此。只有在观点之间既相关又不一致的情况下，才会导致认知失调。

据此认知失调具有如下特点：第一，情绪性。现代认知心理学的研究表明，认知和情绪之间具有必然的联系。正确的认知引发正常的情绪反应，而失调的认知一定会引发人负面的情绪反应。在负面情绪的影响之下，个人把自己内心的生活变成盲目力量之间的争斗，这些力量忙于黑暗的、杂乱无章的、徒劳无益的、毫无意义的冲突①。第二，暂时性。因为认知失调会引发强烈的内心不平衡的感受，个人会对失调迅速地调整，以便恢复内心的平衡，所以认知失调具有稍纵即逝的特点。第三，隐秘性。认知本身是隐秘的，失调也隐藏在人的内心深处。如果不经过个人的反省和他人细致入微的观察，认知失调是很难被人明确意识到的。第四，情境性。认知失调通常都是在某种情境之中发生的，情境中的某种刺激是引发失调的关键。

认知的不平衡状态，导致了主体的焦虑和不安的心理状况，所以认知主体有寻求平衡的动力，在认知结构中有趋于平衡的压力，希望从不平衡结构转向平衡结构，来寻求认知的平衡消除紧张的心态②。当微商是我们的熟人或喜欢的朋友，如果我们不喜欢他的产品，此时失衡就会出现。为了恢复平衡，我们要么决定不和微商做朋友，要么购买他的产品。当微信交易让消费者感到上当受骗或产品服务不满意时，他内心的不平衡状态会更甚。受到认知平衡趋势的影响，消费者对微商（朋友圈里的熟人）的态度就会改变，即使受到脸面因素的影响不去公开地表达，认知印象层面上也已经通过对微商态度的改变来达到了平衡状态。

第四，暴力刷屏的推送者。

微商在提供方便的同时，频繁的推送服务和无休止的暴力刷屏会令用户越来越排斥，更会失去微信朋友圈原有的私密空间感和社交初衷。用户反感排斥的微商推广方式中，最令人厌烦的方式是频繁刷屏。表 4-6 显示，达到 83.14%的被调查者选择了这一选项；其次是排斥第三方应用推广方式（38.18%）、订阅号（37.46%）和地理位置推送（36.17%），还有将近 19%的被调查者排斥扫二维码送红包的方式。这些被认为是微商成功的原因同时也成了消费者对其厌烦和排斥的理由。

---

① ［美］安·兰德. 自私的德性［M］. 焦晓菊，译. 北京：华夏出版社，2007：18.

② 周晓虹. 现代社会心理学［M］. 上海：上海人民出版社，1997：179.

表 4-6　被排斥的微商推广方式

您最排斥哪种微商方式？多选（请选出您最排斥的三项）		
选项	小计	比例（%）
频繁刷屏	577	83.14
订阅号	260	37.46
社交分享——第三方应用	265	38.18
扫二维码送红包	131	18.88
地理位置推送	251	36.17
其他	14	2.01

最初的微商方式很简单：首先，尽可能多地加微信好友，培养潜在客户；其次，稀缺产品、高频使用产品等反复刷屏强化印象；最后，一对一的顾问式持续售前售后服务，从熟人开始展开销售。在发展初期没有科学营销方法的引导下，微商恶性刷屏，使得微信朋友圈成了广告重灾区。再加之社交平台用户也过了新鲜期，包容度下降，这就使得微商生意链条中的终端消费者大部分流失。所剩不多的受众量，根本不足以支撑起微商销售的良性生态。

3. 对微商的正面社会印象

微商的最初体验就是在平等的交流中消除消费者的顾虑，拉近彼此的关系，从而促成交易。在微信购物全方位的服务中，移动终端提供的便利不仅体现在移动性上，而且通过定位向用户推送个性化的服务信息，让消费者体验到全方位的便利服务。

第一，平等的互动体验。

微信成功的重要原因之一是信息传播不再是单向地信息渗透，而是双向互动式的。这不像微博的“关注”，那是博主的单向信息传播，缺少聊天式的互动。微信本着一种“去中心化”的理念，成员之间是平等的关系。每个用户都是自媒体，既是信息的受众，又可以是信息的发出者。微信熟人圈子的特点，使得信息传递快速，并且可信度高，因为圈子内部的同质性较高，信息传播过程中的阻力就减小了，从而降低传播成本。在信息繁杂的互联网中，微信的信息传播效率很高。根据信息的选择或然率公式——媒介选择=报偿的保证/费力程度，从微信中获取信息既迅速又可靠，满足程度上升，费力程度在下降，因而用户更愿意选择微信作为信息获取渠道和购物平台。消费者在微信交易中体验到的不仅是买卖双方冷冰冰的交易关系，还有平等的一对一的交流乐趣。

第二，全方位的便捷服务。

在微信的设计理念中始终贯彻着碎片化、移动化和个性化的特点，在移动终端，使用零散的时间，利用手机定位推送享受即时服务。微信熟人经济的优势使企业更具针对性地快速寻找到目标客户，根据不同的特点向相应的消费群体提供个性化的产品和服务。在调查中（表 4-7）受访者选择的微商优势无疑是微信成功的重要因素。

表 4-7 微商的优势调查表

您认为微商优势是?（请选出您认为最符合的至多三项）		
选项	小计	比例（%）
终端随身携带方便（智能手机等）	218	34.41
节省时间	186	26.80
种类多样	192	27.67
附近的商品推荐	164	23.63
支付方便	195	28.10
不需要过多的网页编辑（与淘宝等电商相比）	216	31.12
互动频繁，熟人经济有保证	189	27.23
平台成本小、货价低	208	29.97
其他	49	7.06
没有优势	7	1.01

第三，相对较强的抗风险能力。

在网络环境中，风险更加突出，这种不确定性或风险是伴随着关系的整个过程的。在网络消费中，由于买卖双方身体的“缺场”而导致的信息不对称，发生纠葛时无有效的制度保障，这是风险产生的重要原因。并且在消费的后续阶段，会有各种不确定因素带来的潜在风险，这种潜在风险会伴随着整个消费的过程，风险一旦发生，就会给双方造成心理伤害和利益损失。

正是因为有这些风险的存在，买家才会更愿意选择自己信任的、熟悉的卖家。通过人际关系的约束作用来尽可能地规避风险，将产生风险的可能性降到最低，确保自己的利益不受损失。但同时也存在买家不愿意选择自己认识的熟人卖家的情况，因为担心在利益上产生冲突而影响私人关系。这种情况属于少数，因为就微商消费而言，大多数都在自己的朋友圈子范围内。

四、对微商的社会预期

在市场监管和法制不断完善的背景下，微信平台功能不断开发创新，以微商为代表的微商模式潜力将被越来越多的人发现和认可。也不乏消费者看到微商暴露出的各种问题，对微商模式的未来持消极态度。

（一）喜中有忧的前景

我们从表 4-8 中可以看到，大多数的被调查者认为微商有发展潜力。对微商发展的前景抱有希望，给微商前景预估分大于等于 5 分的占 58.65%。被调查者表示虽然现阶段微商有种种困境和问题，但在各方不断努力和完善下，微商尤其是微商的市场将被开发得更加广阔。但是预估分低于 5 分的受访者也有超过 40%，尤其是 0~1 分的比例达 7.06%。

表 4-8 微商发展前景的预估情况

您认为微商发展前景怎么样？请选择您的心理预估分		
选项	小计	比例（%）
8~10 分	122	17.65
5~7 分	283	40.95
2~4 分	237	34.30
0~1 分	49	7.06

微商的发展带动了大批个人创业和就业热情，加上平台优势以及微商的客户基础，可以说具有不可估量的潜力。但是随着微商卖家越来越多，问题也在发展过程中逐渐暴露出来。微商在社会中的形象大打折扣，再加上媒体的报道，假货、诈骗、传销、炫富等词似乎总与微商联系在一起。

首先，“杀熟”成为惯用手段。朋友圈中本是相互信任的朋友，一旦涉及金钱利益，朋友之间的情谊就面临巨大的挑战了。从很多案例中可以看到微商推销的产品，有的有瑕疵甚至是假货。一般受骗的消费者碍于朋友的情分和面子，损失不大也不会追究。本来用于紧密朋友间联系的社交平台却令朋友间产生嫌隙，消耗社交资本去谋取暂时的利益是得不偿失的。

其次，朋友圈的私密性使得监管难度加大。由于朋友圈的私密性和渠道的闭塞性，微商交易给监管带来了很大的困难。本来私密性是微信的优势，但凡事都有两面性，在涉及需要公开公正的经济交易上就成了难以克服的缺陷。

最后，朋友圈供货链条过长，增加产品和监管成本。朋友圈里广泛实行的 B2S2C 模式使得中间的代理销售环节过多，造成不必要的成本负担。微商缺少严格的身份认证和审查。微信准入门槛低，很多供货商没有资质，货源在何处，质量如何，都无法控制，增加了检查成本和难度。微商固然存在很多问题，但社会中出现的谈微商色变的现象不排除主体产生了认知偏差。

（二）刻板化的认知与记忆

在对微商进行认知时，并不是首先将他当作独立的个体，而是立即把他自动归入某一类群体中，对个人的认识基于对群体的印象。对微商群体的刻板印象来自两条途径：第一是直接与某个人或群体接触，将某些人的人格特点概括化和固化。第二是依据间接的资料对认知对象形成片面的印象，比如，新闻报道、他人经历的介绍。新闻媒体大量地报道微信朋友圈交易的产品存在严重的质量问题，甚至存在诈骗的违法行为。不排除其中确有利用监管漏洞浑水摸鱼套取不正当利益的商家，但媒体营造的社会舆论使很多潜在消费者对微信购物产生顾虑。消费者接触这些报道后，会对微商形成刻板印象。该印象需要很长的时间和精力去修复。在其他社会心理学效应，如首因、近因和晕轮效应的影响下，消费者对微商的刻板印象会越来越严重。

刻板印象是人类社会认知的重要捷径。刻板印象可以生成内隐记忆。内隐记忆是在无意识状态下或不需要刻意回忆的情况下，个体的经验自动对当前任务产生影响而表现出来的记忆，即人们不用回忆却能在行动中证实其事后效应的经验。在日常的大众媒体信息轰炸中，消费者对自己不感兴趣的事物投入的注意力是有限的，但长时间的接触和信息输入，消费者的内隐记忆早已经形成。消费者对商品和服务的内隐记忆不仅存在，而且在做出决策中具有启动效应。消费者对微商的内隐记忆很多是来自大众媒体的报道和亲朋的经历或者是自己的亲身体验，而内隐记忆一旦有线索、环境或情绪的刺激就会启动。例如，看到曾经购买过的商品，听到当时购物时出现过的语句，现在购物和曾经的情绪出现一致性时，都会激起曾经购物经历的记忆，这时就会影响到对相关人和物的态度并左右购物的决定。消费者对负面的信息记忆尤为清晰并能长时间保存，所以微商大量的负面媒体形象常常成为消费者的内隐记忆并且在决策时被启动，从而影响到微商的社会形象和产品销售。

（三）努力整饰的社会形象

微商要通过一定的努力影响别人对自己的印象，包括：善于利用首因效应。首因效应又被称为第一印象，主要有以下两个概念：第一种是在记忆研究领域，首因效应通常和近因效应一起被称为系列位置效应，意思是人们会出现一种对最初信息和最后信息的记忆效果好于中间出现信息的现象；第二种是社会心理学研究领域，首因效应是社会认知偏差的一种主要形式，是由阿希（Asch，1946）首次发现，但当时并未得到重视，后来心理学家陆钦斯（Luchins，1957）通过一系列实验不仅仅发现了首因效应，并首次正式提出首因效应的概念。所以微商要关注自己给买家的第一印象。除商品外，微商可将自身生活中最美好的事情分享在朋友圈，由于朋友圈中存在高亲密度的人，会对朋友圈分享的“衣食住用行”等相关内容进行精心设计，塑造精致的、美好的印象①。

建立可信的关系。要让消费者相信卖家是善意的，卖家的行为是符合消费者利益的。一个善意的卖家不会利用消费者来从事机会主义行为，会遵守约定。消费者一般通过和卖家的互动来感受卖家的能力、善意、诚实等特征，这些特征往往会被消费者视为判断卖家是否可信的依据。如果卖家的沟通方式让买家觉得比较心安，觉得靠谱且处于一个舒服的状态，则买家心里的购买倾向就会增加。而具体事件的处理，主要指的是售后，当遇到产品质量问题时，处理得当可以为良好的关系加分。

戈夫曼认为“随着每次表演的进行，表演者的合法性都会重新受到检验，而且，表演者的永久性声誉也与每次表演休戚相关”②。微商的社会认同将一直处于风雨飘摇的状态。除了真诚的心以外，微商良好社会形象建构别无他法。

① 余玉婷，王萍，黄镕玉．新媒体下的自我呈现——基于亲密度的朋友圈印象管理模式［J］．教育现代化，2019（64）：236-237.

② ［美］欧文·戈夫曼．日常生活的自我呈现［M］．冯钢，译．北京：北京大学出版社，2008：72.

第五章

沉默围观——网络从众分析

虚拟社区因为超越时空的限制，让人们可以无时无刻地聚在一起。这种情况是从未有过的，也正是因为如此，在网络上更容易发生从众行为。

一、从众是什么

从众现象比比皆是，在学习中、交友中、商品买卖中都有所体现。以学习为例，大学生或许由于身边大部分同学、朋友等都不考研，因此改变自身意愿，也不考研。当本已经不打算考研时，由于身边大部分同学、朋友等都选择了考研，他们又改变意愿，去考研了。这种受到真实或想象的他人影响，而改变自身行为变得与他人一致的现象就是从众。简单来说，从众就是指当大部分人做相同的事情时，剩下的一部分人就会没有自己的思想进而跟随前面的人做一样的事情。随着网络的出现与繁荣，网络提供给我们一个全新的公共空间。在网络中，从众行为指的是由于受到网络气氛的影响，从而影响了自身的行为方式和群体产生一致的现象。

由于网络中信息暴露程度相对现实生活中更低，所以其受到现实规范的约束程度也就更低，使得从众行为在网络空间中体现得更不明显①。在现实生活中，人的现实身份信息总会冲击我们，从而介入我们的思考决策中，所以造成传播活动难以完全不受干扰。但在网络这个虚拟的公共空间

① 郜晋亮. 浅析网络传播中“沉默的螺旋”理论失效缘由［J］. 山西经济管理干部学院学报，2011，19（02）：87-89.

中情况就有所不同，网络的虚拟性使得隐匿自身的现实身份信息获得了现实的可能，从而使得现实情境因素对其行为决策的干扰降低，使得群体对个体的约束大大降低，从众更为不明显①。我们可以不用担心自己的真实身份信息的暴露，从而可以更充分地表达自己的意见。正是这种类似于一种自由市场的信息平台，使得每个人的表达得以体现，这在以往的传统新闻媒体上是难以实现的，个体可以更少地担心现实信息的暴露而更好地表达自身意见，使得从众的可能性降低。所以在网络中，从众有不同的表现形式，如完全服从、有条件的接受、附和观点、沉默等。

从众具有适应价值，有了从众，我们才能从远古恶劣的生存环境中幸存下来；有了从众，社会的规则和秩序才得以被遵守和维持；有了从众，社会生活才能具有某种程度上的可预测性。所以，从众有着积极的意蕴。

从众现象对社会的影响主要体现在对社会秩序的影响和对民意体现的影响。首先是网络从众行为对社会秩序的影响。社会秩序是由一定的人际关系、规范所构成的集合，网络媒介通过影响人际关系，从而对社会秩序起作用。具有一定数量、规模的网民，在相互影响的作用下所形成的相对一致的意见导向就形成了民意。

网络从众行为对个人的影响主要体现在对个人观念、态度的塑造上。个体为了获得奖励，避免惩罚而选择按社会规范或者说社会期待的方式所行动，为了满足他人意愿，在行为模式方面表现得与他人别无两样②。随着个体对认识对象的了解不断加深，其开始从内心相信并接受他人观点，并随之逐渐内化成自己的思维模式和观点，使其内化成了自己的态度，从而使从众行为从最初的暂时状态变得与自身的观点态度密不可分。社会化尚未完成的青少年，其世界观、价值观尚未塑造完成。而网络就像是一个增幅器，使得一些事件对个体的影响力，跨越了空间和时间。

① 郭光华．论网络交往中“沉默的螺旋”假说的局限［J］．湖南师范大学社会科学学报，2002，31（06）：103-106.

② 梁良．从众［M］．上海：东方出版中心，2007：28.

研究网络从众行为一方面能够更好地构建社会秩序，更好地表达民意，使得政府能够更好地决策。另一方面，更好地实现网络的价值塑造功能，提升人的思想境界。

二、从众的相关研究

关于从众现象的相关研究可从从众的实验研究、从众的群体角度研究、从众的个体角度研究三个角度进行划分，其相关研究整理归纳如下：

（一）从众的实验研究

从20世纪30年代初开始，大多数的研究者对从众的研究都偏重于从众的外显行为和理论的研究。其中有三个人，分别是Sherif，Asch and Milgram，他们是对从众理论起到奠基作用的主要人物。谢里夫（Sherif，1936）研究在实验室情境下是否可能观察到社会规范的形成（通过从众行为反映出来）。因此谢里夫设计了称之为似动现象的实验，实质上是利用了被试的视错觉来解释个体容易受到其他人暗示性影响的一些问题。这是对从众最开始的实验设计，并取得了有意义的结论。

谢里夫实验中的实验者面对的是模糊的情境，而阿希（Asch）对从众研究却是在一个确定的实验室情境中进行的。1952年阿希进行了著名的"线段长度"实验。在这个实验中，实验者要判断三条线段中哪一条与标准线段一样长。在这个实验中，第七个被试，在听到了他前面六个被试给出的同样错误答案后，是否违背自己的意愿而与大多数保持一致①？米尔格拉姆（Stanley Milgram，1964，1965，1974）的实验考察了当权威的要求与道德的要求相抵触时会发生什么行为。这些实验构成了社会心理学最著名的也是最有争议的实验。

上述实验研究的结果带来的重要意义：在模糊情境之下，个人的选择

① ［英］阿伦森，等. 社会心理学［M］. 5版. 侯玉波，等译. 北京：中国轻工业出版社，2005：212-233.

判断会受到信息性的社会影响；在清晰条件下，个体的选择会受到规范性社会影响。信息性从众与规范性从众之间的不同之处在于个体做出这两类从众行为的动机是不相同的。信息性从众行为的动机是追求决策判断的正确性即渴望正确，个体有意识或无意识地将他人的行为或观点作为可利用于做出判断与决策的信息；而规范性则是为了获得社会赞许即渴望被接纳，与他人达成友好联盟关系从而建立良好的社会关系，在一定程度上是为了追求一种群体身份认同感与归属感，担心被群体视为异类而遭到排斥①。

（二）从众的群体角度研究

不同类型的个体按某种特征结合在一起，进行互动、交往，就形成了群体。关于影响从众行为的群体视角主要是从群体的约束、群体的一致性、群体的规模出发的。

对于群体的约束力，代表性的是伊曼纽尔·纽曼（Noelle-Neumann）于 1974 年提出的沉默的螺旋理论。她认为个人对意见的表达依赖于个体对意见气候的评价，如果个人认为他们的意见观点是多数的，并且自身持有相同的意见，他们就更有可能表达他们的意见，如果认为他们的意见与意见气候不一致，他们很可能表达沉默②。少数派会因为惧怕排挤，而不愿表达自己的真实看法，多数派则相反。媒体也通常会关注和传播多数派的观点（所谓主流意见），轻视少数派。于是少数派的声音越来越小，这便是沉默的螺旋③。沉默的螺旋理论最初试图解释面对面设置中的意见表达④。随着群体的一致性增强，则更有可能选择和群体一致的方式表达自

① 魏真瑜. 博弈中的亲社会从众行为研究［D］. 重庆：西南大学，2017.

② NOELLE-NEUMANN E. The spiral of silence：A theory of public opinion［J］. Journal of Communication，24（02），43-51.

③ ［德］伊丽莎白·诺尔-诺依曼. 沉默的螺旋［M］. 董璐，译. 北京：北京大学出版社，2013：36.

④ GEARHART S，ZHANG W. Gay Bullying and Online Opinion Expression：Testing Spiral of Silence in the Social Media Environment［J］. Social Science Computer Review，2014，32（32）：18-36.

身意见。

一些学者认为，由于网络环境对个人道义上的约束力有所下降，沉默的螺旋理论在网络环境中效果被弱化了①。个体很难受到网络群体的制约、控制，这种来自社会上的制约的能力也就随之减弱②。不同于传统的面对面互动，个体在网络中接收到的来自社会群体的不同的社会情境线索（个人的地位、出身、语言、动作等）减少，这些线索的减少会潜移默化地使人改变其从众行为的表现方式。但是，沉默螺旋理论在网络从众行为中仍然起着重要的作用。个体因为受到现实情境因素的制约，会选择性地表达自身的观点，但同时由于网络的匿名性，扁平化特点，网络从众行为有其自身的特征。因为在网络中，相对于现实情境下受到的道义上的约束力更小，也就更多地选择沉默作为其网络从众的表现形式。

从网络群体一致性角度出发的研究也比较多。社会心理学家阿伦森指出，如果群体对个体是重要的，或者群体成员在某一方面和个体是类似的时候，则更容易导致个体从众③。通过收到的“赞”或“踩”的数量，一个直观的意见气氛指标就出现了。但由于选项的单一，其具有更高的一致程度，群体意见容易符合帕累托原则。只有其中的一小部分能对网络产生的大部分内容做出贡献，这一小部分决定了网络的意见气候。

群体内部的构成性质的一致性也会导致从众的发生。同质性越高的群体，群体成员之间的吸引力就越大，群体成员就更倾向于保持行为或观点的一致性；群体的同质性越低，群体内部可能就更能容忍群体成员间存在不一致的态度或行为。所以，相较于同质性低的群体，同质性高的群体会给群体成员更多的从众压力。网络社区成员通常是因为对话题的共同兴趣而参与的，所以其同质性极高，从众容易出现。

从群体的规模角度出发，重要的参考观点是勒庞在《乌合之众：大众

① 王澜. 网络传播中“沉默的螺旋”效应的弱化［J］. 新闻世界，2011（09）：119-120.

② 李润权. 网络环境下“沉默的螺旋”理论的消解［J］. 新闻世界，2010（09）：159-160.

③ ［美］阿伦森. 社会性动物［M］. 刑占军，译. 上海：华东师范大学出版社，2007：19.

心理研究》中的看法。勒庞认为群体心理是个体集聚成群体而形成的一种心理状态，它的形成受到群体特征的影响。而在群体的从众行为方面，随着群体规模的扩大对个人的规范性也就随之增强。群体对个人具有相当高的规范能力，群体的规范促使群体中的每个人寻找一种行为方式，这种方式是被大家所认同和共有的，是中规中矩的，这种行为就是从众①。Shirley S. Ho，Chen（2013）也提到，由于群体规模的扩大，个人会更担心被孤立或被排斥在社会之外，特别是如果他们的观点与舆论气氛不一致，使他们不太可能发声②。当有分歧的时候，对孤立的恐惧会影响意见的表达意愿。

随着网络群体规模扩大，群体活动的责任也就逐渐分散。如果和群体成员保持意见一致，每个具体成员所需要承担的谴责也就随之减少。这就导致了去个性化，而去个性化的加深反过来进一步增强了群体对个人的约束能力，使得群体进一步去个性化③。这与国外学者的观点具有一定的相似性，随着群体规模的扩大，从众的程度会随之加深。

（三）从众的个体角度研究

个体作为从众的主体，其本身的特点也会对从众行为造成一定影响。研究主要集中在对于被孤立的恐惧程度、信息对个体从众表现行为的影响等方面。

从被孤立的角度出发对从众行为进行分析。凯斯纳（Kassner）认为网络空间被孤立的恐惧可能与意见表达具有高度的相关性，个人在网络空间中所感受到的被孤立所带来的消极影响与在现实生活中被排斥的消极影响相似，而个体可能因为害怕这种孤立给自己带来的负面情绪，从而选择对

---

① ［法］古斯塔夫·勒庞. 乌合之众：大众心理研究［M］. 冯克利，译. 北京：新世界出版社，2010.

② HO S S，CHEN H H，SIM C C. The spiral of silence：examining how cultural predispositions，news attention，and opinion congruency relate to opinion expression［J］. Asian Journal of Communication，2013，23（02）：113-134.

③ 唐芳贵. 网络群体性事件的心理学研究［M］. 长沙：中南大学出版社 . 2014.

主流意见气氛进行附和①。斯凯兰也提出了相似的观点，随着对孤立的恐惧的程度增加，更多的个体选择隐瞒自身的意见，选择从众②。也有学者认为从众行为是个人寻求个人差异和群体“共同点”与“发散”的一种处理过程③。为了获得社会认同或声誉，愿意牺牲个人利益，选择更具有社会一致性的观点作为保护色，而孤立是影响个体获得社会认同的重要因素。为了减少这种不确定性从而在群体中选择从众的表现形式。加布里埃尔·塔尔德认为从众行为是群体中的成员在缺乏充分信息的条件下无意识中对群体行为进行模仿的行为④。一切相似性都归因于重复，社会中一切相似性的社会根源是各种形式的模仿，而从众就是在这种缺乏信息的条件下直接的或者是间接的结果，一切都源自重复。信息越不充分，个体所做决策的理性程度就会随之下降，从众的可能性也就随之提高。

国内学者认为，出于保持信息渠道与他人的一致性、使用与群体相同的话语体系等目的⑤，在害怕被群体边缘化或好奇心的驱使下开始下载并使用短视频⑥。从众行为的背后一方面是为了使个人在群体中被接受和喜欢，另一方面也展现出个人缺乏“安全感”和不自信的心理⑦。可见，从众有着个人和群体的双重原因。

---

① KASSNER M P，WESSELMANN E D，Law A T，et al. Virtually Ostracized：Studying Ostracism in Immersive Virtual Environments [J]. Cyberpsychology Behavior & Social Networking，2012，15（08）：399.

② SKLAN A D. @ SOCIALMEDIA：Speech with a click of a button? # Social sharing buttons [J]. Cardozo Arts & Entertainment Law Journal，2013，32（1）：377.

③ VIGNOLES V L，MONCASTER N J. Identity motives and in-group favouritism：A new approach to individual differences in intergroup discrimination [J]. British Journal of Social Psychology，2007，46（01）：91-113.

④ [法] 加布里埃尔·塔尔德. 模仿律 [M]. 何道宽，译. 北京：中国人民大学出版社，2008：7.

⑤ 明珠. 新媒体用户的社会交往心理研究 [J]. 新媒体研究，2019，5（06）：43-44.

⑥ 马海燕. 短视频社交软件的受众心理研究——以抖音 App 为例 [J]. 新闻研究导刊，2018，9（05）：59-60.

⑦ 吴宏.“抖音”短视频平台的受众心理分析 [J]. 视听，2019（04）：145-146.

三、网络空间的从众表现

人们参与网络事件的方式主要有围观、点击语言（赞、踩）、评论等。其中沉默（围观）的参与程度最低，却是在网络时代中最主要的参与方式。通过旁观给予事件一定的舆论压力，避免公序良俗的破坏。这从网民对自身关注事件的浏览量、点赞量、评论数量可以直观地看出。

我们选取著名的中韩萨德乐天事件作为关注点。2016 年年底韩国为了预防朝鲜的军事行动，要求美国在自己本土上部署萨德导弹，但这一行为极大地危害到了我国的国防安全。随着交涉无效和萨德在韩的逐步部署，中国开始掀起一股反对萨德，抵制韩国的运动，以抵制乐天集团为典型。因此事件乐天超市在中国已经有 55 家关停，而这一事件在网络中也引起了极大反响。

从相关页面的浏览量、评论、点赞的数量上来看，截至 2017 年 6 月 6 日，在新浪微博，中韩萨德的讨论室页面相关主题浏览量为 3337 万，其中通过点击等方式参与数为 17. 6 万，参与评论人数为 13078 人，围观是其中主要参与方式。在乐天相关的讨论室页面，浏览人数大致为 2714 万人次，通过点赞等方式参与人数大致为 10. 4 万人，参与评论人数为 9068 人次，大量的人群选择旁观和支持。在抵制萨德相关的浏览室页面中，浏览人数大致有 2160 万人次，通过点赞等行为参与人数大致为 14 万人次，参与评论的人数为 6589 人。本研究利用自编问卷，对参与其中的 207 个有效样本进行调查后发现①：

（一）围观是主要形式

在萨德乐天事件中，网络中参与围观的人数高于现实生活中同样选择的人数。很多在现实生活中选择参与其中的个体，在网络中改变了自己的表现形式，选择沉默。沉默围观是网络事件参与的主流方式，这也是网络

① 案例的分析以及问卷调查由宗泽华协助完成。

事件经常出现反转的重要原因。从表 5-1 中，我们也可看出网络行为相对于现实情况下具有更低的参与度。面对同样的情况，在网络事件中参与度的均值为 1.41，在现实生活中参与度的均值为 1.80。说明在网络中，网民更多地选择围观而不是发表自身观点。

表 5-1　萨德乐天事件中现实生活与网络中参与度对比表

	人数	极小值	极大值	均值	标准差
在对于乐天事件的发展中，你是否参与了其中的以下行为	207	0	4	1.41	1.106
如果是在现实生活中，你会参与的是	207	0	4	1.80	1.395
有效的人数	207				

（二）意见表达更不明确

沉默的特点是无论是在和主流意见相同还是相反的意见气候下，它都不明确。在传统的面对面的交流过程中，迫于群体和现实的压力，无论其自身意愿如何，都会有一个表面的态度，只有强度和可信度的差异。但在网络环境中，由于对个体的约束减少，这种状态发生了改变。当自身意见和主流观点相遇时，从众的情况如下：

1. 当自身意见与主流观点不一致时的行为选择

在网络空间中，当主流观点和自身意见相反时（表 5-2），118 名受访者偶尔发表自己的意见或观点，占样本总比重的 57%；有 31.4%的受访者选择不同意见中相同的部分发表意见或保持沉默；21 名受访者选择积极发表自己的意见或观点，占总样本比重的 10.1%；仅有三人选择支持和附和与自己相反的意见和观点，占总比重的 1.45%。可以看到在网络环境下自己观点和网络观点不同时，更多的人是有选择性地发表自己的观点，而更少去选择附和主流意见，这与传统的从众行为有着较大差异。

表 5-2 自身意见和主流观点不一致时的行为选择情况

变量	百分比（%）
偶尔发表自己的意见	57
选择不同意见中相同的部分发表或保持沉默	31.4
积极发表自己的意见	10.1
支持与附和与自己相反的意见	1.5
总计	100

在网络中，由于涉及个体数量的增多，整个群体对于个体发言所能提供的规范约束力随之减弱。人们具有更低的欲望去表达附和主流观点，选择沉默既不会引起群体的注意和反感，同时也能够减弱因为言不由衷所带来的个体情感上的缺失，从而当遇到和主流观点相反时更多的人选择了沉默。

2. 自身意见与主流观点一致时的行为选择

当自身观点和网络中主流观点一致的时候（见表 5-3），选择发声支持或者符合已有观点的人数以及选择在趋同观点中寻找创新观点发表的人为 71 人，占总受访者的 34.3%；选择保持沉默，不发表任何观点的人共 90 人，占总受访者的 43.48%。从中可以发现，当自身观点和主流观点一致时，更多的人会选择沉默或者有选择地发声，这与自身观点与主流观点不一致时形成了鲜明对比。说明人们考虑到网络群体关系而更多地选择和大众保持一致。

表 5-3 自身观点和网络中主流观点一致时的行为选择情况

变量	百分比（%）
保持沉默，不发表任何观点	43.48
争取在趋同观点中寻找创新观点发表	34.3
支持和附和已有观点	18.36
标新立异一定要发表不同看法	3.86
总计	100

当自身态度与大众态度一致时，发声人数减少，更多的个体选择沉默。这与人们的一般预期有着差异，大多数人预期人们会勇敢表达，实际却相反。这与心理学的旁观者效应具有一定的相似之处，随着支持者的数量增多，部分群体成员觉得自己的态度可有可无，自己发不发声都没有关系，所以更多地选择围观、沉默作为自己的意见表达方式。

3. 自身意见与主流观点不一致时，对相似观点的行为选择

但当论坛中的观点绝大多数趋同并与自身初始观点相反时（见表 5-4），遇到和自身观点相似观点时，积极发表自己观点的人数占 17.39%，其中 36 人选择积极发表支持态度；82 名受访者表示会偶尔发表支持态度，而 85 名受访者表示会默默支持，不发表任何态度。从对比中可以发现在面对相同或者相似观点时，选择和大众保持一致的人数数量相对增加，说明意见气候对于人们网络从众行为有影响。当自身态度与主流意见相悖时，更愿意保持沉默和大众一致。

表 5-4 自身意见与主流意见不一致状态下对相似观点的态度情况

变量	百分比（%）
默默支持，不发表任何态度	41.06
偶尔发表支持态度	39.62
积极发表支持态度（跟帖、顶）	17.39
出于其他原因，反对非主流观点	1.93
总计	100

面对与自身观点不一致时，沉默的人数增加了，但自身意见与主流意见一致时，沉默的人数减少了。这可能与在不同情境下的付出和回报有关。在现实中选择直接表达自身观点可能会使得自身境地变坏，同时也可能并不会对结果带来实质性影响，所以在现实情境下很多个体选择附和主流观点。但在网络空间中情况就发生了改变，在网络空间中付出的成本更少，更有意愿对不同的观点进行一定的支持，但更多的个体选择沉默，就

算是选择支持也更多选择点击语言的方式。在实际与被访者交谈的过程中，被访者透露，选择点击语言的方式更多是考虑对现实情况中有多少和自身意见相同的人存在，如果这个数量能够达到自身可以接受的范围，那么就会选择有保留地发表自身观点。

四、网络从众的原因分析

从众行为会受到各种情境因素的影响，群体的因素和个体的因素都对其有重要作用。

（一）群体的角度的原因

1. 群体的规模对网络从众行为表现形式的影响

群体规模对网络从众行为的影响主要是从其接收信息的渠道着手的。随着网络技术的不断发展，网络信息媒介已经成为我们收集信息的重要渠道。在日常收集信息的渠道方面，网络平台的使用率明显提高。在收集的207份样本中，其中有201名受访者认为网络平台，如微博、贴吧、知乎等是其重要的信息收集渠道，占总受访者比重的97.1%。网络超越了电视报纸等传统的大众传媒，成为主要的接收信息的渠道。

由于聚集于网络，网络中群体的规模相比于现实生活中的群体规模明显扩大。在小群体中，更多的人可能会表达一定的观点，但当群体规模扩大时，表达自身观点的欲望也随之减弱。同时，群体规模越大，持有一致意见或采取一致行为的人数越多，则个体所感到的心理压力就越大，也就越容易从众。而这种从众体现在网络空间中，就是众多的围观者、沉默者。同时由于这些沉默形成了一种群体性规范，进一步增强了这种群体性的约束力，使得网络事件中，更多的个体选择沉默而不是表达自身观点。

2. 群体的一致性对网络从众行为表现形式的影响

当问及“身边人看法与自身不一致时，自身的态度变化情况”，受访者的行为发生了转变，出现了从众。表5-5表明，占比71.01%的人有选择地发表自己的观点；很少发表或者几乎不发表自己观点的人占14.49%；

只有23人选择坚持发表自己的所有观点，占总受访者人数的11.11%；完全不发表自己观点的7人占总受访者人数的3.39%。可见，面对亲近的人群时，人们可能会更有选择性地发表自己的观点。群体内部的一致性也是自身行为选择的重要因素之一。

表5-5 身边人看法与自身不一致时，自身的态度变化情况

变量	百分比（%）
有选择地发表自己的观点	71.01
很少甚至不发表自己的观点	14.49
坚持发表自己的所有观点	11.11
完全不发表自己的观点	3.39
总计	100

群体是影响个人选择的重要组成部分，而群体的一致性是群体因素的重要因子。如果群体中只有一个人持不同意见，则他要承受巨大的压力。而如果群体中另外还有一个人持反对意见，则使前者所面临的从众压力大大缓解，从而明显降低从众的程度。但当自身观点与现实群体观点不同时，那么附和便成了一种稳妥的方式。同时在与被访者的交流中得知，当与自身观点不同的群体成员与自身关系越密切，那么表达自身观点的可能性也就越小，但如果将环境放置在网络中，由于网络中大量人群选择沉默，所以保持沉默就被看作一种良好的决策。

3. 信息来源对网络从众行为表现形式的影响

从群体的角度出发，另一个影响网络从众行为表现形式的因素是信息的来源。一般来说个体在群体中地位越高，越有权威性，就越不容易屈服于群体的压力，他的信息也就越可靠。而信息来源越可靠，那么个体也就更愿意通过自身判断选择态度而不是选择盲目从众。一般来说，地位高的成员经验丰富、资力较深、能力较强、信息较多，能够赢得其他人的信赖，他们的看法和意见能对群体产生较大影响。在网络中，一些网民充当事件的调查者、风向标，成为网络事件中的意见领袖，同时信息的可靠程度增加，使得更多的个体选择沉默观察，而不仅仅盲目从众。

如表 5-6 所示，当了解到一个信息的来源是正规的官方渠道时，有 12 人选择完全相信，占总受访者的 5.8%；109 人选择相信绝大部分，占总比重的 52.66%；选择一般相信的人共有 74 人，占 35.75%；而不太相信和不完全相信的人共 12 人，约占总比重的 5.8%。中位数为 2，平均值为 2.42，标准差为 0.71。说明样本整体上对于来自官方渠道的信任程度还是相当高的，样本之间的波动和差异较小。

表 5-6　对官方渠道信息的信任度调查

变量	百分比（%）
绝大部分相信	52.66
一般相信	35.75
完全相信	5.8
不太相信	5.31
完全不相信	0.48
总计	100

增强信息的可信程度能够使得整个网络气氛更为理性。由于信息是理性个体决策的基础，充分的信息有利于个体对成本与利益进行估量从而选择更符合自身利益的决定，在充分了解信息并对信息来源进行考证后，更多的人会选择表达自身观点，而不是盲目从众。在萨德乐天事件中，当得知官方确实对韩国发布了一系列限制性措施后，更多的人选择在网络空间中支持并表达自身观点或者保持沉默而不是凭情绪参与其中。信息来源越多、越可靠，就会有更多的参与者选择发表自己的意见，而不是选择沉默。

（二）个体角度的分析

从个体的角度主要是从参与成本的层面进行分析。众所周知，参与成本的高低与自身行为也有着一定的相关性。首先个体参与网络事件需要付出时间成本并承担一定的风险。当参与成本越高，个体更有可能选择稳妥风险性更低的从众行为。作为一个理性人，一般被认定为风险厌恶者，当没有足够动机让其表达自身观点时，其更有可能选择模仿行为，通过对自身环境的模仿，保护自身利益。其中主要包括时间成本、与周围人的共同语言、信息暴露的可能性、自身兴趣四方面。

1. 时间成本对网络从众行为表现形式的影响

从表 5-7 中可以看出大多数参与者认为时间成本是参与网络行动的重要因素。其均值为 3.91，众数为 4，说明网络参与者较为重视时间成本。

表 5-7　时间成本的重要程度表

	频率	百分比（%）	有效百分比（%）	累积百分比（%）
非常重要	49	23.7	23.7	23.7
重要	99	47.8	47.8	71.5
一般	49	23.7	23.7	95.2
不太重要	6	2.9	2.9	98.1
不重要	4	1.9	1.9	100.0
合计	207	100.0	100.0	

随着时间成本的上升，参与网络活动需要付出更多的机会成本，这部分成本如果无法在参与网络事件中得到其他形式的满足，那么参与者就没有足够的动机去参与网络事件，选择沉默作为自己在网络事件中的表现方式也就是自然而然的事情了。

2. 信息暴露的可能性对网络从众行为表现形式的影响

从表 5-8 可以看出，一般人认为信息暴露的可能性是非常重要或者重要的。其均值为 4.01，众数为 5 和 4。这说明大多数人在网络交往中是较为重视信息暴露的可能性的。与此相对，信息暴露的可能性也就会影响其在网络从众中的选择。

表 5-8 信息暴露的可能性重要程度表

	频率	百分比（%）	有效百分比（%）	累积百分比（%）
非常重要	72	34.78	34.78	34.78
重要	72	34.78	34.78	69.56
一般	51	24.46	24.64	94.2
不太重要	9	4.35	4.35	98.55
不重要	3	1.45	1.45	100.0
合计	207	100.0	100.0	

信息暴露的可能性较小是网络与现实面对面交流中最为不同的部分。由于网络的匿名性，网络事件参与者有了一个更为安全、自由的空间表达自身意见。如果信息暴露的可能性越大，选择沉默作为自己从众方式的人数也就越多。

当条件约束到使用真实身份发表观点，并且需要对自身发表的观点负责时，受访者就会受到社会秩序的约束。其中 64.7%的受访者表示会有选择地发表自己的观点，而很少发表或者不发表自己观点的人数为 53 人，占总比重的 25.6%。与前文相比，这说明当一个人信息暴露的可能性越大，自身所需要承受的来自社会的压力也就越大，个体信息暴露的可能性越大，则受到社会约束的程度也就越强，这会导致个人想要更加掩饰自己的真实想法，选择更符合大众主流意识观念的外显行为。

3. 与周围人的共同语言对网络从众行为表现形式的影响

如表 5-9 所列，与周围人的共同语言是四个因素中重要性最低的。其均值为 3.66，众数为 4。大多数人认为共同语言对于其网络行为的选择是重要的或者是一般的。

表 5-9 共同语言重要程度表

	频率	百分比（%）	有效百分比（%）	累积百分比（%）
非常重要	27	13.0	13.0	13.0

续表

	频率	百分比（%）	有效百分比（%）	累积百分比（%）
重要	93	44.9	44.9	58.0
一般	68	32.9	32.9	90.8
不太重要	14	6.8	6.8	97.6
不重要	5	2.4	2.4	100.0
合计	207	100.0	100.0	

与周围人的共同语言的重视程度实际上是对社会规范的一种重视程度。在集群中，社会个体之间的行为会造成相互的社会影响，从个别人的可见行为中产生新的规范，这种规范在被大多数人施行后形成一种新的群体性规范，从而对个体行为产生约束力。而如果对这种群体之间的规范重视程度较低的话，就有更少的人会选择附和大众意见，从另一个层面上选择了沉默作为自己的表现形式。

4. 自身兴趣对网络从众行为表现形式的影响

从表 5-10 可以看出大多数被调查对象认为自身兴趣是重要的或者是非常重要的。其重要程度也是最高的，均值为 4.18，众数为 4。大多数参与者选择网络参与行为的时候非常重视自身兴趣。

表 5-10 自身兴趣重要程度表

	频率	百分比（%）	有效百分比（%）	累积百分比（%）
非常重要	75	36.2	36.2	36.2
重要	97	46.9	46.9	83.1
一般	27	13.0	13.0	96.1
不太重要	7	3.4	3.4	99.5
不重要	1	0.5	0.5	100.0
合计	207	100.0	100.0	

自身兴趣其实就是对自己行动的精神激励，兴趣越高，参与网络事件能够带给自身的精神愉悦也就越大。如果对一网络事件没有兴趣，参与其

中的成本也就越高，因为他可以选择其他感兴趣的领域进行参与，获得精神上的充实和满足。

传统社会心理学主要将从众看作人们在团体压力下的一种行为模式。但实际上，不仅从众行为有着多种不同类型，人们从众行为的发生也有着多种不同的原因①。本研究结果揭示出，在网络中，人们同样会发生从众行为。但这种从众行为的表现形式，发生机理则另有原因。

① 风笑天．二孩生育中的从众行为：可能性及其影响［J］．社会科学研究，2018（03）：105．

第六章

危言耸听——网络谣言传播分析

由于互联网的监管机制远弱于传统媒介，为造谣传谣大开方便之门。博客、微博等自媒体工具更是推波助澜。网络谣言传播广泛、迅速，甚至造成恶劣的社会影响。由中央网信办违法和不良信息举报中心指导，中山大学和腾讯公司联合出品的《2018 年网络谣言治理报告》显示，微信平台 2018 年全年共拦截谣言 8.4 万多条，辟谣文章阅读量近 11 亿次。报告分析，食品安全、医疗健康、社会民生等领域均是谣言“重灾区”，如“菠菜豆腐一起吃会得结石”“洋葱杀死感冒病毒”“MH370 坠毁柬埔寨”等均为网民极其关注的谣言案例①。社会上甚至出现了一些“策划营销集团”及“网络推手”，他们以营利为目的，在网上散布谣言并炒作，故意制造话题引发关注，有偿提供“删帖”“发帖”等服务。2005 年，中宣部宣教局与中国精神文明网联合人民网、新华网、光明网、央视国际网、中青网及新浪网、搜狐网，开展了“网络十大不文明行为征集与评选活动”，有 10 万多人次参与网上投票，评选出“网络十大不文明行为”。排在榜首的便是“传播谣言、散布虚假信息”。

网民参与谣言传播的动因、谣言传播过程中网民的情绪表现及变化、网民情感和谣言传播两者之间的关系等问题亟须澄清。因此拟通过对“开复因病去”这一网络谣言的传播过程及内容进行分析来回应上述问题。通

---

① 《2018 年网络谣言治理报告》发布 774 机构在微信辟谣［EB/OL］. 人民网，2019-01-18.

过研究，明确网络谣言传播的原因，为当前用户健康使用微博提供参考，为政府和媒体控制谣言传播及构建和谐交流平台提供借鉴意见。

一、网络谣言是什么

谣言通常和缺乏根据、未经证实有关。1951年美国学者彼得森和吉斯特在《谣言和舆论》一文中将谣言定义为：一种私下流传的人对公众感兴趣的事情、事件或问题的未经证实的阐述或解释①。根据《韦伯斯特英文大字典》的定义，谣言是缺乏依据或未经证实的，很难辨别真伪的流言、传闻或意见。谣言被定义为一种被精心修饰过的大众传播，反映了公众的态度、主张以及对世界的设想②。迪方佐（Nicholas DiFonzo）提出的定义具有较强的综合性，他认为谣言是在模糊或危险语境下产生的未经证实却正在流传的工具性说法，它能够帮助人们弄清事实并控制风险③。

谣言有三个基本特征：首先，表现为传播方式的模糊。谣言是一种非正式的特有的传播方式，以人们的口头传播为主，未经官方证实，不准确地模糊性传播。其次，谣言传播的信息是特定的。也就是说，谣言会在特定环境下，在某一范围内、一定数量的人群中流传，并为众多人所相信。最后，谣言能够满足人们的欲望，比如，人们有时会不自觉地产生一些不切实际的想法，这便是投射出的幻想。传播谣言，可以实现某些人对幻想的满足，情绪得以释放④。

如果谣言的发布及传播途径是通过网络进行的，那么它就是网络谣

---

① 邓志聪，刘子菱，王小雨．网络谣言研究综述：成因、影响及“辟谣”机制［J］．法制博览，2013（06）：40.

② BORDIA P，ROSNOW R. Rumor Rest Stops on the Information Highway Transmission Patterns in a Computer-Mediated Rumor Chain［J］. Human Communication Research，1998（12）：163-179.

③ BORDIA P，DIFONZO N. Rumor psychology［M］. Washington DC：American Psychological Association，2006：13.

④ 上海交通大学舆情研究实验室．海外谣言研究综述［J］．新媒体与社会，2015（04）：40-41.

言。网络谣言除继承传统谣言的虚假性、危害性、模糊性外，还具有以下新特征：一是传播速度极快。二是传播范围极广。三是传播方式、途径极多，是借助有线网络与无线网络的传播。四是危害性极大。一则谣言可以在几小时甚至几分钟之内传遍全世界。参与讨论人数可以在短时间内呈几何级数扩散，形成一股巨大的舆论力量。五是网络谣言可与口口相传的谣言“互联互通”、交叉影响、交叉传播，因而它的渗透能力与影响人群的密度都是极高的。

谣言在传播中可能发生四种变异：一是削平，省略具体细节后的内容变得更加简洁，便于理解和进一步的传播；二是添加，与削平相反，谣言内容经过参与者的想象与创造添加了新细节，而显得更加丰满；三是磨尖，在众多元素中，某些细节逐渐脱颖而出甚至被夸大①。当然，无论谣言的变异是采用何种形式，其目的都是一样的，即让谣言的可信度更高。

二、网络谣言的产生原因

谣言是一个多学科产生兴趣的话题，政治学、经济学、社会学、心理学、传播学、历史学等学科都对谣言的产生根源与影响进行了探究。要分析网络谣言的产生原因，需要先对网络谣言进行分类。网络谣言通常被分为认证型、忧虑型、质问型、审慎型、非信仰型和信仰型等类型。不确定性和焦虑是谣言产生的先因，轻信盲从是谣言传播的中介②。除此以外，还与以下因素有关：

谣言和权威缺乏有关。从权威理论的视角来看，网络谣言起源于权威渠道的公信力缺失。近年来，云南的“躲猫猫”事件、陕西的“华南虎事件”、上海的“钓鱼执法”“郭美美炫富事件”“表哥杨达才”等网络事件

① KAPFERER J N. Les Chemins de la persuasion [M]. Paris: Dunod, 1984: 15.

② BORDIA P, ROSNOW R. Rumor Rest Stops on the Information Highway Transmission Patterns in a Computer-Mediated Rumor Chain [J]. Human Communication Research, 1998 (12): 163-179.

使政府公信力有所下降。网络中发布信息的政府、官方网站、公众人物等权威，由于缺乏网民的信任及认同，其发布的信息容易引发群众的质疑，使谣言得以滋生发展。

谣言和谋取利益有关。从集团理论的视角看，谣言的产生是一部分“利益集团”基于营利目的，利用宽松的网络环境发布信息，利用信息的不对称性以小组织带动乌合之众，引导网络舆论朝对他们有利的方向发展。“豆你玩”“蒜你狠”“姜你军”“糖高宗”“油他去”等谣言的背后就隐藏着这样的利益集团，他们通过借助网络散布虚假信息从而使自己受益。

谣言与匿名有关。从交易费用理论视角看，网络信息发布及传播的匿名性使网络言论的产权不明确，网络言论造成的负面影响由于传播人数多且采用匿名方式发布，很难追责到人，从而导致谣言被无所顾忌地按照传播者的个人理解和主观愿望进行传播。

谣言与事件的模糊性有关。1947 年，奥尔波特和波斯特曼在《谣言社会学》中提出：谣言的形成和传播与事件的重要性及事件的模糊性成正比，事件越重要且越模糊，谣言的传播力度越大，当重要性或模糊性任意一方趋近于 0 时，则谣言不会产生，即谣言 = 事件的重要性×事件的模糊性①。1953 年，克罗斯将上述公式修改为谣言 = 事件的重要性×事件的迷糊性/公众的批判能力，他认为公众批判能力也是谣言传播的重要影响因素，且公众批判能力越强，谣言传播力度越小。

更有学者认为谣言是出于焦虑状态的个人为了消除不确定性而进行的一系列尝试②。

综上研究成果，我们发现，谣言传播主要受到三方面的影响：传播源、传播环境、受众。在网络谣言的传播中，由于发布信息的随意性和匿

① ALLPORT G W，POSTMAN L. The Psychology of Rumor ［M］. New York：Holt，1947：153.

② ROSSOW R L. Rumor as communication：A contextualist approach ［J］. Journal of Communication，1988，38 (01)：10-27.

名性，传播源经常无法确定。只要谣言信息具备模糊性、重要性、反常性等特征，就有可能获得网民的关注并发展成谣言；而网络环境是一个极度开放化的交流场所，每一个意见都能得到充分的表达，言论自由度极高；而在网络环境中受众很容易受其他人的影响，偏向于赞同自己潜意识中的观点。

但是现有的研究多关注谣言内容本身，忽略了网络谣言传播过程中受众的情感因素对谣言传播的影响。网络谣言的传播必然伴随着情绪、情感的发泄和感染，而网民情感会影响网民态度并进而引发行为。

三、网络谣言传播的实例分析

（一）“开复因病去”谣言发展概况

2013年9月5日，李开复以“世事无常，生命有限，原来，在癌症面前，人人平等”为标题发布微博公布已患癌症的事实，自此李开复的健康问题便成为网络潜在热点话题。2014年1月17日20：47分，拥有89万粉丝的网络大V“染香”发表微博称“开复因病去”，瞬间一石惊起千层浪。网民迅速参与到讨论中，原微博在几小时内被转发3600余次，后因新浪微博、创新工场、李开复等人的辟谣，谣言传播得以遏制。

“开复因病去”事件符合网络谣言的标准。第一，事件起源于网络，且谣言原信息有打擦边球嫌疑，加上李开复已患癌症的现实，很容易让人误解成“李开复因病去世”。第二，该谣言在2月17日开始高度集聚社会公众注意力。网民的情感在谣言传播中发生了快速变化，从开始对信息的质疑以及对李开复去世的悲情到对“染香”的愤怒和对此谣言的戏谑，网民的情感表现是明确而突出的。可根据大量的评论资料分析网民情感变化、情感态度，通过微博资料了解现实中相关情感行为。第三，“开复因病去”的发展状况可通过网络资料加以跟进，符合案例研究的选择适用性、可行性以及便利性的要求。

（二）研究的平台与方法

我们在微博平台开展研究。微博是一个基于用户关系的信息分享、传播以及获取平台，用户可以通过 Web、Wap 以及各种客户端组建个人社区，以通过文字更新信息，并实现即时分享。微博因其独有的便捷性、原创性，获得广大用户的青睐。截至 2017 年第三季度，微博作为分享交流平台，已拥有超过 3 亿的月活跃用户。截至 2019 年，名人影响力排行 Top 10 成员数据均来自新浪微博官方注册页。将新浪微博作为研究平台可以保证网民讨论的广泛参与性、材料多元性、内容丰富性等。

在微博这样的沟通互动平台，话语是网民的行动体现，是网民个人情绪的表达，也是参与并影响谣言传播过程的重要武器，探究话语在谣言传播中的力量是解释谣言传播中的情感动员因素的必要方法。故选择“开复因病去”中新浪微博会员或加“V”博主的博文及相关评论为研究样本，进行话语分析，倾向于从语言学和修辞学的分析模式，对信息成分进行微观分析，试图从资料中发现谣言传播过程中网民的情绪、情感变化过程。

（三）“开复因病去”的传播过程分析①

谣言传播过程通常被分为潜伏期、增长期、高潮期、消退期四个阶段②。“开复因病去”谣言传播过程如表 6-1 所列。

表 6-1　“开复因病去”谣言传播过程

传播时间	所处阶段	主要特点	传播内容
2014-01-17，20：47 至 2014-01-17，22：40	潜伏期	谣言信息初发布，吸引眼球	2014 年 17 日 20 点 47 分，89 万粉丝的新浪微博实名认证用户“染香”发表微博“开复因病去”，暗示创新工场首席执行官李开复因病不治身亡，瞬间引发网民广泛关注与讨论。截至 18 日，该微博被转发 3600 次

① 案例整理由沈婷婷协助完成。

② 苏国强，兰月新，陈新杰. 网络谣言的认知与政府应对策略研究［J］. 现代情报，2012（11）：25.

续表

传播时间	所处阶段	主要特点	传播内容
2014-01-17,22:40 至 2014-01-17,23:10	增长期	由于未及时辟谣,谣言快速传播,参与讨论互动的人数呈指数上升	传播内容从"开复因病去"转换概念成为"李开复去世"。对此消息的质疑者多将原始谣言信息转发并@当事人或官方机构;悲情者则通过评论功能中的"点蜡烛"形式发表自身的悲伤情绪,并将信息转发传播
2014-01-17,23:10 至 2014-01-18,10:00	高潮期	网络大 V、当事人的回应使讨论达到高潮	诗人潘婷针对此事发表的微博带有极重个人情感色彩,立即引发网民热议和转发狂潮,原创新工场技术总监马杰、新浪微博辟谣微博一出,更是将"开复因病去"的讨论推向高潮
2014-01-18,10:00 至 2014-04-16,18:00	消退期	讨论结束,新一轮新闻热点转移网民注意力	在强大的舆论压力下,新浪微博官方回应并对"染香"的微博账号给予扣除信用积分 10 分,账号禁言 15 天,禁被关注 15 天的处分。平息了网民对"染香"造谣事件的愤怒,讨论进入消散期

在网络谣言的潜伏阶段,谣言在某公共平台被介绍或发布,引发发表者朋友圈内的小范围讨论或传播;随着言论的传播范围、传播数量和传播速度的快速增长,谣言进入增长期阶段,其传播内容变得"有理有据""有模有样";此时,如果网民仍无法获取事实真相或者真相突然呈现,网络舆论就会进入爆发期。在爆发期,网络谣言传播进入极端状态。如果谣言未被澄清,则谣言会被大肆渲染并传播。如果谣言被权威言论澄清,谣言则立即停止传播。但这两种情况都会引发网民的广泛讨论及情感宣泄,谣言的内容从事件本身转移至谣言创造者、谣言传播者、谣言针对者。讨论者不再满足于陈述信息,进入解释性的分析讨论阶段;当有新的话题吸

引公众视线，网民对当前的谣言话题失去讨论兴趣后，谣言的传播就会进入消退期。网络世界从来就不缺新鲜话题，谣言很快会被其他的新闻掩盖。

（四）谣言的情感动员手段

情感动员依赖于情感运作，在本次事件中的运作方式有文字表述、形象表达和图片三种。

一是文字表述。网民在自己的微博主页中表达想法和记录心情。在本次微博谣言发起阶段，“染香”通过个人主页发布博文“开复因病去”。模糊型的语句让无法直接触及事实的网民只能凭借猜测对博文进行解析，谣言在疑问和求解中持续传播。在谣言传播阶段，网民开始对谣言信息进行深度挖掘或再创造，使得网络谣言的新闻源越来越广，网民观点也越来越鲜明。网民也可以针对主帖发表自己的观点，由于网络的匿名性，普通民众在生活中碍于角色、身份、职业的限制不敢发布的言论在网络平台都可以尽情表达。一旦遇到他们感兴趣的话题，便急于参与到其中来。有些人不再满足于只提供信息，有的还会加入个人的情绪和看法，运用自己的思维将谣言进行重整和构建并将其传播。这种评论也会让其他网民看到，并可进行讨论及互动，情绪在大型互动中变得突出而且极化。网民还可以将原帖转发，新浪微博的一键转发功能可将信息进行快速无删减的传播。而“我只是转发别人的言论”也让转发者既能因为信息得到关注度也无须对谣言信息负责。转发功能突破时间和空间的限制，信息快速分享，讨论人数能在几小时或者几天内呈指数增长。信息的接受者能在短时间内接收来自不同朋友转发的谣言信息，而这些信息基本都带有浓厚的个人感情色彩。在谣言信息的反复多重刺激下，信息接收者更容易认可谣言信息并将信息再次传播。

二是形象表达。微博自带的图像表情和网络时代新增的符号语言为网民的情绪表达提供了较大的便利。网民多以“文字+图像”的形式将自己的态度直接表现出来。新浪微博自带的图像表情包有默认、郭斯特系列、阿狸系列、阿拉兔系列等共计 47 种，主要表情有微笑、点赞、转圈、流汗、鼓掌、点蜡烛、哭脸等。这些虚拟表情和肢体动作有较为鲜明的形象感，表现力强，感染力强，能生动形象表现个人情绪并影响受众情绪。新浪微博中常用的符号语言主要是近年来使用得比较广泛的“orz”（被打败、郁闷、膜拜）、“囧”（无奈、尴尬等）、“槑”（很傻很天真）、“囍”（恭喜恭喜）。这些符号语言有的是网民创造出来的，如“orz”，它像一个跪在地上向前叩拜的人，用于表现被打败的郁闷沮丧之情，也有膜拜崇敬之意；也有的是中国的古代象形文字，如“囧”，原本是“光明”的意思，由于其看起来像一张哭丧着的脸，在网络世界被赋予“郁闷、悲伤、无奈”之意。这种符号语言能用简单的符号表达多重情绪，能引发受众一种可意会而不可言传的情感共鸣。

三是图片。人们在发布微博时可以添加与文字相关的图片，在本次谣言传播过程中，很多网民便在“李开复因病去世”谣言的博文下附带李开复的图片。“染香”也曾发布博文辩解：“自己并不是想造李开复去世的谣，如果想造的话会配上李开复的黑色头像照片……这样才更具有传播的轰动效应。”可见图片信息也能将网民情绪较为形象地表现出来，比纯文字的情绪感染能力更强。

（五）谣言引发的情感共鸣

斯坦福大学心理学家奇普·希思发现，谣言是否能在社会环境中取得关注，部分取决于它们是否能在人群中激发群众的情绪。情感动员的功能就是将置身事外的看客变成紧密团结在一起进行集体行动的“乌合之众”。群体的行为主要受感性因素控制，理性被抛之脑后。群体思维和行动高度一致，群体情绪持续高涨。在此过程中，悲情、质疑、戏谑、愤怒就是公众情感共鸣的催化剂。

一是悲情。网民通过个人化的视角，借助文字、图片等手段表达对一个优秀人才、人生导师“离世”的悲伤之情。在面对社会公众人物突然遭遇变故时，出于人性的本能呼唤，网民会给予自己的同情和哀思。网民在评论和转发中以点蜡烛和哭脸的图片形式表达自己的悲伤情绪。

二是质疑。互联网的快速发展和网民结构的不断变化，让网民有了更多的意见表达权。身处匿名状态的网民有了表达渠道，信息发布、分享、评论及互动也越来越随意。由于虚假信息越来越多而且在短时间内无法被澄清，所以网民开始用质疑的眼光来看待官方的言论以及互联网上出现的一些人和事。有网民称，之前的跟帖中“赞扬多于批评，给星多于留言”，而到现在网络跟帖却是众声喧哗，出现了各种各样的社会景观。跟帖内容反映出网民异乎寻常的“质疑情结”，过去同意的现在质疑，过去忽视的现在审视。在本案例中，“开复因病去”由于迟迟未得到官方的承认或澄清，所以一直处于被质疑的状态。由于信息的不对称，网民只能通过转发微博并@官方微博平台求证实，而谣言也在质疑和悲情中快速传播。

三是愤怒。“染香”的谣言微博被广泛传播时，就受到一些不明真相的网民的批评。其中以“诗人潘婷”的微博最为典型，“只要@李开复先生辟文一出，必须严惩@染香。……@平安北京你为何不抓？新浪你为何不封?！这次若不严惩，本人将发起万名博友停博一周以示不公！愿意联名的转起来！”该条情绪激动的微博有3899次评论、13985次转发，原博文评论处网民纷纷怒斥“染香”，并参与号召新浪查封“染香”帐号的活动；众多言辞激烈的评论充斥着微博平台。“诗人潘婷”通过微博文字和活动号召等方式渲染愤怒气氛，引爆舆论话题，使之前参与过“开复因病去”谣言传播的网民参与到讨论中来，建立情感认同，明确共同身份，找准怨恨对象，以此来形成舆论力量。在新浪官方、创新工场、李开复发布辟谣微博时，这种愤怒情绪更是达到顶点，网民认为“染香”钓鱼式的微博信息误导了公众，对其传播谣言的行为进行了谴责；有些网民甚至将愤怒牵扯至其他人；谣言传播在网民交互推演中，不断强化对娱乐、宣泄的目的性认同，致使评论情绪化、随意化、恶搞、谩骂等现象愈演愈烈，导致非理性走向，产生盲从和冲动，致使网络舆论非常态聚集，产生“群体极化”现象。

四是戏谑。谣言传播中网民的情绪也通过“戏谑”的方式进行，主要包括“恶搞”和“狂欢”，是网民反讽事实的一种方式。恶搞是采用“接地气”的方式，运用诙谐夸张的文字或图片形式对严肃的宏大的原背景进行改编，带有很强的平民化色彩，常表现为讽刺现实、张扬个性，是网民表达强烈感情、发泄不满情绪的有效形式。在本谣言传播过程中网民包括“染香”本人都创造了各种各样的微博段子。网民在同一主题下，跨越时间和空间的限制，用戏谑性的段子表达自己的态度，或对谣言信息的看法，或对此谣言事件的态度，展现自己的幽默反讽才华，尽情地发泄自己的情绪，网络成了网民集体狂欢的舞台。

四、谣言传播的动因分析

网络谣言作为一种未经证实的信息，本质上说是没有生命力的。然而，网络谣言在很多情况下却具有比真实信息更多的传导机会、更快的传播速度、更广的传播范围和更大的现实影响，其背后的动因值得探讨。

（一）谣言内容和受者的认知框架实现同化

阿尔伯特·艾利斯的 ABC 理论将 A 定义为诱发事件（Activating events），B 代表信念（Beliefs），C 代表结果（Consequences），他认为人的情绪不是由事件本身引发的，而是由中介因素 B 即他们对所发生事情的信念、评价和解释来决定的。因此，认知决定了情绪和情感①。

谣言接受者通常认为信息是不会空穴来风的，只有基于一定事实和目的人们才会发表自己的观点。当信息发布的目的不明朗时，人们会根据自

① ELLIS A, et al. Clinical Applications of Ration-Emotive Therapy [M]. New York: Plenum Press, 1985: 26.

己的认知对信息进行判断，并偏向于吸收与自己意见一致的信息，否定与自己最深的信念相悖的论断，以此来减少认知不协调。也就是说网民是否相信一则信息，取决于这则信息是否符合他们的认知。在“开复因病去”案例中，因为李开复曾在微博平台公布自己患淋巴癌的信息，李开复的健康问题就是一个非定时炸弹。所以当“开复因病去”这种打擦边球类的谣言信息散布时，该谣言符合民众过去的生活经验和大脑中原有的观念。有些网民会根据自己的认知将信息误读为“李开复因病去世”。

（二）谣言发布者的煽情暗示

古斯塔夫·勒庞在《乌合之众：大众心理研究》一书中说过：“在每个社会领域，从最高贵者到最低贱者，人只要一脱离孤独状态，立刻处在某个领袖的领导之下。”网络意见领袖对一般的网民有着极大的引导性，并且有些还直接影响网民的态度、意见和言论。在微博平台，意见领袖多指有较多粉丝、在某些领域有较深入研究或突出成绩的人。他们拥有较强的社会资源控制能力和社会资本，拥有明显的话语优势，能在人际传播网络中接触更多信息并针对事情发表自己的观点，为他人提供信息、意见、评论，并对他人施加影响。

从谣言发布者角度看，制造谣言的动力包括五种类型：一是提醒或变革意识。引起网民对某些现象的关注，以促进问题解决或实现群体利益。二是报复性意识。试图通过制造谣言引起恐慌达到对社会实施惩罚性报复的目的。三是打击竞争者。为打击竞争对手而制造不利于对方的谣言。四是自我表现意识。制造谣言是为引发他人关注、从而提升知名度或为提升某个论坛关注度而有意发布谣言帖。五是无目的的戏耍或玩乐。希望通过自我行为获得支配、影响别人的快感①。

网民也可以细分成三类：一类是情绪特别容易受人影响的，被称为感性人；一类是只有重复接收到情绪煽动性的信息才会被感染的，被称为中立人；一类是只有大多数人情绪一致才会被感染的，被称为理性人。意见

① 钟瑛. 网络传播伦理［M］. 北京：清华大学出版社，2005：191.

领袖带有个人情绪的个人观点会对他们的有着同样价值观的追随者的情感产生影响。追随者出于对意见领袖观点的赞同、寻求关注度等目的将谣言信息进行传播，在传播中也将自己对谣言的认知和情感强化。当追随者的情感累积形成一股力量并不断将信息和情绪传播时，中立者也会受到感染。中立者会根据周围人已做出的反应来形成自己的态度及观点，感性者和中立者的力量汇聚，最终也会将理性者拉入“狂欢”潮流。

在本案例中，引起悲情和质疑情绪的意见领袖是“染香”，引起愤怒和戏谑情绪的则是当事人的好友“诗人潘婷”。前者运用受众的思维定式发布模棱两可的源信息，引导网民将信息误读成“李开复因病去世”，谣言信息在悲情和质疑中持续传播。后者用言辞激烈的博文表达自己的愤怒之情，并@平安北京、新浪要求惩处“染香”，同时发起停博一周的活动，瞬间引爆追随者的情感共鸣，愤怒情绪充斥微博平台。

（三）情绪的宣泄与感染

在谣言传播阶段，尤其是网民观点偏向于一方时，网民群体成为“乌合之众”。发泄式的情绪宣泄成为主旋律，意见一致的观点相互激荡，并不断壮大，形成强大的舆论力量。在舆论狂欢中的人是不接受与之相冲突的意见和观点的，很多人为避免群体对相悖的观点进行攻击，所以采取保持“沉默”或者附和的方式。在本案例中，情绪宣泄式的狂欢从“诗人潘婷”怒斥“染香”并号召网民联合起来要求新浪封“染香”微博账号开始，“诗人潘婷”微博下充斥着对“染香”的谴责之声，愤怒的情绪相互感染并从“染香”蔓延至其他公众人物。“染香”基于舆论压力，关闭微博评论功能。

“关注就是力量，围观改变中国。”微博作为一种网络新媒体，凭借其信息传播的快速性、开放性和互动性吸引了大量的用户，成为人们情感表达的主要平台。由于微博的互动性较强，人们很容易受到他人情绪的感染。因此微博也成了情感动员的重要工具，其带来的社会影响力已不容小觑。在网络中拥有了关注度便拥有了话语权，拥有了追随者便拥有了行动的力量。网络谣言的创造者及部分传播者便是哗众取宠者，他们通过爆炸性的敏感信息迅速获得关注，调动受众情绪最后引爆集体行动。参与人数多、传播范围广、破坏能力强的谣言必然伴随着强烈的情感表达和宣泄。

在本次谣言传播过程中，网民情绪表现鲜明，人们在悲情、质疑中将谣言信息快速传播，在愤怒和戏谑情绪中陷入集体狂欢。所以，要在网络环境中控制谣言的传播，其中一个重要途径就是正确控制网民情绪。举措如下：一是提高主动识别谣言的能力。罗斯诺说："模糊性乃因参与者的主动构建，而非客观条件使然。事实上，相信谣言的人往往拒绝寻找相关信息或者刻意寻找印证信息。"① 这种选择性的认知模式使得网民相信自己愿意相信的，传播自己认定的事实，谣言便得以传播开来。如果民众在接收信息前能通过多样化的信息渠道进行全方位的信息搜索，用理性进行分析判断，明确事件的真伪，谣言便掀不起大风浪。二是提高自己的批判能力，根据克罗斯的谣言扩散公式——谣言=事件的重要性×事件的模糊性/公众的批判能力，我们可以发现，公众的批判能力越高，谣言的影响力越小。所以民众应增强自身修养，提高对网络信息的批判、怀疑能力。

民众对谣言信息不盲目相信，可以抵抗谣言信息的情绪煽动，不轻易受到其他人的情绪感染，使自己保持在理性状态。

对于政府来说，可以培养一批自己的意见领袖，在谣言信息发布之初或传播阶段就敏感地感受到谣言将带来的影响并采用正确的方式及时辟谣，将谣言的破坏力降低至最小状态。同时在开展网络舆情引导工作时，也可以通过网络意见领袖引导广大的网民，这样对网络舆情的引导起到事半功倍的效果。

对于媒体来说，在谣言传播过程中，如果非理智或者偏激错误的观点占上风位置，与群体相悖的言论便不敢公开发表，造成"沉默的螺旋"的现象，它使事态愈演愈烈。鉴于此，网络媒体可以通过网络议程设置，对正确健康思想进行强势的宣传，使网民长期处在一种健康、文明的氛围中。这样网络的负面效应就会大大减少，整个网络舆情就会处于一种健康

---

① 王鹏，侯钧生. 情感社会学：研究的现状与趋势［J］. 社会，2005（04）：72.

的发展态势中。

信息快速传播、人们跨越时间和空间限制交流互动的微博时代是谣言传播的温床。怎样在繁杂的信息世界中保持理性，不被片面的情绪化信息蒙蔽，是当代网民需要上的一堂课。而怎样创造一个健康的沟通互动平台，也是当今政府和媒体应该上的一堂课。

第七章

无形之刃——虚拟社区的舆论暴力分析

20世纪60年代美国暴力起因与防范委员会，开始思考电视中的暴力画面、情节与现实行为的关联，担心媒介中呈现的暴力内容是否会造成现实中的暴力冲突。戈布纳（George Gabner）受命开展电视暴力的研究，其研究成果以涵化理论之名发表。自此，媒介暴力内容及其效果等研究就源源不断地涌现了。

当网络社会来临时，网络暴力也如影随形。网络暴力真正引爆公众舆论的关注点，是在2006年“虐猫门”“铜须门”等事件之后。其中“铜须门”事件引发了网民从虚拟空间到现实空间对当事人的人身攻击。此后，网络暴力事件迎来了戏剧性的爆发，一次又一次地挑动着网民们的神经。从物理意义和社会文化意义上讲，“网上的虚拟世界”都是一种真实的存在①，网络暴力可看作社会暴力在网络的延伸。

社交网络的高速发展为网络暴力的产生和蔓延提供了滋生环境。调查显示，未成年网民在网上遭到讽刺或谩骂的比例为42.3%；自己或亲友在网上遭到恶意骚扰的比例达到22.1%；个人信息未经允许在网上被公开的比例达到13.8%②。或许置身其中的网民们并非出于恶意参与到事件中来，但无形之刃带来了严重的现实后果。

---

① 李一. 网络行为失范［M］. 北京：社会科学文献出版社，2007：1-14.

② 2019全国未成年人互联网使用情况研究报告［R/OL］. 中国互联网统计中心，2020-05-13.

一、何谓网络舆论暴力

由于研究侧重点不同，学者们对“网络暴力”的称谓亦有差异。有学者认为网络暴力的内涵和本质是舆论，因此称之为“网络舆论暴力”，还有学者称之为“网络语言暴力”“网络暴力舆论”等。有学者从媒介建构的角度提炼出“媒介暴力”的三重含义：①媒介中的暴力内容；②媒介自身的象征暴力；③媒介与受众共同建构的“暴力世界”①。此外，还有根据相关案例进行特征性总结的描述性界定以及对网络暴力的实质性定义。

1. 对网络暴力进行描述性界定

在网络暴力过程中，通过语言或行为的特征来给网络暴力做出定义。比如，网民通过人肉搜索等手段，发表谩骂、侮辱、攻击性、煽动性的言论，对当事人及其亲友进行网络骚扰或现实生活中的干预，企图对当事人进行“制裁”“审判”等。有学者认为，网民的行为符合以下几个特征就是网络暴力：一是在网络表达中使用侮辱、谩骂、嘲讽等语言，二是表现为多数网民对少数人的“网络讨伐”，三是对部分人造成名誉的或者人身伤害②。该类分析往往紧抓网络暴力表面上的特点，缺乏对网络暴力更为深入的定性研究。

2. 对网络暴力进行实质性界定

媒介暴力是媒体利用相关手段对受众实施暴力的行为，是暴力行为在媒介中的具体表现。一般而言指的是电影、电视、书刊、电子游戏、互联网等媒介中呈现的暴力内容，并对人们的现实生活形成负面影响的暴力现象。这是一种“直接暴力”形式，即运用显性手段，例如，报道暴力内容、捆绑和模拟暴力内容等看得见的方式对受众施加暴力；而另外一种主要含义则指媒介利用议程设置和话语操控对受众形成的伤害。其施加方式

---

① 石义彬，张卓. 媒介暴力的多重视角［J］. 湖北社会科学，2004（12）：117.
② 彭兰. 如何认识网络舆论中的暴力现象［N］. 中国社会科学报，2009-08-25.

则是“间接暴力”形式，这是隐形的，但杀伤力极强的手段。这和布迪厄(Pierre Bourdieu)“符号暴力”的概念相符，他认为符号暴力指的是“在一个社会行动者本身合谋的基础上，施加在他身上的暴力”即为一种符号的霸权①。比如，利用人肉搜索、制造舆论压力、冷淡处理、污名化、恶性贴标签等“冷暴力”手段对当事人造成伤害，形成不易令人察觉的“符号暴力”，对受众造成长期的、隐形的欺凌。

综上所述，网络暴力就是使用谩骂、诋毁、蔑视、嘲笑等侮辱歧视性的语言，致使他人在精神上和心理上遭到故意且反复侵害的行为。网络舆论暴力是指以网络媒介为载体，直接或间接地对他人发表或推送具有攻击性、歧视性和侮辱性的言论，使他人的人格尊严、精神世界和心理健康遭到侵犯和损害的不良行为。网络舆论暴力实质上是一种社会的“软暴力”，是舆论暴力在互联网上的延伸。网络舆论暴力经常发生在社交网络、聊天软件或互动社区中。利用虚拟社区的匿名性等特征使它比传统语言暴力对当事人和受害者的影响更大，攻击性更强，对受害人的精神状态和心理影响极大，严重破坏了受害者在现实社会生活中正常的生活秩序，也对虚拟社区的自由言论环境造成了负面影响。

网络舆论暴力的主要特征主要有以下几点：侮辱性的词句、非理性内容以及传染性蔓延。侮辱性词句主要包括恐吓、谩骂、嘲讽和攻击等；非理性内容主要表现为片面地对事件或人物做出非正面评价；传染性蔓延是指具有暴力倾向的言辞一旦出现，之后跟帖的回复和评论就开始跟着使用此类言辞了。该提法可能的缺陷是造成了网络暴力范围的缩小。因为网络暴力采用的手段并非只有语言攻击，也会发生利用网络漏洞采取的技术性攻击行为和由“网上”发展到“网下”② 的现实攻击行为，比如，黑客窃取信息、群体点击致使服务器瘫痪、线下对当事人生活进行电话骚扰等。

---

① ［法］布迪厄，［美］华康德．实践与反思：反思社会学导引［M］．李孟，李康，译．北京：中央编译出版社，2004：221.

② 李一．网络行为失范［M］．北京：社会科学文献出版社，2007：157.

网络舆论暴力主要呈现以下表现形态：

一是散布谣言、广告等虚假不良信息。一些未经证实的虚假信息，通过不负责任的恶意传播，不仅侵害当事人的名誉和人格，还会成为触发公共事件以致影响社会稳定的重要因素。例如，通过微博、QQ 群及手机短信等形式传播流传的所谓“玉溪将发生 8.6 级大地震”等信息，煽动公众情绪，造成了不良社会影响。还有所谓“武汉大三女生求职时被割肾”等谣言，一段时间内也引发了民众恐慌。

二是粗暴的谩骂和攻击性言论。一些人对一些未经证实的事件或对社会上的不满现象，发表具有攻击性、煽动性和侮辱性的过激言论。这些语言超越了正常的理性范围，超越了道德和法律的界限，对当事人造成极大的名誉损害，影响社会稳定。这类言辞在各综合类或娱乐性论坛较为常见，如天涯、腾讯、网易等，这类舆论暴力是本研究的主要讨论点。

三是恶意滥用的人肉搜索。所谓“人肉搜索”，是指在互联网技术背景下通过网民互动完成的问答式搜索。一般意义上的“人肉搜索”只是人机结合的一种搜索手段，并没有是非之分。但人肉搜索一旦被恶意滥用，就会产生极其严重的后果。在一些网民非理性的传播中，它逐渐成为网络语言暴力行为的一种表现形式。

二、网络舆论暴力的理论分析

关于网络舆论暴力在根源追溯上，既有技术异化说、素质低下说，也有援引网络媒介营造“拟态环境”、传播学“沉默的螺旋”理论，还有引用社会心理学“挫折—侵犯假设”“集体无意识”的观点以及从风险社会的视角做的分析。下面选取比较有代表性的观点和理论加以总结。

1. 挫折—侵犯假设

挫折—攻击理论主要由美国耶鲁大学行为心理学家多拉德（Dorald）、米勒（Mel. Miller）等人提出。1939 年，多拉德和米勒合著出版《挫折和攻击》一书，他们把弗洛伊德的思想建筑在实验的基础之上，结合巴甫洛夫的条件反射理论，发展了弗洛伊德关于挫折导致攻击的思想。该理论认为，侵犯总以挫折的存在为先决条件，挫折总是导致某种形式的攻击行为。1941 年米勒将最初的假设修改为："挫折可以产生引起一系列不同反应的刺激，其中之一就是引发某种形式的侵犯刺激。"① 也就是说，挫折未必一定会导致侵犯行为，但侵犯行为始终是挫折的一种后果。

20 世纪 60 年代，伯科威茨（Berkowitz）等人在实验研究的基础上对已有的挫折—侵犯假设做了进一步修改，并在内容上有所丰富。在伯克威茨看来，挫折所引起的仅仅是个体内部的一种进行侵犯行为的"准备状态"，而不是外在的侵犯行为。并且，这种内在的"准备状态"不但可以由挫折产生，还可以由他人的攻击和个体根据以往习得的侵犯习惯所引起。因此，挫折并不是导致侵犯的唯一原因。这里的"准备状态"类似于一种动机的激发状态，只有当个体所面临的情境中存在激发侵犯行为的"侵犯线索"时，其内在的"准备状态"才会转化为外在的行为表现。因此，这种"侵犯线索"实际上是一种与侵犯行为相联系的环境刺激。侵犯的先决因素可归结为一般的厌恶事件，挫折是其中之一。除挫折外，厌恶事件还包括痛苦、饥饿、防御、需要等，都可能引起人的侵犯行为。另外，情景中的某些因素会增强人的侵犯行为，也有某些因素会抑制人的侵犯行为。总而言之，各种厌恶事件都可能成为侵犯的诱因，它们引起某种情绪唤醒或是侵犯行为的准备状态。这种准备状态是内部的，它总是外界中某种厌恶事件的直接产物。侵犯行为的准备状态和它的外部表现都深受环境中其他因素以及这些因素性质的影响。挫折作为侵犯的诱因之一，在外部适当的条件下，经数次重复，便会与侵犯行为形成习惯性联系。该观点的进步之处在于，将中介变量在攻击行为中的作用考虑进去，用社会关系理论进行解释，把攻击行为看作一个社会活动通过某个中介作用到另一个社会活动之上，描述了受挫后一种可能的反应。

---

① MILLER N E. Frustration—aggression Hypothesis [J]. Psychological Review, 1941 (48): 339.

该理论的后续研究者们则强调，在考虑侵犯的情绪状态同时，也应注意人的认知内容对侵犯行为的制约作用。因为人对厌恶事件（如挫折）的解释可在不同程度上促进或抑制人的外部侵犯行为。当他认为挫折是由于他人故意造成的，挫折感就强，更容易发生侵犯；他若认为挫折是由于他人无意间造成的，就会削弱他的情绪唤醒，侵犯的可能性也相应减小①。

安德森（Anderson）等人则在此基础上提出了一般攻击的理论模型。该模型包括四个要点，即输入变量、当前内部状态、评估过程和评估过程后的行为结果。输入变量包括人格变量和情境变量；当前内部状态包括认知、情绪和唤起，人格变量和情境变量的结合可以通过这三条路径影响个体当前的内部状态；评估过程包括自动评估和控制再评估；行为结果是由评估输入变量、评估过程以及激活怎样的行为模式而产生的。

2. 社会感染假说

感染是人们彼此之间相互影响的一种互动方式，即通过某种方式或手段引起他人相同的情绪和行动，也是个体对某种心理状态无意识的、不自主的屈从。发生在大型的开放的空间或群体中的感染，有着“循环反应”的重要特点，就是说一个人的情绪可以引起他人相对应的情绪的发生，而他人的情绪反过来又加剧了这个人原有的情绪，循环往复，甚至能激起个体或群体强烈的情绪爆发，导致某种非理智的行为发生。感染的基本条件主要有三点：一是相似的情境，包括自然的和社会的环境以及个体的心理状态；二是相似的态度和三观，即世界观、人生观、价值观；三是相似的社会地位。

每个群体对其成员或多或少都存在一定的约束力量。群体大多数成员的意见会产生一种无形的力量，使群体内成员自觉或不自觉地保持与大多数人的一致性，即群体压力。当群体内个体的意见与群体内大多数成员的意见和行为不一致时，就会产生紧张状态，这种紧张状态来自对偏离群体

---

① 张婷，张素萍. 浅析网络舆论暴力成因——以“后妈虐童”事件为例［J］. 福建师范大学福清分校学报，2009（02）：96-102.

的恐惧和失去归属感的威胁。因此，若个体不愿处于孤立的境地，那么他就很有可能屈从于群体压力，顺应群体内大多数成员的意见。而事实也证明，在强大的群体压力面前，很多人都采取了与群体内大多数成员相一致的意见。这种个体受群体压力的影响，在知觉、判断、信仰及行为上表现出与群体大多数成员相一致的现象被称为从众倾向或从众行为。

3. 风险共振说

网络舆论暴力是中国经济社会生活日益复杂化（现代性）的必然产物，是网络技术固有的风险特性和不断积聚的转型社会风险经由网民交互行动而发生共振、扩散的结果，它主要涉及网络技术发展、社会急剧转型和网民群体结构三个风险源①。网络技术的风险特性是催生网络暴力的根源，社会转型过程中风险的无序释放是催生网络暴力的现实动因，而网民群体年轻化的结构特点和泛道德化的文化心理是催生网络暴力的重要因素。正是这三个风险因素的“共振”才导致了网络暴力的产生。

三、相关事件呈现

我们选取成都被打女司机事件进行分析。事件过程如下：2015 年 5 月 3 日下午，成都市三环路娇子立交桥附近发生一起打人事件，某卢姓女子在驾车前往三圣乡途中，因行驶变道在娇子立交桥被某张姓男子驾车逼停，随后遭到殴打致伤。

事情的发展和网络围观者的态度以及舆论倾向是三阶段式的。

第一阶段，5 月 3 日打人事件初次曝光，群情激奋，舆论几乎一边倒，谴责打人男子张某，声援受害者卢女士。腾讯新闻共引发网民评论 3584 条，虽然众网民的态度几乎都是谴责打人男子，声援受害女司机，但是言辞锋利。

---

① 姜方炳.“网络暴力”：概念、根源及其应对——基于风险社会的分析视角［J］. 浙江学刊，2011（06）：183-189.

第二阶段，5 月 4 日男司机行车仪录像曝光，部分围观者开始认为男子打人“情有可原”，女司机是“故意挑衅，活该被打”。

第三阶段，女司机拒不认错，且被人肉出多年开车违规记录。网民评论分裂成两大阵营：一方声援打人男司机；一方为中立方，认为女司机固然有错，但打人始终是不对的。

虽然评论中不乏理性的声音，但非理性表达更多，这种非理性表达就是本文研究的重点。贯穿整个事件的评论不仅仅只针对两位直接当事人，还涉及当事人的亲人，甚至扩展到对同类事件的看法以及对整个社会风气、社会现状的讨论和控诉。在这个过程中，还不乏网民对骂和辱骂发帖人。

我们选取天涯社区中关于“成都被打女司机”的点击率和回复量较高相关帖子作为研究样本，对帖子中的正文内容和回复进行了收集和整理，选择其中具有暴力倾向的跟帖和回复进行归纳总结。根据暴力针对的对象不同，将天涯社区中“成都被打女司机”事件中的暴力现象分为如下五类：

（一）针对直接当事人个人

在对整个打人事件的议论中，对两位直接当事人的谩骂、讽刺和侮辱占据了很大的比例。在天涯社区中，打人男司机张某被贴上了“暴力狂”“懦夫”“没教养没素质的人渣”等标签。被打女司机卢某则被贴上了“无公德心”“放肆且不知悔改的马路杀手”等标签。在对二者贴标签下定义的表达过程中不乏粗暴、不堪入目的下流词句。

（二）对当事人亲人

打人事件最初曝光后，两位直接当事人的亲人也被卷入舆论的旋涡之中。首先是打人男司机张某的妻子和孩子，打人事件发生时，他们就在车上。网民对他们的不作为，放任张某殴打卢某表示愤慨。另外，也怀疑张某的怒气在某种程度上有他们的煽风点火之嫌，尤其是张某的妻子，受到舆论的非议不少。而被打者卢某的亲人在事件曝光后也有出面澄清部分事情的真相，但很多网民不领情，反而讽刺卢某家人蓄意包庇，放纵卢某才导致卢某今日之祸。

（三）针对公路类事件/路怒症

参与讨论的部分网民将议论对象由此事件延伸到了在生活中切实遇到的同类暴躁司机。虽说打架是很少见的，但是在行车、等车过程中爆粗口、骂人等例子却屡见不鲜。比如，在等红灯的时候，排在前面的司机反应稍微慢了点，行动稍微迟缓一点，就有可能迎来后面司机的咒骂和侮辱。这种在交通阻塞的情况下开车压力和挫折所导致的愤怒情绪被称为“路怒症”。路怒症的行为表现大概包括粗鄙的手势、侮辱性语言、故意用不安全或威胁安全的方式驾驶车辆实施威胁等。

（四）针对社会和社会风气

男司机怒火难耐当街痛殴女司机，女司机不顾交通规则任性行驶。男司机受到了法律的制裁，女司机也因男司机受到了教训。两人都有不对的地方，两人也都得到了惩罚。看似公平的过程和结果实质上却隐藏着背后所反映的社会问题和社会风气。公民的道德意识和法律意识淡薄，日常执法不严、执法不力的积弊已久，在打人事件导火索的引发之下，网民们长久累积的情绪找到了一个宣泄的出口，终于爆发了。大家在评论中，表达不满，表达失望，表达愤怒，表达无奈。

（五）针对发帖人或跟帖者

对打人事件各网民心中都有自己的一杆秤，发帖人（在社区中一般称为楼主）发新帖表达自己的看法之后，跟帖者便在其下发表自己对事件或对楼主表达的观点的看法或评论。理性的声音与非理性声音混杂在一起，最终演变成大乱斗。看见与自己观点不一致的评论就忍不住粗话问候原评论者的家中亲友，楼主也不能幸免，一不小心就代替了当事人成为众矢之的，被网民们的口水淹没。

以上是对网民们的意见倾向进行整理归纳的结果，这些言论反映了网民们的价值倾向和心理倾向，且具有一定程度上的代表性和参考性。

四、网络舆论暴力的原因及防范

（一）挫折的作用

挫折攻击理论认为，挫折是引发攻击行为的前提条件。虽然受挫可能引发各种反应，攻击只是其中的一种形式，但是攻击的产生，其前提条件中一定包含挫折。挫折包含的类别有三类：第一类，“求而不得”型。当事人受到某种阻碍，而无法实现正向、有价值的目标，主要表现在个体抱负与个体期望的差距、个体期望与实际结果的差距、公平结果与实际结果的差距。第二类，“得而复失”型。是当事人被撤除或威胁撤除个体拥有的正向、有价值的刺激，即个体经历有压力的生活。第三类，“挥而不去”型。是他人提供或威胁提供给个体负面价值的刺激，即个体因与他人的负面关系而处于压力情境中①。犯罪学家阿格纽（Agnew）指出，当个体经历压力和紧张时，会体验到一种或多种负面情绪，如失望、抑郁、恐惧、愤怒等。这些负面情绪都可能诱发个体的非适应性行为，其中愤怒情绪是引发暴力的最重要的负面情绪。阿格纽认为愤怒使个体受伤害的感觉增强，个体易产生报复的欲望，控制力降低，从而驱动个体发动暴力行为。同时，挫折作为一种情境变量（客观紧张），通过个体的评估（主观紧张）而对个体的行为产生影响，因而同一个体对不同挫折的情绪反应会有差异，不同个体对同一挫折的情绪反应也存在个体差异。

人们在虚拟社区中的行为表现在一定程度上是对现实社会生活或网络互动的一种投射和回应。在真实存在的生活世界中所遇到的不顺和挫折，在网络互动中所遭遇的误解和失败，在个体的内心发酵膨胀。很多场合尤其是现实社会生活中并没有提供可供发泄的、受公众认可的合法渠道，因此，当某事件曝光在网络上掀起讨论热潮时，这些参与评论的网民们就能

① 杨学锋. 一般紧张理论的成长［J］. 晋阳学刊，2016（05）：94-95.

够借助事件讨论的契机一吐为快。虚拟社区的特殊性使他们不用承担恶言恶语所带来的负面影响，也不必再顾忌道德、法律的束缚。网民们自我感觉是站在了道德制高点上的道德审判者，所以怎么痛快怎么说，仿佛只有使用如此激烈的言辞才能骂醒当事人，重塑当事人扭曲的三观。正是过去的挫折引发了现在的语言暴力，是延时性的。此外，即时性的挫折。讨论的初期不乏理性声音的存在，那些初衷只是想要客观地评价事件的网民，在污言秽语的浪潮中坚持自己观点的网民，一不小心就会被失去理智的“大多数”卷入骂战的沼泽。一来二去，冷静的“小部分”也忍无可忍了，毕竟那些话语实在难以入目。在这种特定的情境中，既然洁身自好、正常的回应已无人理会，那么就只有以暴制暴方可一舒胸中怒气，还清明于天下。

（二）感染的力量

大多数网民无法参与具体事件的发生过程，他们主要借助网络媒介来获得相关信息。此次“成都女司机被打事件”舆论的反复从某种角度上可以看出网民们对事件的态度受媒体所公布的信息影响很大。面对单一的信息来源渠道，网民们的情绪容易被媒体绑架，在表达自己认为符合道德要求、正确的言论时完全被媒体所提供的信息所感染。

网络技术的发展也催生了新的利益链条。人对利益最大化的追求在互联网领域同样存在。比如，网络媒体追求点击量、网络社区追求注册用户数、微博用户中很多人追求粉丝量等。对商业利益的过分关注，常常会忽略自身的社会责任。某些媒体或网站为了吸引用户，常常会设置争议性强的网络议题甚至炮制感染性强的信息产品。继而催生数量庞大的“网络推手”，不惜断章取义、歪曲信息的“标题党”，或是善于包装网络红人、炒作网络热点的“水军”等，这些都成了网络暴力的助推器。

在大型的、开放的虚拟社区中，网民们的互动和情绪是相互影响、相互感染的。在这个虚拟的社区中，环境是既定的，有倾诉欲望的个体的心理状态是相近的；在这个虚拟的社区中，个体也总能找到与自己脾性相投、三观相似、社会地位相近的他人的存在。如此，当第一个暴力倾向的言辞评论出现时，仿佛多米诺骨牌效应，一系列的连锁反应发生了。有了第一个的示范和开端，后来加入的个体就仿佛得到了某种启示，于是也在言语上肆无忌惮起来。个体的粗暴和放肆影响着他人，同时又被他人的粗暴和放肆所感染，层层叠加、步步推进，最终引爆了非理性舆论和语言暴力现象，使原本客观的讨论变了味。

这在一定程度上反映了网络把关人的职能缺失。从网络传播机构角度看，有些网站缺乏有效的内容审核程序和机制，把关意识比较薄弱，为了追求商业利益，毫无顾忌地转发、引用虚假新闻和有害信息。从网络传播者角度看，媒体时代，微博、微信、博客、论坛兴起后，传播主体更加多元化。每个人都能自由地发布信息、发表见解，人人都是传播者，人人也都是评论者，这对网络把关者提出了巨大挑战。虽然我国出台了网络管理的相关法律法规文件，但这些文件缺乏明确的侵权判定标准和执行细则，实施效果不尽如人意，常常造成一些制度性的疏漏。

（三）从众的倾向

在一般的社会交往过程中，个体因自身安全感和归属感的需要而在群体中表现出趋同的倾向，虚拟社区中的互动交往也不例外。在事件讨论开始时，参与讨论的网民们各抒己见。当参与讨论者的规模达到一定程度时，我们会发现网民们的观点虽多，但总的来说可以分为两大阵营，即“支持”和“反对”。中立者的声音在这个过程中或被消解弱化，或转而投入两大阵营之中。两大阵营不论是势均力敌还是一方呈现弱势，在辩论、碰撞的过程中都容易产生攻击性的暴力言论。并且在群体高压之下，若评论的“大多数”都用非理性声音说话时，个体的正常发言就容易被贴上“作秀”“水军”等负面标签。这迫使客观的“少数人”或退出讨论，或奋起反“讥”，或改变语言风格，融入所谓的“真性情”的群体之中。

另外，当讨论中的“大多数”都使用或无视语言暴力，甚至为粗暴的言辞鼓掌叫好时，个体置身其中就容易受到暴力暗示，产生从众行为，跟风使用具有暴力倾向的语言和表达方式。且身在网络群体之中，网络的匿名性以及责任分散和风险转移意识也是虚拟社区语言暴力愈演愈烈的重要原因之一。大家怀抱着“反正别人都这样说，也不多我一个”，“没人知道我是谁，不说白不说”这类心理，心安理得地加入到扮演网络暴民角色的大军当中。

（四）失范的秩序

所谓失范，是指规范和价值相互冲突或者规范与价值相对脆弱、缺省的一种社会状况。默顿（Robert Merton）指出，当社会的文化与结构之间存在紧张或冲突时，越轨就可能产生。目前的社会文化对攻击性言辞不甚宽容，在现实正式的社交场合中，出于正常互动的需要和社会道德的约束，暴力倾向的言辞是被默认禁止的，但这类言辞对部分人群而言是不良情绪宣泄的重要渠道之一。不良情绪的主要来源是个体在社会中所感受到的经济不平等和机会不平等引发的“仇富”“仇官”等负面心理。当现实社会生活中表达的渠道阻塞之时，受社会分层结构制约的人们便投向网络中的虚拟社区寻求释放的平台。另外，道德意识的缺失，社会监管不力也是网络舆论暴力屡禁不止的原因之一。

另外，网络技术的发展为网络暴力的发生提供了场域。正是在这些网络场域中，网民们可以肆意开展隐私披露、谩骂讽刺、形象恶搞等行为；在开放的网络世界，任何人都可以自由决定是否公开自己的信息，事实上大多数网民在大多数网络场域都选择了匿名。网络的匿名性是造成网络言语暴力愈演愈烈的重要原因。一些网民之所以肆无忌惮，因为他们是“无名”的大多数，不必为自己的行为承担任何责任，风险近乎为零。如果以真实身份出场，其行为必会有所顾忌。那些现实社会中边缘人、草根群体都可以轻而易举地加入进来，并且可以通过图文声像等多种途径进行沟通。多种人员、多种声音聚合在一起，使得网络社区既像一个假面舞会，又像一个“言论广场”；网民们既可以随时加入，又能随时消失不见。加上法不责众心理的驱使，网民们敢于以各种方式参与到网络暴力中来。

俗话说："人言可畏。"虚拟社区中的舆论暴力危害不小，由此导致的社会影响也极其恶劣。因此在分析其生成机制的基础上，尝试对控制手段进行探讨。从物质基础层面上看，虚拟社区舆论暴力衍生的根源在于社会财富分配不公，贫富差距拉开过大，公民仇视社会的敌对情绪在积累，却得不到宣泄的机会，所以只好在虚拟社区疏解心中的不满和怨气。现实的社会生活中合理合法的情绪宣泄渠道匮乏是导致虚拟社区语言暴力的重要原因之一，必须建立社会安全阀。所谓安全阀，是针对敌对情绪和冲突的社会安全机制，是在不毁坏结构的前提下使敌对情绪得以释放出来以维护社会整合的制度。通过安全阀机制，释放社会敌对情绪，对缓解网络语言暴力问题有所助益。安全阀机制只是从表面上缓解了社会矛盾，但造成社会矛盾和敌对情绪的根源还在。要想治根治本，就必须看到问题的本质和源头所在。古往今来，大众对社会公平正义的追求从未停歇，在当今时代的诉求更为迫切，保障过程公正、机会公平、结果合理是缓解现实社会矛盾的必需条件，也是虚拟社区暴力的根治之道。

第八章

口诛笔伐——网络舆论审判分析

网络暴力对当事人来说，显然会对其名誉及心理造成伤害，甚至会造成现实中的身体伤害。但只有在网络事件或网络暴力中存在“无辜的人”或“无辜群体”的时候，网络暴力才可能会产生“后果”。相反，如果在一个事件中，网民们运用网络暴力攻击的是一名在法律上或者在道德上应该遭到严惩的当事人时，虽然这种网络暴力给对当事人造成打击，但站在道德或正义的角度上来说，其导致的结果是具有一定积极意义的。正如社会学者夏学銮所说：“我一直坚持这种观点就是，网络是一个社情民意的窗口，从这里可以看到大家的一种想法、思潮。我认为这不完全都是消极的，应该说它有一定的正义性。”① 在2012年“表哥”事件中，有网民发现陕西省安监局前局长杨达才在不同场合戴过不同的5块名表。网民们随即对其展开“人肉搜索”并发动舆论审判，引得陕西省纪委对其展开调查，最后事件以杨达才的落马告终。网民对网络热点事件中的不公平现象进行声讨、提出抗议，在某种意义上来说就是舆论审判。

一、舆论审判的由来及界定

（一）舆论审判的由来

我国深受儒家文化的影响，老百姓更讲人情面子，特别在是乡土社会

① 挖掘深层次原因：网民何以成为“网络暴民”［EB/OL］. 央视网，2006-10-13.

中，情比法律更有约束力。当情与法碰撞时，百姓更加看重情理，而不是法律，这是舆论审判得以生长的土壤。可以说自古以来就有舆论审判之实，只不过不像如今舆论对诉讼案件干预之多、影响之大。从 1997 年的张金柱案开始，媒体以前所未有的深度来干涉社会，成为监督的一种力量。此后随着互联网络的发展，各个阶层的公众可自由地表达信息、发表意见，进而形成舆论。此外微博平台中热点事件的传播速度与点击率非常高，成为舆论审判的温床。

（二）有关舆论审判的界定

由于研究侧重点和观点不同，学者们对舆论审判的称谓亦有差异，有的学者将舆论审判的内涵和本质看作审判，因此称之为媒介审判、媒体审判、新闻审判等。学术界关于舆论审判的界定分析主要集中在以下两个方面：

第一，对舆论审判进行描述性界定。该类分析试图通过舆论审判的过程特征或结果做出定义。舆论审判是新闻媒介超越司法程序抢先对案件做出判断，对涉案人员做出定性、定罪、定刑以及胜诉或败诉等结论①。比如，互联网上经常有一些为犯罪嫌疑人开脱，或提前“定罪”的现象，有的甚至舆论一边倒，来势汹汹②。它是对法院的审判权和犯罪嫌疑人的公民权利的双重侵犯。舆论审判的新闻报道在业务操作上也颇具特征：在报道事实选择上，媒介审判的报道往往是片面的、夸张的甚至是失实的；在报道语言的使用上，经常是情绪化与煽情式的；而在报道策略的选择上，经常是炒作的，力图激发公众对当事人的某种情绪与态度③。“舆论审判”是指媒体在报道一个尚未开始进行司法程序，或是正在进行之中的未决案件时，利用已经报道、分析、评论的方式，令读者产生先入为主的印象，

① 魏永征. 新闻传播法规教程［M］. 北京：中国人民大学出版社，2001：209.
② 王比学. 勿让“舆论审判”左右司法审判［J］. 长安，2013（09）：63.
③ 张冬冬. 国内媒介审判研究述评［J］. 文化与传播，2015（04）：44-48.

无异形成“未审先判”①。只要网民的行为符合以下几个特征就是舆论审判：一是对诉讼案件的倾向性评价；二是表现为公众言论逐步达成拟制性一致同意；三是影响法院或者法官对案件的审判②。该类分析往往紧抓舆论审判中表面上的特点，对其进行实质性的界定有所欠缺。

第二，对舆论审判进行实质性界定，包括：一是道德审判本质说：该说法是相对于司法审判而提出的，多数情况下舆论审判注重道德，情理。司法审判则注重法理。因此舆论审判实质上是道德审判。二是同态复仇观本质说：舆论审判是公众对触及社会正义的各种现象、问题、事件所表达的信念、态度、意见和情绪表现的综合，是社会情绪的表达。舆论审判往往带着深厚的“仇官”“仇富”情绪，经常带有同态复仇的朴素正义观。三是舆论博弈：舆论审判当事人各方的舆论博弈。在博弈中，有的声音愈演愈烈，成为霸主地位；有的声音则被淹没。

二、相关案例及分析

本研究选取“8·24”乐清女孩乘车遇害案（又称滴滴顺风车事件）作为典型事件来分析舆论审判，主要因为其涉及公众出行这一重大问题并危及社会安全感。该事件的过程如下：2018 年 8 月 24 日，乐清警方接群众报警称其女儿赵某（20 岁，乐清人）于当日 13 时，在虹桥镇乘坐滴滴顺风车前往永嘉。14 时许，赵某向朋友发送“救命”讯息后失联。接报后，乐清警方高度重视，立即启动重大案事件处置预案，全警种作战，并在上级公安机关的全力支持下，于25 日凌晨4 时许，在柳市镇抓获犯罪嫌疑人钟某（男，27 岁）。经初步侦查，该滴滴司机钟某交代了对赵某实施强奸，并将其杀害的犯罪事实。

2018 年 8 月 25 日凌晨 2 点 12 分，网友在微博爆料称：乐清 20 岁赵姓

---

① 张新宇. 自媒体时代的舆论审判及其因应［J］. 江淮论坛，2014（05）：127-131.

② 崔智慧. 微博时代下舆论审判的研究和思考［J］. 传播与版权，2013：（03）：81-82.

女孩13点30分左右乘顺风车后失联。乐清市公安局官方微博25日上午11点25分通报，警方于25日4时许，在柳市镇抓获犯罪嫌疑人钟某。事件在被网络曝光之后迅速引发社会关注。滴滴出行及其旗下的顺风车业务因此被推上舆论的风口浪尖，其运营理念与管理方式遭到舆论诟病。顺风车安全也引发舆论担忧与质疑，成为关注与讨论的热点话题。

据“蚁访软件”的网络数据分析，此次事件为突发性恶性事件，在微博平台上得到了最快速最广泛的传播。其讨论量在各平台中也是最高的，占比达到94.09%。① 最终，在舆论审判的压力下，滴滴公司发表致歉文章。2019年2月1日上午，温州市中级人民法院一审以故意杀人罪、强奸罪、抢劫罪，判处钟某死刑，剥夺政治权利终身。

舆论审判的形式多样，而且在同一事件中这些审判形式常交织在一起。在此次事件中，舆论审判有以下几种形式：

（一）舆论关注

此事件一经网络爆料，便引起了社会大众的广泛关注。具体表现在，截至2018年8月29日12时，本事件微博话题已近24亿；百度相关新闻量达46.2万篇。@人民日报、@钱江晚报等官方账号也迅速发布相关信息，让网民能够快速了解事件相关情况。后续的@法山叔、@江宁婆婆等大V对事件的解析评论则再次带动了网民深入挖掘事件相关背景，参与事件责任方的审判和声讨。央视还发布了评论，接连问滴滴公司三个问题：管理层在哪里？责任在哪里？监管呢？

（一）批评谴责

《南方都市报》发文《滴滴顺风车命案司机：受宠独子背56笔现金贷，开滴滴是最长工作》介绍了犯罪嫌疑人钟某的家庭背景与人生经历。网民发现钟某是家中独子，性格内向，多次借钱创业失败，犯罪动机可能与其成长环境有一定联系。

---

① 8·24乐清女孩滴滴顺风车遇害案［EB/OL］．蚁坊软件舆情检测平台，2018-09-12.

事发当天，受害者朋友收到“求助”信息后多次向滴滴客服求助，滴滴未能及时采取有效干预和救援措施。警察两次向滴滴客服询问嫌疑人和车辆信息，由于滴滴方回应迟缓，导致救援行动延迟数小时。在微博里，媒体报道拷问滴滴安全管理漏洞。5 月刚发生“空姐滴滴打车遇害”事件，时隔三个月又发生恶性案件，同样是顺风车、受害人同样是年轻女性，滴滴打车的安全性再次受到了媒体的质疑。《中国青年报》认为滴滴跑得太快，忘了为什么出发，质疑滴滴平台放松了审核和监管。澎湃新闻认为滴滴客服在关键时刻未及时提供司机的具体信息，隐私权与生命权孰轻孰重的权衡失当！还有媒体认为缺乏应急事件处理程序、司机审核把关不严、报警机制无效是滴滴在事件发生时存在最大的安全管理问题。《人民日报》也认为，这场悲剧是完全可以避免的，平台确实有不可推卸的责任。《人民日报》两度刊发评论，“中国之声”四次发声，新华社、央视、光明网也均有重磅评论推出，这些声音主要从平台投诉机制、客服反应速度、顺风车商业模式等层面直斥滴滴平台过错。

（三）默默施压

有些网民不发表任何谴责性的话语，只是浏览别人的言论，默默地关注事件的进展，用简单的“赞”“顶”等词汇来表明自己的立场。如此一来，就会使网络事件的关注量迅速上升。当某一贴子被网民顶得特别高时，就代表该言论得到认同的人数极高，像沉默的螺旋一样，这种声势所带来的压力或安全感，会引起网络讨论中的劣势意见下沉，优势意见大声疾呼的螺旋式扩展过程。例如，微博中贴子“浙江乐清滴滴顺风车司机杀人案”的集中讨论贴中，截至 2019 年 9 月 1 日点回复数高达 13474 条。其中很多回复内容是对钟某审判结果的赞同、基本满意。“谬赞”“顶顶顶”“支持楼主”“楼主写得好”“路过一次”“顶起”“有道理”等，对于跟贴顶贴的网民来说，方便快捷地表明了立场；对楼主来说观点得到他人的认同，获得了心理上的满足，使得其更加积极地发贴。

（四）现实干扰

网民们并不满足于在网络空间中进行的围观和谩骂等行为，还会志愿发动各种线下干扰活动，要求事件责任方必须承担责任，接受惩罚。强烈的社会关注促使交通运输部会同公安部和京津交通公安部门对滴滴公司进行了联合约谈，责令其立即对乘车业务进行全面整改，加快合规进程，严格遵守安全底线，切实落实承运人安全稳定管理主体责任，确保旅客出行安全和合法权益，并及时向社会公布整改情况。迫于各种压力，滴滴公司对公众进行道歉，并宣布将于2018年8月27日00：00起在全国范围内下线顺风车业务。同时，2名高管被免职。8月28日晚间，滴滴创始人和总裁程维、柳青在滴滴的官方微信公众号发布道歉信，表示滴滴不再以规模和增长作为公司发展的衡量尺度，顺风车业务模式重新评估，在安全保护措施没有获得用户认可之前无限期下线。

三、舆论审判的原因

（一）内归因的作用

这本是一起恶性性犯罪事件，但因其涉及网约车、网贷、年轻女性、安全感等词汇，于是引发了舆论审判。这可以用归因理论加以解释。每个人都会在头脑中对自己或他人的行为进行因果解释和推论，这就是归因①。人都有预测和控制环境的需要，而归因是人对自己或他人的行为进行预测、评价和控制的前提，所以它对于每个人都有重要的意义。在社会生活中，人们会自觉或不自觉地对自己或他人的行为做出原因上的解释。人有权力或有理由判断他人是好是坏，是无辜的还是惭愧的以及对一件事或个人的困境有无责任②。

① 章志光．社会心理学［M］．北京：人民教育出版社，1996：153.

② ［美］B·维纳．责任推断：社会行为的理论基础［M］．张爱卿，等译．上海：华东师范大学出版社，2004：3.

人们对某一行为可以做出两种归因：内部归因和外部归因。内部归因是特质归因，外部归因是情境归因。根据归因理论，由于当事人钟某过去的一些恶行，如“有赌瘾，过去半年在57个现金贷平台有申请记录，成功了56次，最近一个月借贷次数达31次，负债20万—40万，父母和女友的总收入过万，都在为他还债”等①，事件的责任很容易推断，钟某应当承担全部刑事责任。警方在接到报案后，曾三次要求滴滴提供嫌疑人信息，前两次未果，后来滴滴发来相关信息时，被害人已经失联。在此次事件中滴滴扮演居间人角色，但其对于以往乘客的投诉不重视，反应严重滞后，所以难逃连带责任。当事人的“前科”，外加上5月份滴滴的恶性事件余波未平，大众的愤怒感很容易被激发。

（一）社会安全感受威胁

安全感是主体对自身安全状态的体验和经验的判断。社会安全感的概念源于安全感，社会安全感是个体对社会安全与否的认识的整体反映，它是由社会中个体的安全感来体现的。社会安全感是反映社会治安状况的重要标志之一，也是衡量社会运行机制和人们生活安定程度的标志。安全感与个体的人身安全、财产安全、信息安全和职业安全息息相关。

突发事件的属性是影响安全感的直接因素。事件舆论越负面，公众的社会安全感越低，进而影响公众的行为反应。滴滴顺风车事件在属性上可谓恶劣至极，“女性”“滴滴司机”“强奸”“杀害”这些敏感词汇使事件迅速升温。在这个事件发酵过程中年轻女性与司机、普通群众与滴滴公司站在了对立面，滴滴的高普及率、高潜在性，使庞大的用户群体“人人自危”。网民对于自己未来的交通出行表现出极为不安的状态，于是纷纷开展舆论审判。

（三）极化法则的影响

极化法则是说危机、灾难或者事件倾向于使问题清晰化，凸显那些不

---

① 武志红．滴滴顺风车司机杀人事件：恶的背后是什么？［EB/OL］．搜狐网，2018-08-30.

明显和隐藏的矛盾，无论矛盾是在人的内心和行为中，还是在社会群体和机构中，抑或是在一种特定的文化中①。如果人的内心或行为中暗藏矛盾，在某些事件面前这种分歧就会明朗化。如果个体感受到矛盾双方力量不均衡，面对曝光的问题，强大的一方就可以战胜脆弱的一方。结果就使个体会更专注于主导的方面或特性。

孙笑侠教授将舆论过度曝光的案件称为“公案”，将其归类为官民冲突案件、权贵身份案件、社会民生案件等，并认为民众关注个案其实并不一定是局限于个案的具体判决，而是要表达他们对结构性的社会问题不满的民间情绪，包括对社会、对政府、对权贵、对富商的不满②。由于我国的“舆论审判”所涉及的案件往往涉及一些实质的社会矛盾和社会问题，因此舆论便先天地蕴含一定的社会情绪，比如，公众对富人行为的不满，公众对官员作风的不满等③。对于日益强大和普及的滴滴，网友几乎是一边倒的负面批判。在前期，舆论多表示应该立即下架顺风车，是平台不作为导致了恶性事件频发。在滴滴回应后，多数人认为是公关推卸责任、滴滴所作所为伤害的是无辜用户、司机等。对于嫌犯，大多网友认为“杀人偿命、无法同情”。可见，面对该事件，网民的情绪表达被极化，在微博上、论坛上到处可以看到大部分网民打着理性与良知招牌，用情绪化的语言和声音极力呼吁滴滴公司整改，严惩罪犯。

网民因为共同认同的观念快速凝聚在一起，形成一个自发的、无组织的群体，瞬间聚拢一股强大的舆论力量。在网络社会上对滴滴顺风车进行舆论审判，加上网络的匿名性，审判的狂热、维护道义的快感和非理性情绪发泄一并淋漓释放出来。

---

① ［美］皮蒂里姆·A. 索罗金. 爱之道与爱之力：道德转变的类型、因素与技术［M］. 陈雪飞，译. 上海：上海三联书店，2011：55.

② 孙笑侠. 公案的民意、主题与信息对称［J］. 中国法学，2010（03）：137-145.

③ 周安平. 涉诉舆论的面相与本相——十大经典案例分析［J］. 中国法学，2013（01）：76.

四、舆论审判的后果及引导

有学者认为媒介审判的存在能够促进司法的完善，宣泄民众的情绪，维护司法公正与社会正义。积极利用“媒介审判”的正面效应，比一味地否定更具有现实意义①。但是对于媒体而言，吸引流量成为生存的规则，媒介审判的负面效应也会相应显现。

网络上，对事件大量的非理性言论、情绪化的观点很容易感染社区里的其他网民，当群体呼声越来越高，基本保持一致时，网络暴民就可能会出现。网上出现了集体声讨滴滴公司的声音，对其致歉不买账，甚至开始抵制滴滴打车软件，对滴滴司机进行声讨，甚至妖魔化。

媒介的审判声音不绝于耳，对于网民的社会认知也有巨大的负面影响。人的头脑中有大量的图式，图式在组织和理解世界以及填补知识空缺时格外有用。现代社会风险的存在使一个事件充满了模糊性。在此情形之下，图式就会派上用场。图式有很多种，究竟可以运用哪种图式取决于其可提取性。可提取性是指图式和概念在头脑中所处位置的优越性。由于有了过去的经验，有些图式的可提取性日积月累地得到了提高②。这个过去的经验通常就来自大众传媒。受到媒体充分注意的十分生动的事例或新发现所导致的认知，在公众担忧上升方面发挥了主要作用③。传媒对滴滴顺风车事件的生动报道使很多人的“社会安全感不足”的图式变得极容易提取。从生活实际中学习经验，是公众所通行的俗世智慧。一旦想到或遇到某情境，启发效应或经验法则就会自动发挥作用。可见，媒介审判的持续进行，会成为他人的间接经验。人们可以在上网、读报和看电视的过程

---

① 曲瀚羽．浅谈媒介审判的正效应［J］．新闻传播，2014（17）：87-88.

② ［美］阿伦森，等．社会心理学［M］．侯玉波，等译．北京：中国轻工业出版社，2005：53.

③ ［美］凯斯·桑斯坦．恐惧的规则——超越预防原则［M］．王爱民，译．北京：北京大学出版社，2011：35.

中，通过观察或多或少地感受到社会问题的存在。

鉴于，舆论审判的后果如此严重，所以必须采取相应的措施加以引导：

（一）社会焦虑心态的调适

社会责任感的丧失、对生命的漠视、贪图利益等负面事件不断挑战社会的底线，引发人们严重的焦虑。当个体体验到焦虑时，会采用各种行动来舒缓它。从该角度来说，焦虑可以成为行为的动机，对行为起推动作用。当行动付诸实践时，如果没有合理疏导、引导，可能会导致暴力。举着道德、正义的旗帜来实行暴力，是一些人发泄焦虑情绪的表现。

积极地宣扬理性、合理引导舆论、承认并保证公众合理的诉求和正当的权利、还原真相、给予平等的权利，还公众正义、公道，不仅舒缓了公众的焦虑，还利用焦虑激发人们对社会公正的执着追求，促使社会更加和谐。

（二）加强网络舆情监督

在网络技术为我们提供便利的同时，还给我们带来了困扰。其开放性和匿名性，直接导致不负责任的表达、不堪入目言论、虚假信息泛滥；加上自媒体时代信息的随意性，很难分辨真伪。网络的开放性和匿名性导致虚假信息泛滥。网络传播中的信息发布的匿名性，给社会带来了巨大危害。如匿名性在给网民言论自由的同时，有时又让让网络成了谣言的发源地；声势浩大的"人肉搜索"在致力于反腐败、揭露一些社会阴暗面的同时，又往往导致铺天盖地的舆论暴力和个人隐私权被侵犯的问题。"人肉搜索"可将被搜索者的姓名、照片、联系方式、家庭住址、工作经历、配偶、子女等相关信息曝光，侵犯他人隐私。

网络已经成为公众重要的舆论表达平台，言论自由使得论坛、博客等网络社区中存在许多非理性、片面、偏激、粗鲁、个人主义色彩浓厚的观点，甚至还有人身攻击、谩骂、恐吓言论，这些情绪化的言论还可以感染身边的人，引起不良的社会影响。

对海量信息进行舆情监督确实不是件易事，但可加强信息过滤技术的应用，特别是在搜索引擎上。网民们往往通过搜索引擎来获得自己有用的信息，可在搜索引擎的技术层面将把关作用进一步凸现出来。如在人们搜索信息时，过滤掉不良内容、过激言论、富感染性的语言、屏蔽掉恐吓性言论，从源头在清除不良信息，建设健康和谐的网络环境。再者遇到突发事情时，密切跟进，通过官方公布事态进展，而不是封锁消息，给流言生长的土壤，在辟谣的同时树立公信力。最后通过教育、宣传提升网民素质，使网民拥有言论自由的同时，也为其言论负责，增强社会责任感。

（三）善用责任推断

所谓的审判就是主体对对象的行为进行内心责任推定的行为。在审判中，主体是普通的个人。他之所以能获得主审的资格是因为两个方面的原因。一是因为每个人都有道德本能。道德本能是指在道德方面的与道德相关的本性，即孟子所说的不学而知的良知良能。具备了道德本能的个人在遭逢道德败坏、违法乱纪事件的情形下，自然会展开道德审判。二是因为人在维持社会的运行过程中非常依赖道德，所以每个人都自觉或不自觉地承担了维护社会道德的使命。人有权力或有理由判断他人是好是坏，是无辜的或惭愧的，对一件事或个人的困境有无责任①。异常的、犯了错误的、有缺陷的和坏的，挑战了人们的价值观，引发了巨大的心理刺激，让人想起了痛苦、悲剧和死亡的可能的人，都要遭遇审判。

是否负有责任往往是审判的焦点。他人根据责任推断的情况进行裁定。那么，责任推断为什么能够成为左右人们道德裁定的关键呢？著名的归因理论研究者维纳提出的简明模式：责任推断→情感反应→行动，能够解答此问题。按照此模式，责任推断不但是情感方面的决定因素，而且也

---

① ［美］B. 维纳 . 责任推断：社会行为的理论基础［M］. 张爱卿，等译 . 上海：华东师范大学出版社，2004：3.

是行为方面的前提因素之一。责任推断以及由此引发的情感在所有给予帮助或撤回帮助的情境中都会涉及。情感和行为恰恰就是决定当事人伦理命运的关键，所以责任推断才如此重要。

滴滴顺风车事件本身就隐含着一种起因，这样一来审判就会变得非常容易和直观，甚至这种审判都成了一种下意识的活动。通常这些裁定都是不利的，当事方可悲的命运就不可避免了，公众的愤怒达到了极致。钟某和平台应当承担全部责任，那么此时就需要坦诚认错。一旦坦诚，虽然在短时间内可能获得公众的歧视和排挤，但是从长远的角度看能获得公众的谅解和同情。

网络旁观者要做的就是实证和教育。实证就是要细致地考察事件的过程，仔细辨析这个过程中的各方责任，合理地进行责任推断，做到绝不冤枉一个好人。事件发生的可能解释有三种：个体化的解释、结构化的解释和宿命论的解释。作为一名实证者首先要找出事件所涉及人员的行动，然后推断其责任。通常情况下个人要为因个人自身的原因而做出的恶行承担责任，因为结构化和宿命论的原因责任可以适当打些折扣。

（四）合理设置议程

大众传媒可通过合理设置议程和提醒受众关注事件的概率来引导舆论审判。影响各种话题在公众议程上的显要性的能力被称为媒介的议程设置作用。公众利用这些来自媒介的显要性线索去组织他们自己的议程，并决定哪些是最重要的议程①。大众传播为公共注意力设置议程的能力被描绘为“只有暴君、牧师、政党以及官僚才拥有的权威”。媒介通过设置议程引导媒介审判的可行办法包括：第一时间采集证据、及时向有关部门报告等。此外，媒体在报道个案的时候一定要使人们考虑概率问题。当媒体生动地报道负性事件的时候，人们就会产生越来越多的担忧。当情绪强烈介

① ［美］马克斯韦尔·麦库姆斯．议程设置——大众媒介与舆论［M］．郭镇之，徐培喜，译．北京：北京大学出版社，2008：2.

入时，人们就会放弃对实际现状的调查而产生概率忽视。概率忽视是指人们关注最糟的案例而忽略了其实际发生的概率①。强烈情绪介入时的概率忽视已经被许多研究所证实。生动的形象和清晰的图片可能排斥其他想法，包括灾难的可能性很小这一关键思想。

---

① [美] 凯斯·桑斯坦．恐惧的规则——超越预防原则 [M]．王爱民，译．北京：北京大学出版社，2011：9.

第九章

价值累加——网络集群行为分析

随着互联网在现代社会生活中的全面介入，网络集群行为也日渐增多。在参与集群行为的过程中，网民获得了一种集体心理，这使他们的感情、思想和行为发生了变化。参与集群行为的个体，不管其具有什么样的身份地位，什么样的生活方式、职业，以及性格智力是否接近，他在整个集群行为过程中都会有一种集体心理。这使他们以一种与他们平时各自独处时完全不一样的方式去思考、去感受和去行动。网络集群行为极有可能衍变成为社会集群行为，而一场声势浩大的集群行为可能会引起社会的动荡不安，影响人们正常的工作生活和社会的稳定感。

一、集群行为及网络集群的界定

（一）集群行为的界定

社会学中的“collective behavior”汉译为“集群行为”或者是“聚合行为”，受18世纪法国大革命的影响，法国学者最早开始研究革命中出现的这种群体行为现象。勒庞首次使用了“Crowds”（乌合之众）一词，对集群行为进行了开创性的研究。他认为，自觉的个性消失以及感情和思想转向一个不同的方向，是就要变成组织化群体的人表现出来的首要特征①。

① ［法］古斯塔夫·勒庞. 乌合之众——大众心理研究［M］. 冯克利，译. 北京：中央编译出版社，2005：12.

从勒庞的开创性研究开始，众多研究者尝试着从理论上对集群行为加以概括。罗伯特·E. 帕克（Park）在《社会学科学导论》中明确提出集群行为的概念，认为集群行为是一种在共同和集体情绪冲动的影响下发生的个人行为，是一种冲动，强调了社会互动，集体对个体的影响性。戴维·波普诺（David Popenoe）则指出，集群行为“是指那些在相对自发的、无组织和不稳定的情况下，因为某种普遍的影响和鼓舞而发生的行为”①。斯梅尔塞（Smelser）认为集群行为一般有以下特征：一是共同的信念。一种不同于日常生活的，涉及威胁等的信念。二是制度化程度低。即不是确定的行为，通常为了应付突发的不确定的环境而形成。三是参与者能重建正常环境的确定感。

至于集群行为的理性或非理性情形，主要有三种观点：观点一，视集群行为为非理性的。例如，勒庞（1895）认为具有催眠性质的暗示感受性因素，使群体获得了一种作为个人所没有的特征，群体具有去个性化、理智作用降低、失去个人责任感等特征。麦独孤（McDougall）、奥尔波特（Allport）、布鲁默（Blumer）、特纳和卡兰（Turner & Killian）、斯梅尔塞等也都认为参与集群行为的个人不过是某种感情的载体，在集群中人们是非理性的。观点二，视集群行为为理性的。詹姆斯·科尔曼（James S. Coleman，1990）认为在集群行为中，理性占了上风，是其成员经过理性的权衡将自己行动的部分控制权转让给了他人。观点三，将集群行为看作既有理性又有非理性的一面。周晓虹（1994）、孙凤、郑欣（2009）认为集群行为既可能是理性的，也可能是非理性的，这取决于集群行为的具体形态以及集群行为处在何种发展阶段。孙凤和郑欣以南京大学小百合 BBS 使用者对“汉口路西延工程”的参与讨论为个案，通过对参与者的问卷调查分析及网上讨论的跟踪观察，发现发生在网络上的集群行为在初期存在着非理性的表现。但是随着事件的发展及讨论的深入，客观、理性的声音

---

① ［美］戴维·波普诺. 社会学［M］. 10 版. 李强，等译. 北京：中国人民大学出版社，1999：594-617.

逐步增强，并与非理性展开了交锋，影响着参与者的表达。在交锋中理性逐步占据主流并最终实现了回归，引导参与者做深入的思考①。

国内“集群行为”的研究更多地从“群体性事件”角度进行的，主要关注集群行为破坏性，反社会性的一面。我们认为集群行为与群体性事件是包含的关系，即集群行为的外延更广，包括大众行为等。集群行为的要素包括主体、心理和行为。主体包括聚众、公众和群众。心理要素被归纳为：从众、暗示和感染。行动要素被分为：刺激、议论、暗示、模仿、激动与爆发几个方面②。

（二）网络集群行为的界定

在网络空间，也存在着形形色色的未被准确定义的集群行为。学者杜骏飞借鉴社会学对于集群行为的评述，将网络集群定义为：一定数量的、无组织的网络群体，围绕特定的现实主题，在一定诱发因素的刺激下产生的，以意见的强化与汇聚为特征的，具有现实影响力的网民聚集。并进一步指出网络群体性事件的本质就是“网民群体围绕某一主题、基于不同目的，以网络聚集的方式制造社会舆论、促发社会行动的传播过程。它可以是自发的，也可以是有组织的；可能是有序的、健康的，也可能是无序、不健康的甚至是非法的”③。周湘艳则将网络群体行为定义为“数量众多的网民在非预期的特定阶段为达到共同诉求而通过网络集中参与社会事件”。在“网络环境下，包含了情绪上的利益表达和切实的需求满足，并且运用直接的网络技术实践，发生在网络环境中或通过网络组织发起的群体性努力都可以纳入网络群体行为的范畴”④。夏学銮将网络集群行为界定为“在某一时间内，网民自发或有组织地聚集在某一个网络公共场域，

① 孙凤，郑欣．理性与非理性之辩：网络集群行为的产生及其演变［J］．南京邮电大学学报，2009（09）：41-49.

② 郑欣．集群行为：要素分析及其形成机制［J］．青年研究，2000（12）：33-37.

③ 杜骏飞．网络群体事件的类型辨析［J］．国际新闻界，2009（07）：76-80.

④ 周湘艳．从传播学视角反思网络集群行为［J］．东南传播，2007（08）：58-59.

由多个网民发帖或回帖等进行网络表达的行为”①。这些定义多是借鉴了现实集群行为或群体性事件的概念来对网络群体性事件进行界定，同时也强调了虚拟行为与现实行为之间的密切关系。我们认同学者乐国安的定义，他认为网络集群行为是“一定数量的、相对无组织的网民针对某一共同影响或刺激，在网络环境中或受网络传播影响的群体性努力”②。

（三）网络集群行为与现实集群的联系与区别

邓希泉认为，网络集群行为相比传统集群行为具有一些新的特征：发生环境网络化、行为互动符号化、参与超功利化、成员关系松散与自发分工并存、行动信息的多点化和多向化、不在场和匿名状态下的有限理性③。乐国安认为，形成网络集群的三个关键特征是：共同关注点、共同信念和共同行为（包括网络上与现实生活中的一切言行）。三者间的关系是逐渐递进的，揭示了网络集群和网络集群行为的发展方向与可能的内在机制，从而为理解网络集群行为的内部结构和发展脉络提供了线索④。宛恬伊则研究了斯梅尔塞的价值累加理论对于虚拟社会中的集群行为的解释力。通过四个案例的分析，她指出网络集群行为和现实集群行为的区别在于：第一，在虚拟社会中由于网络的匿名性、开放性与平等性等诸多特点，使得集群行为的结构性助长较于传统社会更为强烈；第二，虚拟社会的结构性助长与现实社会的结构性紧张的叠加使网络集群事件发生；第三，交流和沟通时概念化信念成了一个必不可少的重要条件，互动的概念性特征成为虚拟集群行为与传统理论的一个重大分歧；第四，传统媒体与网络媒体的联动对事件的发展与方向具有影响作用；第五，在网络案例中较少存在严

① 夏学銮. 网络社会学建构［J］. 北京大学学报（哲学社会科学报），2004（01）：86-92.

② 乐国安，薛婷，陈浩. 网络集群行为的定义和分类框架初探［J］. 中国人民公安大学学报（社会科学版），2010（06）：99-104.

③ 邓希泉. 网络集群行为的主要特征及其发生机制研究［J］. 社会科学研究，2010（01）：103-107.

④ 乐国安，薛婷，陈浩. 网络集群行为的定义和分类框架初探［J］. 中国人民公安大学学报，2010（06）：99-104.

谨的领导结构，发生在虚拟社区的集群行为较少需要领袖式的行动动员，行动动员更多地依靠合作和协调，这与网络的平等性和开放性有关；第六，我国在网络立法和管理上还不到位，失当的社会控制手段也为集群行为的产生提供了条件①。

我们认为网络集群与现实集群的相同点在于个人在集群中都具有匿名性、过激性、情绪化、被暗示性、无批判性等特点。不同点在于网络传播的广泛和快速使得网络集群的建立较之现实集群更加容易；网络本身是一个高度匿名、高度自由和低度控制的平台，这使网络集群中的个体更容易沉溺在一种集群冲动之中；网络集群行为尚无规范的法律法规。也即是说网络集群比现实集群更充分地表现出偶发性、匿名性、情绪性等特质，更容易形成集群的冲动②。

（四）网络集群行为的分类

近年来网络集群事件很多，涉及社会的各个方面，很多学者对此做了分类研究。乐国安将网络集群行为分为基于共同关注点的网络集群行为、基于共同信念的网络集群行为和基于共同行动目标的网络集群行为（包括网上行动和现实行动）三类③。杜骏飞和魏娟按照引发网络集群的事件类型分为民生事件、自然灾害事件、法治事件、官员腐败事件、文化事件、国际性事件；按集群方式和集聚地划分为讨论组、聊天工具、博客、自建网站、新闻跟帖；按照对抗的主体划分为以群体舆论来抗争个人、一个群体抗争另一个群体、网民对政策或制度的抗争、网络文化阵营对现有文化权力体系的抗争④。此外，还有很多不同分法，如按照社会效应来分可以

① 宛恬伊. 虚拟社会的集群行为：基于四个网络事件的分析［J］. 青年研究，2010（04）：24-36

② 何白. 网络集群：非理性行为的温床——浅析“网民围攻”事件中的集群及影响［J］. 东南传播，2007（07）：79-80.

③ 乐国安，薛婷，陈浩. 网络集群行为的定义和分类框架初探［J］. 中国人民公安大学学报（社会科学版），2010（06）：99-104.

④ 杜骏飞，魏娟. 网络集群的政治社会学本质、类型与效用［J］. 东南大学学报（哲学社会科学版），2010（01）：43-50.

分为消极集群和积极集群。

二、网络集群行为的形成

至于个体行为是如何转化为集群行为的，古斯塔夫·勒庞最先进行这种理论尝试。他将群众视为“由个人聚合而成的群众具有完全不同于组成它的个体特征的新特征”①。也就是说无论组成群众的是什么人，不管生活方式、职业、性格或他们的智力是否接近，他们已转变为群众这一事实会使他们具有一种集体心理，这种心理使他们以一种与他们各自独处时完全不同的方式去感受、思考和行动。他认为在这种状态下的群众具有去个性化、易被暗示和感染，以及失去个人责任感的特点。

特纳（Turner）的紧急规范理论则指出在集群中互相的社会影响，从个别人的行为中出现了可见的新的行为规范，这些规范确定了在集群环境中适当行为的标准。在一些模棱两可的情况下，个别的行动者就可以为其他大多数成员确定规范。而集群一旦觉察到指导他们行动的新规范出现，就会感觉到执行它的压力。导致集群行为的不是情绪的传播，而是认知的传播。

斯梅尔塞认为，集群行为实质上是人们在受到不可靠威胁或极紧张等压力的情况下，为改变他们的环境而进行的尝试。他认为集体行为的发生同时受到六个因素的影响：一是结构性诱因，即不同社会有不同的结构特征，某些结构特征更有利于集群行为的产生；二是结构性紧张，即某种形式的结构上的不和谐、不安定；三是一般化信念，即对某个特定问题产生的症结及其解决途径产生一个共同的认识；四是触发性事件，即引发集群行为的导火索；五是组织动员，即把受到结构性紧张影响的群体组织动员起来，使其参与行动；六是社会控制，即动用社会力量去阻止集群行为的

① ［法］古斯塔夫·勒庞. 乌合之众——大众心理研究［M］. 冯克利，译. 北京：中央编译出版社，2005：11.

发生①。我们可以将集群行为在其发展的各个阶段理解为追加价值，价值的累积导致了集群行为的最终出现。集群行为的爆发需要六个必要且充分条件，对其中任何一个条件采取干预措施，都会对集群行为产生引导。

国内从集群行为演变过程和机理角度的研究有：高抗对胡斌飙车案进行研究并分析了其演变机理，认为网络公共事件的形成因素有个体事件、潜在参与者的心理状态、信息传播、群体心理机制、政府部门的应对行为等②。何白针对海淀艺校辱师案等具体的网络事件对“网民围攻”行为予以分析，认为网民围攻是在“价值判断—获得认同—态度强化”的过程中形成的网络集群，并最终形成了现实中的集群③。邹妍艳和李波对“人肉搜索”这一网络集群行为的成因及其信息传播特点进行了解读，认为这种网络集群行为本质上是一种道德意见的表达，其成因包括心理、社会、媒介、技术四个方面④。

国内还有一些根据西方的集群理论对网络集群进行再解释的研究。邓希泉将斯梅尔塞的价值累加理论置于网络环境下进行了新的阐释，认为网络集群的发生机制是：有利的结构——互联网构建现场参与感、促进认知趋同并成为一种共同的闲暇消费；结构性紧张——弱势群体通过互联网积极争取话语权以及进行利益诉求与表达；“普遍信念”增长——普通民众对传统伦理和公共道德的呼唤和坚守；促发因素——道德事件更易使“结构性紧张”凸显；参与者的行动动员——互联网为参与者提供跨越时空的全方位的即时互动和随意互动；社会控制机制——互联网中法律控制机制

① SMELSER N J. Theory of Collective Behavior [M]. New York：Free Press，1962.

② 高抗. 试论网络集群行为的生成演变机理——以胡斌飙车案引发的网络公共事件为例 [J]. 中共浙江省委党校学报，2010 (05)：80-84.

③ 何白. 网络集群：非理性行为的温床——浅析“网民围攻”事件中的集群及影响 [J]. 东南传播，2007 (07)：79-80.

④ 邹妍艳，李波. “人肉搜索”：网络集群行为解读 [C] //中国传媒大学研究生院. 中国传媒大学第三届全国新闻学与传播学博士生学术研讨会，2009.

缺位、道德控制机制错位和组织控制机制不到位①。随后薛婷、陈浩、乐国安等人试图将国内外有关集群行为的理论整合起来，他们在集群理论的整合模型中将各个理论整合为微观取向的集群理论，并分为非理性与理性的理论、宏观取向的集群理论、整合取向的集群行为理论以及其他学科中有关集群行为的理论。

根据上述分析，本研究选择价值累加理论作为指导理论。一方面，是由于其在解释集群行为上的通用性和代表性，能更好地解释、预测和控制庞大社会环境下发生的各种各样的集群行为。另一方面，还在于价值累加理论中的结构助长和结构压抑能够有效地解释事件发生的特殊环境，即网络环境和社会环境。

三、典型事件选取

在百度贴吧的流浪吧，李海发表了《我存了 5 万，准备去鹤岗买房，买个三四万的，1 万买生活用品》的帖子。在此贴中，李海详述到鹤岗买房的过程，并对鹤岗的城市风貌进行描绘。随后，2019 年一篇《男子 5 万元在鹤岗买房定居》的文章刷屏网络。文章称，浙江的李海断断续续看了两年房，寻遍中国，最终于 2019 年 5 月在鹤岗买了套房。作者在文末说中国那么大，即便所有城市都不适合，至少还有鹤岗这样的城市为你敞开大门。曾因丰富煤炭资源而闻名全国的东北小城鹤岗，突然因“白菜房价”一夜在网上走红。网上出现大量的新闻和贴子热议此事，截至 2020 年 10 月 21 日，李海的原创贴分享数为 9856，评论数 1.5 万，点赞数 5.7 万。甚至不少外地人特别是大城市里买不起房的年轻人，不远千里去鹤岗买房。

此事最初出现在百度流浪吧，后来迁至四海为家吧，再后来又出现了鹤岗吧。所以本次调查地点选择了百度贴吧。在贴吧不论是大众话题还是

---

① 邓希泉. 网络集群行为的主要特征及其发生机制研究 [J]. 社会科学研究，2010 (01)：103-107.

小众话题，都能精准地聚集大批同好网友，展示自我风采，结交知音，搭建别具特色的主题互动平台。贴吧涵盖社会、地区、生活、教育、娱乐、游戏、体育、企业等方方面面，是全球最大的中文交流平台，它为人们提供一个表达和交流思想的自由网络空间，并以此汇集志同道合的网友。

文本内容选择。百度贴吧里的网民是事件的重要参与者、围观者。他们在此期间讨论活跃，以鹤岗买房为关键词进行搜索，截至 2020 年 10 月 21 日共有 819 条主题贴。很多贴子的点击超过千次，有的甚至过万，留言回复过千的也不在少数。本研究根据事件的发展顺序以及贴子的回复楼层的多少，选取四大类别的贴子进行分析。

贴子主题内容（表 9-1）主要涉及包括“最初的鹤岗买房人”、“去鹤岗买房被热议”、什么人在鹤岗买房、买房后亏本卖出四个方面。

表 9-1 百度贴子内容分布

主体内容	具体内容	回复数量
最初在鹤岗买房的李海的原创贴	李海 32 岁，以一篇贴文火遍全网	15000 条
去鹤岗买房被热议	想去鹤岗买房，然后从事自媒体；鹤岗买房不选择南方小镇的理由；当我心情好的时候，想去鹤岗买房	186 条
什么人去鹤岗买房	活出了另一种人生的人，全国各地到处跑，什么工作都做，自由自在，不为了工作而工作	156 条
鹤岗买房的小伙把房卖了，赔了 8000	“男青年 3 万鹤岗买房 2.2 万卖出”事件的主人公许康几乎一夜爆红	217 条

作为一起集群事件，鹤岗买房具有其独特性。此热点由网民催生而起，在网上广为传播和讨论。集群的表现形式为发表主题贴、跟贴留言、

实际开展买房行动等。网络的集群已发了权威媒体的跟进，央视、凤凰网、三联生活周刊等媒体开展多次报道以及专题总结。可以说，整个事件从发生、发展、高潮、结局都是在互联网上展开，单从形式而言是一场纯粹的网络集群行为。

四、事件的过程分析

作为一种有组织、有策划和有分工的媒介奇观，“鹤岗买房”集体行动有着它独特的发展过程。

（一）引爆点引爆

一旦具有强烈刺激作用的事件被传到网络上，就会被迅速引爆。在引爆点的作用下，身处不同地点的网民闻风而动聚集在一起。百度贴吧里有个“流浪吧”，吧里大多是漂泊四方的年轻人。除了“流浪”生活，也经常有人讨论安家、买房。李海断断续续看了两年房，2019 年 5 月他打算去鹤岗买房，在贴吧发了贴子全程直播买房过程，看房的第八天，他签下了新房合同，总价五万八，两室一厅。

此直播一出立即引发网民的围观。在房价高企的年代，长久生活在城市里的人可能怎么都想不到现在国内还有这么便宜的房子。好多人以为几万块的房肯定是荒山野岭的，其实几万块在鹤岗还能买到高层电梯房，这样的小城市不止鹤岗一个，东北很多环境不错的小城市，一套房都没有大城市一平方米贵。

网络集群的三个关键特征是共同关注点、共同信念和共同行动（包括网络上与现实生活中的一切言行），并且三者是递进的。在鹤岗买房事件中，参与者的共同关注点是鹤岗的白菜房价；共同信念是——鹤岗的房价为渴望安居的人点亮了希望，只要努力一点还是能实现居者有其屋的梦想的。在网上开展讨论最直接的目的是：“大家惊叹于鹤岗房价低廉的同时，更产生了即刻隐居的冲动。”而共同行动就是网络上弥漫的要去鹤岗买房的声音，甚至有部分人采取了实际行动，千里迢迢到鹤岗买房。买房故事火了后，找李海咨询的人越来越多。他建了微信群，取名“四海为家”。截至 2019 年 11 月 13 日，“四海为家”爆满，已衍生出三个群。李海在流浪吧里的贴子引发了集群行为，在此集群中，群众所关心的话题如表9-2所示。

表 9-2 李海贴子的回复内容

主题	具体内容	评论数量
鹤岗房价	这么便宜，一套房还没有一线城市一个平方贵	216 条
鹤岗工作机会	估计只适合瘫痪，那里估计找不到工作	47 条
关注买房进展	不要断更，我会追的，快点更	22 条
担忧房子的区位	去了你就发现，你买的房子孤零零的就那一栋	43 条
买房从众	你探探道，我也去那买，组件基地	56 条

某些事件比如民生事件、自然灾害事件、法治事件、官员腐败事件、文化事件、国际性事件等，很容易激起网民的讨论热情，形成舆论引爆点。“鹤岗买房”显然是一次民生事件，所以它引发了民众积极参与。

（二）认知卷入和情感卷入

网络集群是在“价值判断—获得认同—态度强化”的过程中形成的。在鹤岗，中国楼市的信仰被击碎了。以往，房价都是高不可攀，如今，鹤岗的房价，却低到令人怀疑人生。鹤岗这座东北小城，因为低房价出了名。鹤岗房价便宜到什么程度呢？网上传言一套 46 平米的房子总价 1 万 6，折合每平米不到 350 元！在这样的房价的刺激之下，人们的安居梦被点燃。询问如何到鹤岗买房的人可谓络绎不绝，在百度贴吧里大量询问鹤岗买房的贴子被热切回复。在不断地发贴和回贴的互动中，价值判断得到强化，获得了很多网民的认同。

集群行为的主体一直被贴着“非理性”的标签。勒庞认为经聚合而成的集群具有了作为单个个人所没有的特征，此时集群主体失去个性、感情作用大于理智作用、失去个人责任感①。情绪和观众的感染以及暗示的影响，使得人们的心理朝着某一方向发展并具有将暗示的观念立即转变为行动的倾向。一般来说，不能调动感情，就难以发展成网络事件。那么，此事件是如何调动情感的呢？一个简单的口号——“到鹤岗买房去”就足以调动情感，通过不断回复、转发、点赞等互动行为进一步强化情感。网民们感受到自己人多势众，特别是那些动辄回复量在数百条以上的贴子中，情绪被不断渲染和强化。比如，在《流浪到鹤岗已有一年，分享一下鹤岗的生活》的贴子里，就充满了楼主对鹤岗生活的向往。楼主分享了鹤岗的城市面貌、推荐了公园，盛赞了马路的干净整洁、逛了商场和夜景。以下回复也在很大程度上调动了情感：

10 楼：怎么看起来也挺热闹的样子？

30 楼：看起来不错呀，景色宜人，风景秀美，养老应该不错。

103 楼：雪景怎么样，厚厚的雪？

109 楼：马上我也来了，哈哈哈！15 号到。

117 楼：楼主，推荐几个小区吧，我想去买房子。

由于激发起公众参与表达的一种普遍情感，如大众狂欢的愉悦，并为网民的有感而发提供了一个公开表达和参与的机会②。群体的互动达到高密度、高频度，使情绪极易相互感染，而且感染传递的速度几乎达到一种“病毒式传播”。这种情绪感染所带来的是相似的态度和观念以及意见的统一。此时在“意见气候”的潜在压力下，网民为融入群体之中，寻得心理

① ［法］古斯塔夫·勒庞．乌合之众——大众心理研究［M］．冯克利，译．北京：中央编译出版社，2005：18.

② 罗以澄，赵平喜．“爆吧”集体行动中公民参与表达的实现及其规制——以“69 圣战”事件为例［J］．现代传播，2012（12）：22-27.

上的归属感，常常采取从众的方式与他人保持一致。

古斯塔夫·勒庞在《乌合之众——大众心理研究》提到“有意识的人格消失，无意识的人格得势，思想和感情因暗示和相互传染作用而转向一个共同的方向”①。在群体传播的过程中，暗示、感染的情绪能够形成群体意识和群体结构，并对个人成员的态度和行为产生制约，思想和感情转向一个共同的方向。在贴吧中大家的共同探讨，使得鹤岗的生活激发起了大众想象。在平常生活中，买房毕竟不是一件容易的事。而当鹤岗房价进入视野中时，人们往往能够因为现实或想象的圆梦安居而产生替代式满足。

（三）行动卷入

关于此次集群主体的“行动”界定，包括轻度行动卷入、中度行动卷入、深度行动卷入。轻度行动卷入指那些默默围观的网络看客，从百度贴吧的一些相关贴子的点击量，可以看出关注此次事件的网民数量。中度行动卷入指那些网络哄客，他们回贴、顶贴，表达自身的参与意愿，营造了广大网民激情想象和参与的热烈氛围。深度行动卷入不仅指实际去买了房子，也包括网上看房、电话咨询、进入各种买房群等。

尽管网络集群行为常常被认为是非理性且具有破坏力的，然而参与其中的个人的动机，却常常让结果反转。当群体是受到某种美好想象的激励而采取行动时，此时集群就有积极作用。参与网络集群的人们带着对安家的强烈渴望，在网上热烈围观和讨论。一张房产证，是他们最大的心理安慰。在集群的热烈氛围中下，安居的愿望得到了想象中的实现和满足。

应当尊重网民的目标和热情，但也要规避一些负面特征。虚拟社区在管理上可以对发贴、回复实施一定的管理，比如，重复的贴子不能出现太多，发言回复不能“水”（指为了提高贴子质量，不能简单的回复一些“顶”“排”等字眼），对于一些有见解的贴子版主可以加精或置顶，提供

---

① ［法］古斯塔夫·勒庞．乌合之众——大众心理研究［M］．冯克利，译．北京：中央编译出版社，2005：17.

多角度的看法，从而分散从众的对象。

集群行为的演变从内部来讲经历了四个阶段——引爆点引爆、认知卷入、情感卷入、行动卷入，越是到集群行为的后期，认知、情感、行动越相互交织和改变。

五、价值累加理论的解读

准确了解和把握网络集群行为的发生机制是社会控制机制进行针对性的调适和有效发挥控制功能的前提。本研究以斯梅尔塞的价值累加理论来解读集群行为的发生机制。

（一）结构性助长

结构性助长是对特定集群行为的一种许可，即指社会结构的构成方式必须允许一场社会运动或一段集合行为的产生。集群行为必须有发生的空间和时间环境。空间环境最主要的特征就是便于人们之间的面对面的互动，如广场、公园等，在这个场所中，实现了信息的传递。时间环境则是指集群行为发生的时间条件。

"鹤岗买房"事件的产生，具有其自身有利的结构性条件。互联网给集群行为构建起一种新的有利结构，主要表现为三个方面：第一，互联网给被时空区隔的人们构建起现场参与感①。网络的跨地域性、匿名性、互动性为他们提供了极佳的聚集场所。百度贴吧就好比现实世界中的广场和公园，网民在其中相遇、发表言论和集会。第二，互联网促进了网民的认知趋同。利益趋同或认知趋同是集群行为参与者容易互动的基础。关于"鹤岗买房"的贴子拥有非常大的点击量，这说明电脑面前的个体在共同关注、讨论房子的事情。第三，互联网成为最大的闲暇消费场。传统集群行为的发生最易出现在人们闲散无事的时间里。百度贴吧成员有一定的闲

① 邓希泉．网络集群行为的主要特征及其发生机制研究［J］．社会科学研究，2010（01）：103-107.

暇时间消耗在网络世界里，一旦遇到感兴趣的话题就会积极参与。

（二）结构性紧张

矛盾日益加剧而解决社会问题的正常渠道出现堵塞，使人们产生了一种希望摆脱社会困难处境和压力的强烈需要，这种需要形成了某种社会的张力，在社会结构内部游荡。当社会结构在某一环节上出现薄弱带时，这种社会张力就可能爆发出来。一般而言，当各种社会问题较为严重，社会成员发现仅仅依靠正式组织或通过正常渠道已经无法解决或一时无法解决时，就使社会张力的压强增大，迫使人们试图以非程序化的渠道来解决问题。现实中的紧张与压抑又是虚拟社会中结构性紧张的根源。

在一线城市买房的焦虑与日俱增。我们生活在一个焦虑的时代，生活的方方面面充满了焦虑的感受。买房、教育和养老是压在人们心头的三座大山。焦虑实际上是人类得以生存的关键，如果没有焦虑，人类很难存活至今。但是处在充满市场竞争的社会环境之中焦虑则超出了人们的负荷，人们都面临着巨大的压力和挑战。压力和挑战也有程度之分，一个在二三线城市生活的人完全无法与生活在一线以及新一线城市的人比较，因为后者动辄几万一平方米的房价令人生畏。

而与此同时，我国城镇化率每年平均以一个百分点的速度提升，这就相当于每年有1000万人进入城市就业和生活。虽然我国城镇化率已突破60%，但学界普遍认为，城镇化的动力依然强劲。大量人口涌入城市，就要解决就业和安居。一线城市和新一线城市就业机会相对而言更丰富，也就会吸引更多的外来者。由于土地资源相对稀缺，再加上外来者的竞争，一线城市的安居问题进一步刺痛很多网民的心。

（三）普遍信念的增长和扩散

有了结构性因素和结构性紧张，还需要一般信念进行价值累加。一般信念，指的是人们在乎的不是事实而是对事件的认知。参与者对他们感到的结构性紧张产生了一致的认知和观念，并认为当下采取行动充满意义。斯梅尔塞认为，信念的作用，在集群行为的发生中最为重要，是信念为集群主体参与行动做好了准备。处于集群行为中的人在某种程度上也即是拥有某种信念的人，这种信念为他参与行动做好了准备。

网民对买房表示出极大的关注热情，他们不仅对房价进行了大量的认知分析，也做了自己买房可能性的初步判断（无论这种判断是基于自主还是从众），并期待实现居者有其屋的理想，整体态度趋向一致。正是基于这样的信念，广大网民关注房子、房价，希望自己与安居仅剩一步之遥。

（四）诱发因素

一般信念的产生和扩散，大大促进了集群行为的产生。而集群行为发生的导火索，常常是一个突发性的事件。突发性的戏剧事件刺激了人们长期压抑在心中的怨恨和不满，而发生了集群行为①。虽然导火索在集群行为中不是必须的，却是存在于其他的决定性因素的环境之中，导火索的引燃可以直接导致行为的发生。某一事件之所以会成为导火索，最重要的是挑战了群众的普遍的信条，人们对于信条被挑战，感到一种压抑迫切需要得到释放，于是进一步累加了集群行为的价值。

李海在贴子中爆料，他看了几套六七十平方米，价值三四万的房子，最后定下了一套 77 平方米的房，在六层顶楼。签了合同，加上中介费、过户费，总共五万八搞定。暖气费按年算，从十月开始供暖倒第二年五月，25 块钱一平方米。从看房到买房，就八天。这些信息一经发出，立刻引爆网络，截至 2019 年 11 月 5 日，共有 14969 条回复贴。由此，网民的诉求便集中爆发。以下是网民的一些典型回复：

木曾义仲转世:??? 为什么这么便宜啊，老哥，能解说下吗??? 太偏还是怎么的了?

22 林小夕：鹤岗房子确实便宜，算得上 4 线地级城市，我家 5 线地级小城市人口还不足百万，房价都比鹤岗高，黑龙江就是

① 陶钰环．价值累加理论框架下的集体行为探析［J］．法制与社会，2015（04）：250-252.

土地面积大，人口少，而且土地基本都可以种植经济型农作物。

A—real：几万块钱就算都亏了房子也是在的，那点钱还不如大城市买完房不涨价人民币贬值的。

42 楼：快点买吧老哥，我要像你学习，也去那里买房，然后养老。

50 楼：买好通知声，我也买一套。

83 楼：流浪吧集体迁都到鹤岗，带动经济，增加就业。

江湖行：看到这，差点热泪盈眶，这就是家啊！有家了！

（五）参与者行动的动员

行动动员指通过渲染、暗示、示范、宣传等方法，使参与者先前形成的认知、态度和情绪得到强化，并进一步的转化为对某事件的具体行为。共同信念不会自动转化为集群行为，这需要有关的人组织、动员和整合。斯梅尔塞认为，领袖在集群行为中是十分重要的。在网络集体行动中，领袖起着主要的引导作用。如果没有意见领袖的有效动员和领导，集体行为就很难启动。勒庞也认为，在群体中，个体的情绪能很快地传递给团体中的其他成员。因此，当领袖出现并兴致高昂地鼓励其他人采取行动时，群体的情绪会被引爆，随之集体行动也得以开展起来①。动员是进一步形成群体性事件参与者和支持者的重要途径，主要涉及人和资源两个方面。一方面，通过采取一定的组织动员策略和信息传播呼吁更多的人加入自己的群体，争取有利于自己的社会大众和精英的支持。另一方面，积极调动参与者和支持者的物质资源、知识与技术、信息、资本等相关资源，通过对这些资源的争取来不断提高在冲突中的优势地位，以便于更好地开展对抗

① 袁莉．价值累加理论框架下的网络集体行为研究［J］．东南传播，2016（07）：100-102.

活动①。在虚拟社区中，互联网为跨时空的互动提供了便利条件，使网络集群行为的成本较之现实中的集群低很多，风险也小很多。开直播购房的李海成了鹤岗买房的领袖人物，还有一些网红、本地人、贴吧中的楼主等一些结构不甚严谨的组织者。

组织者郑前是在2019年11月底来到鹤岗，目的很简单——降低生活成本。鹤岗的低房价是触动他从广东来到东北的主要原因。2019年年初，鹤岗因房子“白菜价”一夜爆红，这让租住在广州的郑前看到另一种生活的可能。郑前在大学就读销售相关专业，大学毕业后和人合伙在天猫开了一家服装店。到鹤岗后，他果断买下一套距市中心4公里的毛坯房，房子位于一栋6层高住宅楼的5楼，两室一厅，总价4万，面积60余平方米。

买到房后，郑前彻底“撒野”了一把，每天的生活就是游逛、打游戏，间或把在鹤岗的生活日常、在他看来很是新奇的东北风土人情等发上短视频平台。无心插柳柳成荫，一条“泼水成冰（坨）”的短视频“莫名其妙”地走红，在抖音上获得300万播放量、100多万点赞。视频的意外走红，不仅让郑前成为一个小有名气的“网红”，更给他带来新的“业务”——代人看房。“最开始我只是分享在鹤岗的生活，但一发出短视频就有人跟我了解鹤岗的房子、房价，我这才去帮他们去了解。”② 自从网络热贴被爆出后，鹤岗卖房者数量增加了很多。数据显示，几百元一平方的白菜价的房子在鹤岗已经几乎不见了，目前房子大约均价2000多平方米。

（六）社会控制机制的有力

“集群行为的孕育取决于前五个因素，而集群行为最终是否发生则要看社会控制手段是否成功。”集群行为是否发生还取决于最后一个环节即

① 李志刚，苏忠林．基于价值累加理论的环境污染群体性事件发生及治理［J］．华北电力大学学报（社会科学版），2020（01）：42-47.

② 定居鹤岗的90后小伙儿 走红后兼职卖房 月销10余套［EB/OL］．网易财经，2020-10-15.

社会控制的作用。社会控制是指社会成员通过所有可用的资源，确保其他人行为合乎规范①。如果社会控制环节非常的有效，就算前面的五个阶段的累加效果都已经完成，集群行为也会难以发生。在我国的有效的社会控制主要包括三个方面：法律控制机制、组织控制机制和道德控制机制。

但是由于网络集群行为具有虚拟性特点，即它爆发于网络，扩大与升级都在网络世界完成，最后可能终止于网络，导致社会控制很难以实现。网民在虚拟网络中透露出的非理性和道德自律感的丧失，更加加大了控制的难度。但本事件中价值累加的最后一个部分，社会控制机制却发挥了作用。

央视、网易、人民日报还有南方周末等传统的媒体纷纷派出资深记者前往鹤岗进行房价调查。记者调查后发现导致鹤岗低价房有几个原因：一是大量棚改房、回迁房的涌入；二是人口不断外流、资源日渐枯竭、经济不景气等多种因素也导致了鹤岗房价走低②。一年后记者调查发现，鹤岗因“白菜房价”事件走红后，二手房房价一直保持着小幅上涨趋势，2019年11月均价为1904元/平方米，2020年3月均价为2375元/平方米。据了解，在鹤岗，总价10万元以下的二手房源在当地比较普遍，四五万元左右的房源已大规模减少，网上说的2万元以下白菜价房子基本没有。此外，外地人到鹤岗购房已回归理性，咨询电话虽多但成交量很少，购房主力仍是鹤岗当地人③。组织机构对网民行为开展的必要指导，在很大程度上防止了集群行为的爆发。

网络集群行为尽管发生在虚拟世界中，但是究其根源还是现实社会中的问题。买房焦虑在如今被不同程度地解构和刺激，人们在压力中总是如

① ［美］詹姆斯·克里斯. 社会控制［M］. 纳雪沙，译. 北京：电子工业出版社，2012：32.

② 鹤岗房价调查：低价卖房是个别现象但人口外流产业单一［EB/OL］. 中国房地产报，2019-04-23.

③ 鹤岗“白菜房价”再调查：购房热已退，2万元一套房子消失［EB/OL］. 人民日报，2020-09-01.

此敏感，这种敏感往往导致非建设性的认识和寻求非正常途径的解决。集群行为参与者如此之多，对每个参与者而言，这种集体经历也算是一种心智的磨炼。在这个社会，信息可能引起集群行为，也可以规避集群行为。值得庆幸的是，媒体（特别是传统媒体和主流媒体）在这件事情上开展了有力的引导，发挥了自己社会公器、议程设置的作用，积极地通过传递有意义的信息来控制和引导这次集群行为。

第十章

群情激愤——网络空间的情感动员

互联网的高度发达使人们可以跨越时间、空间的束缚，即时且自由地交流情感。微博、微信等社交工具为互联网用户的情感表达提供了空间和平台。互联网用户甚至可以线上线下联动，对现实世界造成巨大的影响。而当下的中国，经济发展已进入新常态，科技迅速发展、人们在物质生活层面得到了极大满足，但与此同时情感层面的问题却日趋严重。尤其因为当前社会权利、财富配置的不均衡，阶层逐渐趋于固化，贫富悬殊的问题迟迟得不到有效解决，人民的相对剥夺感与日俱增。伴随着快节奏的生活，造成个人心理压力增大，负面情感增多，情感的表达被现实中的社会规范、文化规制所压抑。于是人们不断寻求新的途径来宣泄情绪，释放压力。互联网的开放性、即时性、分散性和传播快、影响广的特性，使个体或群体的情感表达很容易引起他人的注意，并将情感传染给他人，互联网因此成为人们情感表达的重要平台，也是情感动员的重要工具。

互联网已经成为人们表达观点、发泄情绪、表达诉求的重要场域。如陕西孕妇跳楼事件、凉山格斗孤儿事件、红黄蓝幼儿园事件等。在上述的公共事件中，网民在事件传播和发展走向上都扮演了极其重要的角色，释放了巨大的能量。在网络公共事件中情感动员往往扮演着关键的角色，而情感动员中情感往往需要策略化的运作才能达到唤起、激发网民认知、态度和评价的目的。因此探析网络公共事件中情感动员的策略对于网络社会、现实社会都有着重要的意义。

一、情感的社会学意蕴

（一）情感的社会学解释

情感是构成社会生活的基本力量，喜怒哀乐不仅是面部的表情，也是生活事件的表情。没有了情感，就没有生活事件的曲折，也就没有了社会运动的发生。这其中基本情感具有重要作用，它是指具有普遍性的情感，它是其他情感的基础或核心。通常人们把高兴、恐惧、愤怒和悲伤作为人类最普遍的情感。基本情感存在的理由包括：具有进化意义上的生存价值；表现于人类发展的早期阶段；在人类的面部表情中具有普遍的可识别特征；具有独特的自主反应；存在于现有的所有社会关系中①。

从涂尔干（Emile Durkheim）的"集体意识"、滕尼斯（Ferdinand Tönnies）的社区情感到齐美尔（Georg Simmel）的初级情感和次级情感的划分，国外社会学对于情感的研究越来越系统。涂尔干认为情感是一种主观的社会事实，在宏观社会事实背景之下，集体主义的印记将深深印入情感之中。也就是说，个人的情感归结为集体情感，并且用于解释社会整合与团结。

对于情感的定义，霍赫希尔德（Hochschild，A. R）认为情感是一种受到情境规范和文化观念限制的表达工具，是一种深层次的表演。人的情感会以适当的形式表达出来，这些方式主要有三种：身体动作、表层行为和深层行为。根据情感剧场理论"感知规则与展示规则反映了互动所在群体更广范围的情感文化与情感理念"，"它们的存在促使人们进行情感运作，以控制情感，合适地呈现自我"②。情感的定义大多数指的都是情感的组成要素，一般来说情感包括了以下几个成分：身体和生理感觉的变

---

① ［美］乔纳森·特纳，简·斯戴兹. 情感社会学［M］. 孙俊才，文军，译. 上海：上海人民出版社. 2007：11.

② HOCHSCHILD R. Emotion Work，Feeling Rules，and Social Structure［J］. American Journal of sociology，1979，85（03）：551-575.

化；姿势和表情的展现；对背景或情境刺激的评价；文化与社会标签①。潘泽泉认为“情感是一套社会实践，存在着一种情感的社会实践”，他认为情感的互动交流是实现情感表达的重要手段。“情感不是一个自然而然的产物，它是在互动中人们主动选择和创造的结果，并通过特定的行为和符号来表现、传达和显示。因此，情感是社会意义或象征符号的载体或承担者，情感既构成了人们行动的原材料，又构成了人们进行交流的符号象征和社会交流的工具。”② 因此，从社会学的视角看，情感包括规定人们在具体情境中如何体验和表达情感；从社会心理学视角看，情感是人们在情境中对客体和事物的知觉与评价。

（二）情感的社会起源

对于情感的起源，柯林斯（Randall Collins）在互动仪式理论体系中提出仪式是情感起源的主要力量，具有生成情感的作用，仪式创造了共同的情感与符号③。里奇佛（Cecilia Ridgway）的情感预期状态理论认为集体的情感一般出现在有任务取向的群体之中，这类群体有明确一致的目标。他详细论述了群体中对于是否能实现目标所引发的情感结构，并且讨论了不同社会地位成员的预期状态遭到侵犯时所引发的情感表达类型，如高兴、嫉妒等④。伯格（Joseph Berger）的研究则认为群体的预期状态引导成员的行为，并重点对该理论进行了阶段性分析。他将情感预期状态理论分为三个阶段：互动中情感被激发和表达、情感交换的过程以及情感被导向一种指向他人的情感维度⑤。

---

① 王鹏，侯钧生．情感社会学：研究的现状与趋势［J］．社会，2005（04）：70-87.

② 潘泽泉．理论范式和现代性议题：一个情感社会学的分析框架［J］．湖南师范大学社会科学学报，2005（04）：53-57.

③ COLLINS R. Conflict Sociology：Stratification，Emotional Energy and the Transient Emotion［M］. Albany：State University of New York Press，1990：54-65.

④ RIDGEWAY C L. Status in Groups：The Importance of Motivtion［J］. American Sociological Review，1982（01）：76-88.

⑤ BERGER J. Direction in Expectation State Research［M］. Stanford，CA：Stanford University Press，1998：450-474.

由于情感动员是一个互动的过程，所以情感社会学的互动理论是不容忽视的一个理论视角。情感社会学的互动理论关注情感是如何影响人际互动和社会交往的，其中比较有代表性的是情感剧场理论、情感的符号互动理论等。柯林斯认为情感作为一种能量，可以变为交换中的一种资源①。换言之，情感可以作为一种交换资源，所以情感动员在一定程度上也是一种资源动员。肖特（Sussan Shott）从另一个角度来阐释符合互动论视角的情感理论，他认为情感表达和情感唤起能使人们的行为符合特定的规范和规制，可以引发一致性和集体团结②。

中国学者郭景萍认为情感的策略行为是一种通过灵活变通的方式，获得自我情感利益的满足或实现自我在情感世界中的目标。情感的策略行为能引起人的情感或感觉的改变，人们可以在自己的控制下产生感情。产生感情后，人们也可以通过一定的策略去抑制它，也可以反复修改自己的感情，让它符合内心文化方针。情感策略行为体现了人对情感可以进行自主管理，人可以自主控制自己的情感，个人可以为情感提供种种保护策略，为情感提供不同的盔甲③。王鹏认为当前中国社会处于社会资源分配不均、阶层和群体间流动不畅，无法获得稀缺资源的阶层和群体很容易处于焦躁不安、紧张惶恐、愤恨社会等消极情感状态中。这类情感会长期累积，不单会迅猛地在阶层和群体中弥漫，还会在代际间实现传递④。乐国安、薛婷认为在网络公共事件中存在的普遍情绪或共同信念是微观因素、中观因素、宏观因素交互作用的结果，是网民在实际生活环境、网络环境和群体环境的影响下形成的一些共同态度、情感或心理特征，它们是网络集群行

① COLLINS Randall. Conflict Sociology: Stratification, Emotional Energy and the Transient Emotion [M]. Albany: State University of New York Press, 1990: 54-65.

② SHOTT S. Emotion and Social Life: A Symbolic Interactionist Analysis [J]. American Journal of sociology, 1979, 84 (06): 1317.

③ 郭景萍. 情感的互动特质：交换、沟通与平等［J］. 江汉论坛，2007（09）：138-142.

④ 王鹏，侯钧生. 情感社会学：研究的现状与趋势［J］. 社会，2005（04）：70-87.

为发生的重要的前因变量①。王宁认为表情已经在网络中逐渐被符号化，成了一种形象塑造，是一种服务于某种目的的社会交往的符号工具和手段②。情感经由外界唤起，是自我、与他人互动、文化关系、社会结构综合作用的结果。

（三）群体情感的发生

古斯塔夫·勒庞认为集体环境中情感的渲染驱使着彼此不同的人逐渐在思维方式和行为方式上趋向一致，他们的行为变得越来越非理性③。在勒庞之后，布鲁默的循环反应理论、特纳的紧急规范理论、斯梅尔塞的价值累加理论、戴维斯的“J”曲线理论、格尔的相对剥夺理论等也都对情感的发生进行了阐述。凯斯·R. 桑斯坦（Cass R. Sunstei）在《极端的人群》中对群体心理做出了解释。他认为“社会隔离是造成群体极化的重要因素，当群体中出现地位较高的人物和权威话语时，地位较低、话语权较少的成员就会考虑放弃自己独有的信息而去迎合权威者或者群体的声音”④。巴赫金根据实际生活中狂欢节的一些特征进行理论抽象，首创了狂欢节理论，巴赫金认为个人融入群体中获得了前所未有的如同大海般不断奔涌的解放感和力量感。

二、情感动员及其网络发生

（一）情感动员

20 世纪 80 年代，随着文化分析兴起，情感研究逐渐得到社会学家的肯定。在资源动员理论受到批评的情况下，社会学家对动员理论进行了修

---

① 乐国安，薛婷. 网络集群行为的理论解释模型探索［J］. 南开学报（哲学社会科学版），2011（05）：116-123.

② 王宁. 略论情感的社会方式情感社会学研究笔记［J］. 社会学研究，2000（04）：122.

③ ［法］古斯塔夫·勒庞. 乌合之众——大众心理研究［M］. 冯克利，译. 北京：中央编译出版社，2014：20.

④ ［美］凯斯·桑斯坦. 极端的人群：群体行为的心理学［M］. 郭彬彬，译. 北京：新华出版社，2010：94.

正，再次肯定了情感在社会动员中的价值与意义。情感不只是作为一种资源而存在，而是作为文化要素起着重要作用。任何的社会动员事件都具有强烈的感情色彩，情感成为解析事件发生原因必不可少的因素之一。

社会运动和集体行为领域的理论视角，经历了从古典理论（以古典社会心理学的解释为主），到主流理论（资源动员取向），再到新的综合（社会建构理论）这三个发展阶段①。早期的古典心理学解释中，情感成了非理性集体行动的主导解释力量。勒庞在《乌合之众》中指出，作为群体行动的一员，他们的集体心理与他们的个人心理有着本质的差别，而且他们的心智也会受到这种差别的影响。智力在集体中不起作用，它完全处在无意识情绪的支配下。勒庞将集体情感视为一种可怕的心理，它强大的能动作用推动了集体行动的非理性。弗洛姆（Erich Fromm）也分析了从众行为中的情感因素，他认为个体在群体中被忽视、被原子化，个体逃避自由的原因在于缓解在群体中产生的紧张与压力②。虽然这些社会心理学肯定了情感的作用，但是，这些解释完全忽略了个体的能动性与理性，过于夸大了集体的情境力量。

在现代的"资源动员理论"解释中，"价值累加理论"赋予了"社会结构性紧张""集体抱怨"的主要地位。资源动员论认为，不满和抱怨是否成为集体行动由不满转化为集体运动的关键资源，主要取决于有没有能够积极地激发群众情感的资源（郭景萍，2006）。资源动员理论将情感视为一种新的资源，将参与行动者视为理性人。行动者看到了情感带来的利益，看到了情感可以作为推动集体行动的重要资源，可以令行动者体验到事件带来的情绪，由此根据情绪做出反应。

西方学者解释集体行动情感动员的机制过程中，认为存在冲突论和功能论之说。功能论强调"内聚力"的存在，它是一种对群体成员的吸引

---

① 刘能. 怨恨解释、动员结构和理性选择——有关中国都市地区集体行动发生可能性的分析［J］. 经济社会，2004（04）：56-70.

② 郭景萍. 集体行动的情感逻辑［J］. 河北学刊，2006（02）：81-86.

力。"内聚力"包括了社会情感要素，它解释了人们加入群体的主要动因在于群体具有能够满足人们情感需要的社会功能。冲突论认为在社会冲突中，情感被利益不公等刺激因素唤起。由于情感充满了价值色彩，因此在情感的驱动下，人们判断利益分配的公平与否。一旦利益受损，便会唤起人们情感中的愤怒逻辑，随后采取抗争或者冲突行动。特定的社会刺激会产生特定的情感，而这种社会刺激就是行动者的权力—地位关系。权力地位关系的不同结果引发了不同的生理过程，又进一步与不同的情感相关联①。文化规定了社会的权力—地位关系，情感作为一种社会存在、文化脚本的反映，它的满足、宣泄和释放，在不同的年代、阶层、文化和社会都有不同的接受标准和接受方式②。

虽然西方学者对情感作为社会动员动力的研究颇为丰富，但是情感因素在中国本土研究中一直未得到广泛重视。"一方面，源于传统社会学家恪守严格的社会科学的分工，把情感视为心理学领域，极少有人涉足；另一方面，又源于西方对于情感社会学的研究始于 20 世纪 70 年代以后，起步较晚，没有引起太多人注意。"③ 事实上，中国早期革命战争时代的政治动员就采用了情感动员方式，特别是中国共产党，他们发动群众投身革命，帮助人们明确革命方向，激发群众的革命积极性，在战斗中极大地增强了革命胜利的信心④。然而后来国内的学者忽略了社会动员中情感的力量，将情感研究主要集中在对"情感社会学"的发展脉络、理论框架、理论综述、研究现状等宏观方面，着重从"情感的社会根源"、"情感的社会化"以及"情感的社会后果"三个方面对情感进行社会学研究，忽略了情感作为社会动员资源要素的重要作用。

---

① 王鹏，侯钧生. 情感社会学：研究的现状与趋势［J］. 社会，2005（04）：70-87.

② 王宁. 略论情感的社会方式——情感社会学研究笔记［J］. 社会学研究，2000（04）：124-127.

③ 潘泽泉. 理论范式和现代性议题：一个情感社会学的分析框架［J］. 湖南师范大学社会科学学报，2005（07）：53-57.

④ 郑永廷. 论现代社会的社会动员［J］. 中山大学学报（社会科学版），2000（02）：22-28.

因此，本研究将重点集中于情感的动员上，将情感视为社会集体行动的文化社会要素以及动员资源。由于电子信息技术的发展，通过互联网与人们建立联系已经成为深受人们喜爱的一种动员手段。查尔斯·蒂利（Charles Tilly）指出，互联网在抗争政治中起到了重要作用，即“召集人们到某一地点参加示威行动”以及“协调在广泛地域内的许多地点发生的示威行动”。

（二）网络情感动员

网络动员是指，基于互联网技术的新型动员形式，主要通过网站、社区或论坛等形式发起①。从近年发生的一系列网络事件，如“贾君鹏事件”“唐骏学历门”等来看，网络动员的发生多为个体成员在互联网论坛爆出事件，引起公众注意，从而获得其他民众的跟随，使虚拟的互动在点击率的不断突破中得以实现。由于互联网动员的介入门槛低、成本低，信息也较为公开，因此很容易形成网络民众的聚集。网络情感动员是指在网络互动中，公众通过对事件本身具有的以及发展过程中携带的情感要素的知觉，唤起或者激发起对于网络事件的认知、态度和评价的过程。

在网络动员中，情感会使网络中的群体变得冲动、急躁。特别是在刺激之下，“孤立的个人具有主宰自己反应行为的能力，群体则缺乏这种能力”②。这种能力的缺失使群体易受暗示而轻信，以及个人对群体行为的模仿③。在言论环境较为宽松的网络媒体中，情绪化话语的表达更为极端。这些充满质疑与愤慨的话语虽是为公众利益大声疾呼，却因缺乏交往理性而扭曲了媒体公共领域的角色④。网络事件的发生代表的就是人们热爱与

---

① 俞鸿. 网络动员：如何从虚拟到现实？[J]. 东南传播，2010（01）：79-80.

② [法] 古斯塔夫·勒庞. 乌合之众——大众心理研究 [M]. 冯克利，译. 北京：中央编译出版社，2008：21.

③ 陈力丹，吴薇. 网络语境下的情感与理智——以网上抵制“家乐福”事件为例 [J]. 信息网络安全，2008（06）：25-27.

④ 郎倩雯. 突发公共事件媒体议题传播与公共领域建构 [J]. 青年记者，2010（05）：16-17.

憎恨的情感交锋，它不仅能够成为当时舆论的焦点，也可以作为全民情感狂欢、情感动员的典型场所。事件发生之初，网络中群情激奋，网民通过论坛、微博、即时通信等平台表达愤怒等情绪，但是随着事件的进一步发展，特别是新的媒介事件发生时，前一段时间的热论逐渐被搁置，直到冷却。

三、研究案例的选取及分析

根据网络事件的三个特征：冲突（Disruption，表现为灾难、恐怖、战争）、幻想破灭（Disenchantment）和脱轨（Derailment）①，本研究所选取的个案是发生于新浪微博的“格斗孤儿”事件。在诸多网络公共事件中，持续时间久、社会影响大，情感上又经历了重大的转折，当属该事件。该事件背景如下：

2017 年 7 月 20 日，一段名为“格斗孤儿”的视频由梨视频发布并在全网热传，引起网络哗然，该视频微博就有 8600 余条评论，纷纷谴责收养孤儿的格斗俱乐部。7 月 25 日，四川省教育厅对该事件进行了定性，所有孤儿将带回凉山，重返校园。8 月 16 日，一条名为“阿杰被强行按手印，哭成泪人不愿离开”的微博视频把事件推向了高潮，参与格斗的孩子们不愿意离开俱乐部，回到凉山。9 月在政府帮助下，部分孤儿重返凉山，并得到妥善安置。12 月 23 日，事件出现了反转，之前收留孤儿的格斗俱乐部取得了体校资质，曾经被“遣送”的孩子们可以继续回俱乐部训练与学习，俱乐部还将扩招生源。事件至此结束。

对此案例的分析将采用内容分析法。它以定性的问题假设作为出发点，利用定量的统计分析方法和工具对研究对象进行处理，其最终结果是从统计数据中得出的定性结论。这种方法是通过研究话语、文本等内容，

---

① ［美］丹尼尔·戴扬，伊莱休·卡茨. 媒介事件：历史的现场直播［M］. 麻争旗，译. 北京：北京广播学院出版社，2000：1.

从资料中发现行为模式、价值和态度。具体的操作是使用网络爬虫软件从新浪微博上搜集抓取在 2017 年 7 月 20 日至 9 月 2 日期间，中国新闻网和王志安有关“格斗孤儿”事件微博的 11016 条纯文本评论采用专业工具进行文本的情感分析和话语分析。

情感分析是通过 ROST Emotion Calculator1. 9. 0. 4 对爬虫取样的 11016 条纯文字微博评论进行，软件根据微博纯文本评论的语义规律给每一条评论进行赋值，通过值的大小来判断情绪的积极与消极，准确率可以达到 80%以上①。赋值中［-5，5］值属于中性情绪，大于 5 为积极情绪，数值越高，情绪越积极；反之小于-5 为消极情绪，数值越低，情绪越消极。通过“最”情绪查看功能，可以对文本的情感数值进行逐条排序，得到每条具体的情感值大小和排名。

话语分析是通过个案研究和文本分析法实现的，以话语分析为重点。回顾了“格斗孤儿”事件的经过和结果，通过对事件发生过程中新浪微博网民评论进行剖析，描述了事件不同发展阶段网民语言使用和话语带来情感共鸣的情况，以探寻该事件中情感动员的具体策略。

国内有学者提出集体行动的情感发生路径：结构性助长——情感发端阶段；结构性紧张——情感磨合阶段；结构性互动——情感协调阶段；结构性调节——情感衰退阶段②。根据 11016 条纯文本评论的分布情形，结合网络集体行为的路径，将“格斗孤儿”事件粗略划分为三个阶段即“爆发期”“高潮期”和“余波期”。对三个阶段中网民的话语进行了较为深度的剖析。③

（一）爆发期（2017 年 7 月 23 日—2017 年 8 月 15 日）

“格斗孤儿”事件的起源标志为微博用户“梨视频”于 2017 年 7 月

---

① 黄文森. 对微博时代网络集群行为的实证研究——以“南京梧桐树”事件为例［J］. 文化与传播，2013（03）：19-24.

② 郭景萍. 集体行动的情感逻辑［J］. 河北学刊，2006（02）：81-86.

③ 本案例中的话语分析由姜博仁协助完成。

23 日发布的关于成都波恩格斗俱乐部利用凉山孤儿进行格斗比赛的视频。视频中出现了大量年幼的孩子，他们戴着拳套，有些挂了彩，在聚光灯下的擂台上互相搏击。这段视频被包括中国新闻网在内多家知名媒体转发，并成为热搜。在网民的评论中，“孩子”“回去”“政府”“孤儿”“教育局”等成为评论热词（表 10-1）。

表 10-1 爆发期微博评论共现词表

排序	词语	频次
1	孩子	2045
2	俱乐部	616
3	格斗	425
4	回去	398
5	政府	395
6	出路	329
7	孤儿	304
8	教育局	289
9	读书	260
10	赚钱	254

这一阶段已经出现两种对立观点（表 10-2），即支持送回当地进行教育和继续留在俱乐部生存，占多数的为第一种观点，情感表达主要是对政府、教育局管理缺失的愤怒和对孩子不幸遭遇的强烈同情。第二种观点的情感表达主要是对媒体多管闲事的批评，对媒体不了解凉山实际情况而“断绝”孩子活路的愤怒。通过 ROST Emotion Calculator1. 9. 0. 4 的情感计算，“爆发期”阶段中性情绪占 0. 73%，消极情绪占 65. 91%，积极情绪占 33. 36%。

表 10-2 "格斗孤儿"事件爆发期微博情绪评论

	消极情绪微博评论举例	情感值
辱骂	你们一个曝光断送了 40 个小孩的前途，都是一群没爹没妈的娃，试问学校能教好？试问学校会包吃包住包穿？	-25.0
埋怨、厌恶	有理想有目标这不好吗？一头扎进大山这一辈子还有多少出路，至少在这里可以训练一项求生的技能，现在他们的梦想都被你们的键盘给破灭了	-39.8
质疑媒体和政府	未来的拳王金腰带就这样被某些媒体和愚昧的舆论给毁了	-36
"格斗孤儿"事件爆发期微博积极情绪评论		
支持	不错不错，其实这样也好，最起码比瞎混要好，感觉这里再加点文化课就完美了。说用孩子盈利，只要他们打比赛时规则合理能保障安全的前提下完全可取，这样比赛孩子们才能更进取	98.44
倡议	希望有技术的人员编辑一个募捐的链接，首先这个募捐的去路必须明明白白，经常在朋友圈呀什么地方都会看到一些经过实名认证的看病方面的募捐，此次为凉山的孩子们募捐何尝不是一种心灵的治疗。此评论仅代表我个人的想法，文笔比较幼稚或者不专业，但是这段话的意义我希望广大网民们能懂	48.4
理性	当地的政府部门应该结合一个客观的实际，就事论事、实事求是，提出一个符合实际的、合法的、可执行的、满足各方意愿的方案，如担心孩子受到侵害，那就长期监督武馆，保护孩子的权利；担心思想就亲近他们，多和他们交流。	52.5

网民通过网络留言、网络审判等形式参与网络事件。在表达个人情感的同时，也渲染了事件的主体基调。事件中洋溢的情感成分以消极情感为主，并在"厌恶—埋怨"、"愤怒—强硬"和"质疑—悲情"三个维度中

体现了高强度的分布。总体来说，网民的悲情与愤怒是该时期的主要情感表达。网民主要对政府部门、媒体进行了尖锐的批评，其中也不乏对波恩俱乐部的后台揭露。

在此阶段，网民首先采用视觉形式（可通过百度查阅相关截图），直接唤起了民众的愤怒。发帖者将一切都设计好，不仅就问题而言，而且包括表达思想的方式。他们通过剪辑等视觉处理方式，引发、引导整个思维过程。这种视觉化强化了事件参与者的视觉体验，增强其心理参与，将愤怒的低强度升级为高强度，表现出嫌弃、厌恶、轻视、狂怒、义愤填膺等情绪。罗兰·巴特在《明室》中曾使用过“刺点”和“知面”两个术语：刺点是指观看者在观看照片等图像时，突然间获得的感受，这种感受是偶然的、是不期而至的；知面指的是观看者对所看之物产生兴趣，想去理解照片的意义以及与自身主体性之间的关系。在本事件中，参与者就是通过观看、评论、表达愤怒来实现自身在社会文化结构中的身份复苏。

（二）高潮期（2017 年 8 月 16 日—2017 年 8 月 23 日）

“格斗孤儿”事件高潮发生的标志是 2017 年 8 月 16 日一条名为《阿杰被强行按手印，哭成泪人不愿离开》的视频微博，该时期的微博评论量达到峰值。视频中孩子们哭泣不愿离开波恩俱乐部，但是仍被强制按手印并带离。在网民的评论中，“孩子”“政府”“回去”“格斗”“键盘侠”“社会”“命运”成为评论热词（表 10-3）。

表 10-3　高潮期微博评论共现词表

排序	词语	频次
1	孩子	2786
2	政府	697
3	回去	685
4	格斗	483
5	键盘侠	455

续表

排序	词语	频次
6	媒体	351
7	未来	323
8	社会	316
9	命运	288

这一阶段中网民对媒体多管闲事、对政府处置不当、对当初支持送回孩子的网民的谴责成为主导，事件发展方向产生了变化（表10-4）。通过ROST Emotion Calculator1.9.0.4的情感计算，“高潮期”阶段中性情绪占0.63%，消极情绪占78.42%，积极情绪占13.38%，仍以消极情绪占主导，较爆发期消极情绪比重增加。情感上总体与爆发期相同，仍是消极情绪占主导。但与爆发期出现两种观点对立情况不同的是，高潮期出现了一边倒的情况。通过当事人的“悲情式抗争”和部分网民对凉山贫困情况的“渲染”，网民们发现孩子心里是愿意留下来的，不再支持把孩子送回凉山。孩子离开时的悲情情境，激发了网民的愤怒情绪，网民使用感情色彩浓烈、程度剧烈的词语对文本进行修饰，力图突出文本情感的深刻表达，使得该阶段在情感上更为激进和消极。

表10-4 “格斗孤儿”事件爆发期微博消极情绪评论

消极情绪表现	微博评论举例	情感值
愤怒、无奈	所谓的爱心，只是为了满足自己的虚荣，然而这些不实在的东西，代价却是这些孩子的生活和命运。可悲，我们这些基层人民除了谴责他们，根本没有地方可以为他们主持公道，我们只能悲伤地看着，真的很心疼	-93.28
厌恶	反正无论怎么做，最后都可以转嫁责任骂政府	-24.6
质疑、辱骂	为了博关注度故意引导，生生断了人孩子一条出路，大凉山的贫困很难短时间内得以改变	-83

“对于那些拥有较少资源的人来说，如果他们在社会中失去了更多的资源，他们将会回顾以往的‘好日子’，形成对整体社会概括的愤慨。”①由于社会偏见的长期存在，人们按照脑海中形成了的文化脚本，提取出图式和概念，帮助人们组织和理解世界，甚至填补新知识的空缺。但是，这种整体的社会概括通常是刻板的、有失公允的。社会结构导致的资源分配不均、权力不平等使广大公众积累了诸多怨气与愤怒。普遍的社会问题极易引起大家的共鸣，在人们无法实现自身角色期待的情况下，只能够紧握住“社会放大镜”，寻找任何一个可供情绪发泄的出口和细节。无论格斗孤儿事件发生与否，人们都会利用网络媒体这一更自由的方式将愤怒等悲观情绪注入任何社会事件的过程中。“格斗孤儿”事件爆发期微博积极情绪评论如表 10-5 所示。

表 10-5 “格斗孤儿”事件爆发期微博积极情绪评论

积极情绪表现	微博评论举例	情感值
理性看待	作为当地政府民政和教育部门，应该多多理性地看待分析格斗孤儿事件，我们的帮扶工作要精准，要既有物质帮助的温度，又要有精神关怀的高度，不能只尽力而不尽心，对于孩子，一切缺乏思想精神点关注的帮扶也许都是“大水漫灌”，一个完整而快乐的孩子心理状态比一笔帮扶资金也许更重要	68. 14
祝福、安慰	你要好好的，阿杰，不要太过执着以前，好好的，好好的，好好的，保重	64. 16

该事件高潮期后话题迅速转冷，主要是由于事件没有新的进展，网民的情绪缺少进行唤起的刺激，同时该时期发生了“九寨沟地震中的最美逆

① ［美］乔纳森·特纳，简·斯戴兹. 情感社会学［M］. 孙俊才，文军，译. 上海：上海人民出版社，2007：207.

行”等政府参与情感动员的事件分流了该事件的热度。高潮期后至消亡期前评论数量很低，所发评论也主要为对事件解决进展的问询。

（三）余波期（2017 年 11 月 23 日—2017 年 11 月 30 日）

“格斗孤儿”事件产生余波是因为 2017 年 11 月 23 日微博上出现了有关当事的波恩俱乐部在政府支持下获得了体校资格的消息，那些被强制带回的孩子们可以继续回来训练和学习，毕业后还能获得国家承认的学历。

问题的圆满解决使网民的情感发生了转折，网民评论主要以“太好了”“加油”“正能量”等积极情绪为主（表 10-6）。通过 ROST Emotion Calculator1.9.0.4 的分析，该阶段积极情绪占 81.9%，消极情绪占 13.38%，中性情绪占 5.56%。

表 10-6 “格斗孤儿”事件消亡期微博情绪评论

	消极情绪微博评论举例	情感值
埋怨、厌恶	键盘侠还在博主评论里沸腾呢，在他们眼里这又变成政府给恩波打工了	-26.61
	“格斗孤儿”事件消亡期微博积极情绪评论	
祝福、鼓励	加油，中国格斗。加油，中国格斗人	34.26
点赞	结局真的满满正能量，点赞	42.12

该事件的圆满解决，使事件的热度迅速下降，同时期还发生了“红黄蓝幼儿园虐童”事件，也使得该事件热度迅速降温。

四、情感动员的策略分析

情感动员不是自然生成的，要唤起和激发网民的情感，必须对情感动员进行策略化运作，采用具体动员策略对事件进行呈现和构建，在网民群体中形成集体认同和情感认同。对于网络公共事件中情感动员策略的研究，白淑英、肖本立认为情感动员的策略主要有五种：“情感转移、悲情弱势、反诘戏谑、情感交换和自我认同。”① 郭小安认为情感动员策略主要有身份与情境虚构、围观与造势、舆论谴责、舆论审判、线下动员等②。杨国斌认为有两种情感动员的策略：一为悲情，针对的是挑战良知，激发愤怒，引起共鸣，呼唤同情的社会不公；一为戏谑，其对象是当代精英文化和主流价值，反映草根文化（亚文化）与霸权文化之间的价值冲突③。郭小安、王木君认为情感动员策略有形象塑造、情景渲染、谣言构建、戏谑恶搞、话语强占以及人肉搜索④。严常坤认为在网络公共事件中有悲情、愤怒和戏谑三种动员策略⑤。本研究采用文本分析的方法，利用网络爬虫和 ROST Emotion Calculator 对不同阶段的微博纯文本评论进行了分析，力图呈现在“格斗孤儿”事件中存在的情感动员策略。

（一）情境呈现策略

在“格斗孤儿”事件的爆发期，中国新闻网等微博普遍采用了“视频+文字”的方式，呈现出悲情的“孤儿”和残酷的“格斗”间的强烈反差，演绎了一台弱者为求生存而以命相搏的“悲情剧目”。这种方式给旁观者呈现了一幕悲情的情境，使得天南海北的网民被集聚在共同的情感体验中。悲情的情境既唤起了人们对弱势群体和悲情人物的同情，又激起了网民对“社会不公平”的愤慨和怨恨以及对当地政府不作为的强烈不满（表 10-7）。该事件进入高潮期后，当孩子们被强制带走时“泣不成声”的悲情场面在视频上广为传播，使人们意识到孩子愿意留下来格斗，甚至说回去比参加格斗更加悲惨，对于送回孩子的认知发生了转变。孩子离开

① 白淑英，肖本立. 新浪微博中网民的情感动员［J］. 兰州大学学报（社会科学版），2011（05）：60-68.

② 郭小安. 网络抗争中谣言的情感动员：策略与剧目［J］. 国际新闻界，2013（12）：56-69.

③ 杨国斌. 悲情与戏谑：网络事件中的情感动员［J］.（香港）传播与社会学刊，2009（09）：39-66.

④ 郭小安，王木君. 网络民粹事件中的情感动员策略及效果——基于 2002—2015 年 191 个网络事件的内容分析［J］. 新闻界，2016（07）：52-58.

⑤ 严常坤. 社交媒体下帝吧出征事件的情感动员研究［J］. 视听，2017（08）：160-162.

时的哭泣，立即博得网民的同情、关注和热议，人们纷纷加入谴责媒体的行列之中。同时也由于政府处置方式的不恰当，对政府的谴责也较之前谴责不作为时更加强烈，甚至上升到对上层建筑的质疑（表10-8）。

表10-7 “格斗孤儿”事件“爆发期”网民的评论

评论举例	情感值
挺可怜，但还是觉得有一技之长挺好的	12.6
没报道之前，问题就不存在吗	-3.3
这个社会本来就是这样不公平，有的人生下来就没有好资源，他们的路天生很坎坷	-9.0
这样的事情为什么有关部门，不管还支持？这么小的孩子价值观还没有成熟，这个学校根本就没有教孩子道德，这样做太可怕了	-14.46
生活，总是充满各种无奈与迫不得已。有些权利，你无法拥有	-16.3

表10-8 “格斗孤儿”事件“高潮期”网民的评论

评论举例	情感值
当地的相关部门干得真棒	11.0
怎么连义务教育也保证不了	-4.4
有一种作戏的感觉	-6.0
那个教育局处理方式有问题，寒心	-19.2
等到这些孩子长大以后有的会犯罪。那时候有人又会再次站出来，谴责这些犯罪的孩子，谴责他们不懂得回报社会，顺便描述自己当年舍身救幼童的英勇事迹	-71.7

这种把现实中某种情境展现给想要动员其加入该事件的旁观者的方式，被称为情境呈现策略，它将“脱域”的人们带进同一场域，把人们集聚到共同的情感体验中。“格斗孤儿”事件中微博用户普遍采取了

“视频+文字”的方式进行情境呈现。无论是何种情境呈现，其目的都是明确的，即通过某种情境的呈现达到获取一定形式的支持，而这种情境在情感上有悲情、有愤怒、有失望等。通过上述分析，在该事件中主要的情感为悲情和愤怒。

悲情的情境呈现利用了人们往往同情悲情人物的社会心理，而愤怒的情境呈现使网民情绪有了一个宣泄口，道德失范、行为越轨等现实事件容易引发人们的愤怒情绪。对贫富悬殊、阶层固化、社会不公的心理认知，使得怨恨的消极心理在网络空间里蔓延，怨恨和愤怒的心理产生行为动员效应，网民持续对事件保持关注，进一步引发了人们内心的消极情感。

除了进行场景的呈现，在情境呈现的动员策略中构造悲情人物或憎恶人物同样重要。社会角色是指在社会系统中与人们的社会地位和身份相关联的一整套个人行为模式。因此，角色是否符合社会期望成为角色构建的关键。人们对事物的认知、态度和评价通常带有主观预设，弱者的悲情往往会唤起人们的同情与怜悯，而强者的恣意妄为则会激发人们的不满与愤怒。这些认知、态度和评价在事件发生后往往会弱化事件的当事人，而直接反映其代表的群体身份和其背后反映的社会现实、社会问题。在“格斗孤儿”事件中，人们对“孤儿”“商人”“媒体”有一种主观的角色预设，网民对“孤儿”的同情，使其以结果为导向谴责一切在结果上损害孤儿利益的群体，而网民对部分媒体缺乏道德底线的情况进行无限制放大，使本来动机上关注弱势群体的媒体成为网民指责的对象。

（二）情境渲染策略

在“格斗孤儿”事件的爆发期存在大量煽情化叙事，事件的主体是来自四川凉山州的孤儿们。网民们在此基础上对事件主体进行了更深一步的渲染（表 10-9）。

表 10-9　网民对凉山州当地情况的渲染

评论举例
回到落后的大凉山
为什么不能让孩子在好的环境下成长
似乎是 1942 年的调查报告显示，年均上的税其中大部分出自西康，也就是大凉山一带。至于国民党政府上了多少税，没办法知道，1950 年的时候，邓小平在这里两个月烧掉大烟六千万还是七千万
一批经过专业训练的打手要回到社会了
非得把人逼死才甘心吗！简直不是人！大凉山是个什么样的地方麻烦不懂的人查查，不是普普通通的贫穷落后，因为语言不通，教育水平差，融入不了外界社会使有些人走上犯罪道路

这些表述把一个贫穷落后的凉山州展现在网民眼前，使得不懂凉山州情况的人们也大致了解到凉山的情况。凉山州的情况也成为这些网民支持俱乐部的缘由。他们与支持回去读书的网民呈针锋相对之势，网民的情绪被完全点燃。“格斗孤儿”事件“爆发期”中不同立场双方评论如表 10-10 所列。

表 10-10　“格斗孤儿”事件“爆发期”中不同立场双方评论

支持继续留在俱乐部的评论	支持回到凉山的评论
孩子们的命运被改写，再次过上只能吃洋芋的困顿生活，没有任何前途可言，长大以后在此重复父辈的命运。练武起码心中还有个梦想，有追求。回家后全部都没了。硬拽着孩子的手摁手印，很残忍，这一摁，孩子的命运毁了。孩子的哭声是对命运的抗争，但很无力	我觉得，把孩子带回去是必须的，毕竟未成年人保护法和义务教育摆在那，有法可依的时候还是尽量不要谈情感，我们更应该关注的是，孩子们被当地政府带回去之后，是不是真正地落实了相应的扶贫政策以及对孩子关怀的责任

续表

支持继续留在俱乐部的评论	支持回到凉山的评论
之前的视频采访这些孩子，记得他们说的，回去了，就只能吃洋芋了，在这可以吃到肉和牛奶	宪法规定义务教育完成了再来，别煽情了，就一条格斗路可以走？他们过两年想去哪不可以
这些孩子回去之后也许会放牛，也许会出去打童工，但真正能回去接受当地“九年义务教育”的，我敢说寥寥无几。当地教育部门完成了公关任务，网友觉得自己拯救了这些孩子，可我觉得这些孩子真的被毁了	远离暴力没有毛病，只是看带回去后当地能否妥善给予教育和保障，义务教育是国家强制的，多少人小时候不想上学的时候也哭过。媒体要有基本操守，有条件地进行舆论监督，而不是引导网友，在键盘上决高低
送回去一条挺好的出路就这样断送了	义务教育是必须要完成的
不难想象回去以后，他们很难有出路	接受义务教育，应该送回去读完九年义务教育，再去少林寺

当事件进入高潮期时，对媒体、对支持孤儿回凉山的网民的批评成为主流的情感表达，这些情感表达主要是通过“污名化”实现的。污名是一个重要的社会心理学概念。对于这样重要的一个概念，一些著名的社会心理学家都有相关的研究。戈夫曼（Erving Goffman）认为污名是个体所具有的一种不被信任和不受欢迎的特征，这种特征降低了个体在社会中的地位，使他从一个完美的、有用的个体变成了一个有污点和丧失部分价值的人①。维纳（Bernard Weiner）认为污名是包含所有知觉或推断偏离规范情况的标记或符号②。戈夫曼的定义强调的是个人的特征，正是具有这些特

① GOFFMAN E. Stigma：Note on the management of spoiled identity [M]. Englewood Cliffs, NJ：Prentice Hall，1963：1-10.

② ［美］B. 维纳. 责任推断：社会行为的理论基础［M］. 张爱卿，等译. 上海：华东师范大学出版社，2004：51.

征的个人才带有污名。维纳的定义更加强调知觉这一心理因素，他认为只有通过知觉推断才会使一个人带上污名这一标签。前一个定义忽视了污名标定的心理过程，而后一个定义则忽略了污名个人的特点。因此需要寻找对污名更为权威的界定。目前最有影响力的定义是林克和费兰的界定，他们认为污名就是“指在一个允许污名各种成分显露的社会情境中，贴标签、刻板印象、地位丧失和歧视同时发生的情况”①。该定义不但强调了污名者个人所具有的各种特征，而且也强调了污名的社会标定过程。

污名者被标定的过程大致有三个阶段：首先，个人或群体表现出了某种不受主流人群所欢迎的特征，如身体的缺陷、行为的怪异以及危险的品质等。其次，这些不受欢迎特征的拥有者被观察和分析，看这些不受欢迎的特征是否是恒常的。最后，对具有恒常负面特征的个人或群体进行标定。污名标定的过程能够实现一些特定的心理功能，包括提升污名标定者的自尊心、优越感以及提高对群体的认同感等。因此，人们是比较喜欢进行污名标定的。污名化反映了“一个社会群体对另一个社会群体的一种单向命名的权利关系”②。

媒体主张送回孩子，该行为被网民观察到，于是网民们责备媒体和支持当初送回孩子的网民（表 10-11）。通过这种污名化，网民会对这些群体产生反感和抗拒，同时赋予自身在动员行动中的合理性和合法性。

表 10-11　“污名化”和“贴标签”微博评论

评论举例
好像送孩子们出来的那个官员都被停职了！
孩子本来就可怜，现在唯一的希望又破灭了

① LINK B G，PHELAN J C. Conceptualizing stigma［J］. Annual Review of Sociology，2001（27）：363-385.

② 张妍，冯健. 城乡二元体制下的市民对农民工群体污名化现象解析［J］. 黑龙江社会科学，2011（06）：137-141.

续表

评论举例
看了真的挺心酸的，格斗的孩子们回到凉山能拥有什么？只是希望那些孩子们回去能拥有一个好的未来，别被生活压力所害
只能说这些媒体，没有弄清状况就介入

煽情化叙事和污名化构成了情境渲染动员策略的基本方式。通过此方式，进一步突出事件中的戏剧性和冲突性，以此来激发网民的情绪。情境渲染加剧了“群体极化”的程度。凯斯·桑斯坦认为“团体成员一开始即有某些偏向，在商议后，人们朝偏向的方向继续移动，最后形成极端的观点”。在该事件中，网民通过对事件进行评论相互交流，支持某种观点的人一开始便有某些偏向，他们受到与之有相同观点的人的支持，所持观点得到强化，继续向这种观点偏移，最终形成极端观点。

（三）集体认同感策略

在“格斗孤儿”事件中，“我们”一词反复出现，网民们通过“我们也有孩子”“如果我们是那些孩子”的话语，潜移默化地使格斗孤儿与普通网民建构了“我们”的共同体。“我们”是和孩子一样处于社会弱势地位的群体。“我们”追求社会的公平正义，对俱乐部利用孩子挣钱、对政府管理缺位感到愤慨，并希望事件得到妥善的处理。“我们”的构建使得网民不再是冷眼旁观的看客，而是事件的经历者和相关方。另一方面，构建“我们”的同时必然需要构建“他们”，“他们”是与“我们”相对立的概念，“他们”或是俱乐部，或是管理缺位的政府教育部门（表10-12）。“我们”有了“他们”这种“敌人”，从而在正义感和责任感的驱使下参与到情感动员中去。

表 10-12 “格斗孤儿”事件“爆发期”中不同立场双方评论

构建“我们”的评论	构建“他们”的评论
我们都叫阿杰	波恩俱乐部，是为谋利而生的
将心比心，换位思考，如果我们是那些孩子，遭到这样的对待，能不产生消极思想、情绪吗？请客观、实事求是地说	难道就不能干些漂亮事吗
加油，我们不要放弃	地方政府管理混乱，孩子们是权力争夺的牺牲品
我就是凉山西昌的，现在在迪拜。我家乡发展落后，我们很多同学上大学以后都不愿意回去了	看不到的是“解救”，看到的是绑架；听到是满口承诺、看不到的是允诺的真假；看到的是教练和孩子的眼泪、看不到是家属和相关人员的愧疚……
拥有话语权，结果就是那样	关心孩子很好，我们支持。请从孩子的实际情况和真实意愿出发，看待问题。可怜的这些很有可能成为拳王的孩子，被逼放弃梦想。我记得小伍说过，他想为国争光

在该事件中，情感动员的过程是构建二元对立的过程。构建二元对立的核心任务在于构建集体认同感。“为了形成集体认同感，一个群体必须把自己界定成为一个群体。”在构建的过程中，“我们”和“他们”都被赋予了特有的含义①，并将其对立开来，从而能够挑动网民的情感、引发共鸣，进而强化动员力量。可以说二元对立过程和集体认同感的构建是情感动员能否成功的关键所在。

（四）戏谑反诘策略

“在互联网大气候的影响下，恶搞一族似乎不满足于追求单纯的娱乐，

① 孙玮.“我们是谁”：大众媒介对于新社会运动的集体认同感建构——厦门 PX 项目事件大众媒介报道的个案研究［J］. 新闻大学，2007（03）：140-148.

而逐渐把矛头指向社会主流文化以及时事敏感地带，恶搞意识形态，以至作品的创作丧失了文化道德的底线。”① 戏谑是指用滑稽风趣的言语开玩笑，有时还带有揶揄嘲弄的意味；反诘的近义词为反问，与反问不同的是它还具有追问、责问的意思。在“格斗孤儿”事件中，网民除了理性地对政府进行质疑，还不乏一些戏谑的反话正说的方式。网民用这种方式表达对政府的愤怒，同时也达到了宣泄情绪、释放心理压力，吸引网民参与的效果。网民谴责媒体和部分网民同样是采用了反话正说的方式。除了戏谑的反话正说外，反诘同样也可以达到宣泄情绪与心理压力，同时吸引网民参与的效果。

戏谑反诘是一种娱乐化的动员策略，引发戏谑反诘的主要诱因是对现实的无奈，这种无奈与现实中对言论的高压管控密不可分，大量的词语成为禁词，发表一些言论还会遭遇“无妄之灾”，网民不得已采用一种戏谑反诘的方式表达。这种表达策略除了在语言上规避风险，达到了幽默风趣的意味外，同时它还具备社会舆论监督的功能。

网民通过戏谑反诘的形式将网络公共事件呈现，一方面，对事件或者人物进行讥讽、批评，通过网络空间里的嬉笑怒骂进行恶搞狂欢，并借此把情绪进行宣泄。另一方面，经由戏谑反诘的表达策略，不断地吸引网民关注和参与到网络公共事件中来。

（五）道德审判策略

道德审判是指经由社会舆论、网络媒体等方式对个人或群体的品格、行为是否与传统文化、生活习惯等品德规范相吻合进行的评判，道德审判的目的是敦促个人或群体在舆论的压力下回归道德规范。伯纳德·维纳曾做过这样一个隐喻：生活像个“审判庭”，在那里人与人的戏剧在上演，在那里我们与他人之间相互判断，获取信息来确定因果关系和责任，允许自我防御，进行审判和有条件的假释等。因此，人们总是将自己视为有权

① 李蓓. 从“网络恶搞”现象看网络传播娱乐化的舆论导向［J］. 东南传播，2007（07）：78-79.

力判断他人的人，认为违背公正的人必将遭受审判。维纳提出的责任推断模型①如下：

事件 → 可控性归因 → 有责任 → 生气 → 责备、报复和忽视等

事件 → 不可控性归因 → 无责任 → 同情 → 不责备、不报复和帮助等

责任程度判断的决定因素是可控的行为是否被知觉为有意的行为或出于疏忽。网民普遍认为造成该事件是梨视频有意而为的结果，因为他们想要从中获得关注，甚至还试图追求多种能够带来利益的行动。梨视频肆意夸张格斗场面的血腥与暴力，完全不顾及其所发生的情境，相关管理部门的疏于管理以及真实内幕，这些都使网民知觉到媒体和管理部门对事件的责任程度是深刻的、严重的，因此网民的审判力度也应该随之加大。

当网民审判后便产生了巨大的情绪反应，这些情绪包括由欺骗产生的愤怒、悲伤、戏谑和挫折情绪，其中消极情绪成为对事件的最大反馈。事件打破了既存的道德规范，其蛊惑行为和欺骗行为被视为一种对积极行为的背离。同时他们并未履行对事件的责任，采取了较为消极的措施进行弥补，这些行为使更多的网民体验到生气、责备和愤怒。消极的情感体验使网民力图"排除"犯错误者，并采用攻击行为对当事人进行报复，取消对他们的友好表示，与其保持更远的距离。"格斗孤儿"事件中，相关媒体受到了强烈的谴责，最早报道该事件的梨视频成为众矢之的。除了"指名道姓"指责媒体外，还把谴责俱乐部的网民称为"键盘侠"（表 10-13），站在道德的制高点谴责对孩子们造成伤害的媒体、政府和一部分网民。事实上媒体的动机是善意的，关注弱势群体无可厚非，但是在结果为导向的网民眼里，梨视频这篇报道造成了孩子不得不放弃格斗，再一次回到贫困的大凉山，在事实上伤害了孩子。这种对媒体在品德层面的指责其实是一种道德审判的动员策略。

① ［美］B. 维纳. 责任推断：社会行为的理论基础［M］. 张爱卿，等译. 上海：华东师范大学出版社，2004：12.

表 10-13 道德审判的微博评论

评论举例
我真想去问候一下报道这事的记者
未来的拳王金腰带就这样被某些无知的自媒体和愚昧的舆论加上地方政府管理的失范给毁了
你们把他们送回去了？然后呢？你们开始下一个舆论话题。而那些孩子呢？啃着馒头，吃着野菜，跑十几里山路读着一辈子都不知道走得出走不出山沟的书
没有调查清楚就乱写一通的记者应该被查班
为什么不找出那个报道的记者
到底是谁当初非要让孩子回大山，能不能找出来
这个时候难道不应该找出最开始挑起这个事拍视频曝光事件的那个媒体人吗

道德审判在维护道德规则上往往具有正面作用，但是由于群体极化、道德盲视等原因，经常发生有失公正的情况，使道德审判演变为网络暴力行动①。在“格斗孤儿”事件中，网民的道德审判偏离了公正性，单纯的结果导向使其演变成为一种道德责难、道德绑架，使政府和媒体承受了巨大压力。但客观上正是由于这种压力，使得政府纠正了之前“一刀切”的处理办法，更加积极妥善地处理此事，使“格斗孤儿”事件获得了圆满解决。

通过研究发现在网络公共事件中情感动员策略有情境呈现、情境构建、集体认同、戏谑反诘和道德审判五种。情感动员策略一方面可以监督政府行为，促进事件解决，充当了弱势群体的“保护伞”，但另一方面它加剧了“群体极化”的程度，促使了网络语言暴力的产生，使网民们陷入了“群氓”的境地。

① 刘玉梅. 网络道德惩罚的公正性分析［J］. 道德与文明，2010（05）：127-130.

在“格斗孤儿”事件中，政府行为受到了网民情感表达的影响，政府对事件的处理又对网民情感的方向起到决定性作用。两者互相影响、互相作用，最终促使事件得到了圆满的解决。因此，面对网络上群情激奋，网民群体情绪失控的情况时，政府和网络意见领袖们适当地情感引导和调控是很有必要的。不能一味地采取“高压管制”的措施，要减少对网民的训导，多站在网民的立场上考虑问题，及时了解网民们情感宣泄背后的诉求。对于发挥情感动员的积极作用，避免其消极影响，可通过政府公信力的提高，社会矛盾的缓解，底层情绪的抚慰以及制度化参与渠道的完善等举措来实现。

第十一章

撼动人心——网络道德情感及行动分析

在网络上，“道德危机”“道德滑坡”“道德沦丧”之类的说法一度流行。在这个时期，对中国道德前景的关切与担忧就成为主要道德情感之一。本研究主要关注道德焦虑。随着网民人数的壮大和网络空间重要性的与日俱增，现实社会中的道德焦虑心态定会蔓延其中。道德焦虑在网络空间中的表现形式以及后果如何就成为急需研究的问题。因为只有正确把握了广大网民的道德心理状态，才能有针对性地进行网络道德建设，才能提升网民的道德水平。

一、道德焦虑发生于网络的可能性

（一）道德焦虑是什么

最早对道德焦虑进行界定的学者是弗洛伊德。他认为道德焦虑是指当个体的思维、感觉或行为违反了自己最初的价值或道德标准时，超我所制造出内疚、羞愧以及自卑感等情绪的总和①。该定义把道德焦虑视为与羞耻感、内疚感等同的存在，没有凸显道德焦虑的独立个性。自从弗洛伊德提出道德焦虑的概念后，学术界对道德焦虑大致有两种看法：一是着重于这一偏正词组中的“焦虑”心态，视道德为焦虑的原因，从而将道德焦虑视作是一种心理困扰；二是将“道德”当作焦虑的结果，使道德焦虑具备

① ［奥］弗洛伊德. 论文明［M］. 徐洋，译. 北京：国际文化出版公司，2000：121.

了积极的动力性质。这两种看法的并存使人们对道德焦虑的性质产生疑惑，对道德焦虑的相关研究也少之又少①。因此，必须对道德焦虑的本质进行分析，为相关的后续研究奠定基础。

根据美国学者罗洛·梅对焦虑的权威界定，道德焦虑是指当个体所认同的道德规范、原则、理想受到非存有的威胁时所产生的担忧与不安。此概念首先强调了道德焦虑者的特点。如果个体不看重道德理想或者道德原则，那就算是面对礼崩乐坏的局面他也不会焦虑。只有那些超我或者是“良心”发展得很好的人，遇到自身所认可的道德价值遭到破坏时，才会产生道德焦虑。其次，强调了道德焦虑发生的环境条件。自我道德的支撑物受到非存有的威胁是导致道德焦虑发生的重要原因。最后，强调了道德焦虑的表现形式，即担忧和不安。

（二）道德焦虑的网络发生

要探究网络空间中道德焦虑发生的可能性，就应当从该定义涉及的主要方面着手，具体为以下三个方面：

第一，具有道德惯习的网民。中国传统社会是一个伦理社会，伦理道德是塑造和维持社会秩序的主导原则。在话语层面道德统御一切，无论是赞赏还是谴责都习惯于道德视角②。虽然当今社会遭遇了剧烈的社会转型，传统道德已经被冲击，甚至失去了话语地位，但是中华民族数千年的道德传统并没有从人们的思想中被彻底拔根，与传统道德相匹配的惯习依然顽强地存在于人们的深层心理结构中。所谓惯习是指持久的，可转换的、开放的潜在行为倾向系统。与各种正式规则和明确规范相比，它更能可靠地保证实践活动的一致性和历时不变性。在中国人的内心深处，始终存在着“惩奸除恶，伸张正义”的意识。网民是带着这种惯习参与到网络空间的各种活动中的，他们对任何事情都从道德着眼，从道德上寻求解释和答

① 徐建军，刘玉梅．道德焦虑：一种不可或缺的道德情感［J］．道德与文明，2009（02）：41-44.

② 成伯清．我们时代的道德焦虑［J］．探索与争鸣，2008（11）：44-47.

案。他们下意识地牢牢据守维护道德的据点，以维系对往昔道德的共同回忆。

第二，道德存有受到威胁的网络场域。网络具有广容兼容性，是海量信息的存储地。某一信息能否从网络的汪洋大海中得以浮现，取决于其是否能够“挑战眼球，耸人听闻”。近些年来，网络中发生的一些重要事件，如虐猫女事件、70码事件、邓玉娇案、天价烟局长、小悦悦事件等，都具有强烈的刺激性。它们要么挑战了尊重生命的道德原则，要么严重地践踏了自身的职业道德，要么破坏了人际平等的原则。而且，网络在呈现事件时具有集聚化的倾向。因为网络传播的超链接，一个事件通常会和另一相关事件一起呈现。丰富而生动的形象以及清晰的图片，可能会为网民们呈现一个去道德化的社会图景：个别人员的无耻化，合法伤害权被暴力滥用等。面对如此强烈之刺激，网民必然痛感道德沦丧的社会现实，对自身的道德追求产生怀疑的态度。

第三，担忧和不安得以表现的便利途径。焦虑本身错综复杂，是一种神秘莫测而且又高压难解的情绪状态。在现实的空间中，除了焦虑者个人的主观感受外，他人很难察觉到焦虑的存在。因此，有人说这个时代是焦虑的时代通常会引发很多人的共鸣，但是焦虑究竟表现在何处却莫衷一是。网络空间的存在使这种状况得到了改变。网络提供了一个匿名的空间，网民可以不花费成本地抒发自己的担忧和焦虑。网络既提供了类似于现实的公园、广场、大厅等网络公共场所，也提供了私人化的表达途径如跟帖、微博、博客等。因此，才有所谓“有了网络，大家更操心道德了”，“有了网络真方便，动动指头就出手”，“认同你给你一长串的顶；反对你，扔过去一排排的砖”等说法。

深受君师文化和道德优越感传统熏陶的中国网民，加上一个去道德化的网络空间以及网络中便利的表达途径形成了一种合力，使道德焦虑具备了发生在网络空间中的可能性。

二、道德焦虑的网络表现

焦虑心态的主要表现是灾难化的预期、情感的疏离化以及释放紧张的身心活动。道德焦虑作为一种焦虑的类型，其具体表现也包括这三个方面。随着网络空间重要性的与日俱增以及网民参与活动的日渐频繁，网络道德焦虑的心态和表现日益显著，具体为：

（一）道德预期的灾难化

灾难化的道德预期是对道德后果的消极想象。承受道德焦虑的人常以种种可能的灾难为虑，将偶然之事解释为不吉之兆。本研究将以网民对“要不要扶老人”的讨论为例，说明道德预期灾难化的具体表现。自从彭宇案中徐老太开始，人们就对被帮助对象的道德面目产生了极端负面的看法。网民积极跟帖的“谁还敢扶啊！这年头，扶完了就说我给你撞倒的”，“反咬农夫的蛇时有出洞”等说法代表了该预期。同时还伴有对道德行为后果的灾难化预期。比如，“小心，扶一把就会倾家荡产”，“不扶你还有老的那一天，扶了，就等不到那一天了”等代表了这一预期。此外，还有对社会前景的灾难化预期。

（二）道德情感的疏离化

因为焦虑会伴随无助、孤立与冲突等感受，令人极端痛苦。因此，当事人会在情感上疏远引发其困扰的对象，此疏远在网络空间中要比现实容易得多。现实的疏远必须先将对象作符号化的处理，这样才能把对方视作是非人化的存在物，然后疏远它。在网络空间中则不存在这个环节，引发道德焦虑的对象原本就是符号，就是一个没有血肉、冰冷的符号。

道德情感的疏离化通常包括贬抑对方和抬高自己两个过程。污名化是常见的贬抑对方的手段。污名就是“指在一个允许污名各种成分显露的社会情境中，贴标签、刻板印象、地位丧失和歧视同时发生的情况”①。在网络中，污名化的过程包括三个步骤：首先，个体或群体表现出不受主流人群所欢迎的特征，如危险的道德品质、骇人听闻的行为等被公布于网络中。其次，这些不受欢迎特征的拥有者被无数网民所观察和分析。网民们通过各种途径，对这些特征的危害性、危险性以及恒常性进行表达。最后，对具有恒常负面特征的个人或群体进行标定，并对其形成刻板印象和歧视。目前，网络中被污名化的人群有城管、老太太等。对于这些被污名化的人，网民会产生气愤和责备两种情感。这两种情感是淡漠或淡化网民和污名者伦理关系的前提。抢占道德制高点是气愤和责备发生的前提。道德制高点是中国传统社会最合法的权力来源。一旦抢占了道德制高点，网民就会以卫道士自居，他们慷慨激昂，指点时事。有时只凭一个人的职业就可以证明他是罪犯；有时对任何一点儿道德另类的言行大发雷霆；有时表现出极致的道德傲慢。个人幼稚的良知以这种方式得到了满足，他们的善心常常和他们的残忍一样极端。通过这个一贬一抬的过程，身居道德高位的网民自然就会在情感上疏远那些引发其道德焦虑的群体。

（三）道德行动的暴力化

道德焦虑的发生还会导致有机体的紧张状态，必须要通过行动才能释放这种紧张状态。第一个行动是道德谴责。道德谴责通常以侮辱性和煽动性的言论为主。这些言论千方百计地抓住对方的薄弱环节进行穷追猛打。例如，在某罪犯被执行死刑后，有网民依然还对其行径大加谴责。该网民形容这个罪犯之死是：“罪有应得！自有报应！正义必胜！恶有恶报！”对于一个已死之人仍然如此谴责，显然是其内心的道德焦虑使然。第二个行动是道德排斥。道德焦虑者善于以道德为武器制造公众对某些群体的愤恨，从而将这些特定的群体或个人置于道德恐怖中。这种做法在网络中表现得特别明显，其实质是一种社会排斥。道德焦虑者的武器通常就是某种

① LINK B G, PHELAN J C. Conceptualizing stigma [J]. Annual Review of Sociology, 2001 (27): 363-385.

“绝对化”的道德标准，这些标准以“应该”“必须”为主要字眼儿。如果某人违反了这些标准，则不管其所面临的现实情境是什么，都会被网民从社会中排斥出去。“范跑跑”和“杨不管”就是这样从教师队伍中排斥出去的。第三个行动是道德讨伐。从“虐猫事件”到“铜须事件”，再到“追杀流氓外教”行动，都说明中国网民在承担着监管道德的责任，在进行着现实和虚拟的道德讨伐。在这些行动中，不难看出，正义大旗的背后，闪现着众多道德哄客们的身影，其特征就是盲目的情绪发泄和无节制道德谩骂。那么，一些“道德之罪”为何会屡屡引发一哄而上，近乎狂潮一般的道德讨伐？笔者认为，这与网民的道德焦虑有关，是一种道德危机下的躁动。在网络各种爆料的刺激之下，这些个体行动还会转化为集群行动。

三、网络空间的道德集群行为

所谓网络集群行为是指在某一时间内，网民自发或有组织地聚集在某一网络公共场域，由多个网民发帖或回帖等进行网络表达的行为①。有学者对近年来的40个热点网络事件进行了总结，发现共有33个事件的诱发因素与道德强相关②。官员腐败或者个人道德沦丧之类的事件，非常容易引发网民的意见汇聚。在参与集群行为的过程中，网民获得了一种集体心理，这使他们的感情、思想和行为发生了变化。该变化是朝向积极的道德净化还是低劣本能的放纵，应成为网络道德文化建设的关注点。

（一）网络道德集群的要素

网络集群行为之所以会产生道德功能，与其发生发展过程中所调动的要素有关。网络集群行为会涉及引爆点、情感场、舆论场和介入行动几个基本要素。

---

① 夏学銮. 网络社会学建构［J］. 北京大学学报（哲学社会科学版），2004（01）：86.

② 李彪. 网络事件传播空间结构及其特征研究——以近来40个网络热点事件为例［J］. 新闻与传播研究，2011（03）：91.

第一，引爆点对道德主体的吸引。偶合的人群变成群体，必须满足的条件是：这些个体必须彼此间有某些共同的东西，对某一对象的共同兴趣，在某种或其他情境中相似的情绪倾向①。群体爆发的背后肯定能找到一种延续良久的准备性力量。现实中，传统的生活伦理和道德底线不时受到挑战和冲击的事实，使人们产生了道德空间正在丧失的危机感和焦虑感。一旦具有强烈刺激作用的道德事件被传到网络上，就会被迅速引爆。四面八方的网民纷纷点击该事件，被事件本身、事件主人公的经历以及事件其他当事人的行为所深深震撼。于是，大量的关注目光停留于此，无数心灵被深深攫住。在引爆点的作用下，身处不同地点的网民闻风而动聚集在一起，成千上万孤立的网民获得了一个心理群体的特征。

第二，情感场对道德主体的感染。在引爆点的刺激下，网民会对事件产生"条件反射式"的情绪反应。于是，大量的负面情绪，如义愤、焦虑、痛恨等充斥于网络，形成所谓的"群情激奋"。随着信息传播的进一步升级，越来越多的网民表现出同样的道德情感。他增加了其他人的兴奋——其他人在他身上也导致这种兴奋，因而个人的情感负荷也加剧。情绪冲动越是粗陋和简单，则越容易相应地扩散至群体。集群中的人会把激情的盲目发泄作为新的行动规则，在激情喷涌间形成强大的道德情感场。该情感场，会对道德主体产生感染作用。

第三，舆论场对道德主体的引导。一旦一个事件唤起网民的强烈情绪，网络舆论就可能在极短的时间内迅速膨胀。各种有关言论出现在类似于公园、广场、大厅等网络公共场所中，具体的地点包括 BBS、博客、微博、虚拟社区等。理性的网民要么从客观、专业或理论的高度谈论自己的观点，要么从更深层次的角度，如道德、人性、伦理、法律等方面进行参与。非理性的网民则主要通过发表具有攻击性、煽动性和侮辱性的情绪化言论来表达。各种意见和观点在这里彼此交锋和沟通，从而形成了一个舆

① ［奥］弗洛伊德．弗洛伊德心理哲学［M］．杨韶刚，等译．北京：九州出版社，2010：55.

论场。该舆论场以强大的作用力，引导着网民的道德认知与判断。

第四，匿名介入对道德主体的影响。网络群体成员的匿名使得成员的真实身份被隐藏和保护，而事件主人公却能曝光于这一群体中的每个参与者面前。在这种环境因素刺激与事件本身的刺激下，集群行为的参与者会有一种共同口诛笔伐的心态与想法。匿名状态也同时刺激了法不责众的罪责扩散心理，成员因语言暴力而产生的罪恶感会得到缓解甚至会消失。

（二）网络集群行为的道德正功能

勒庞认为群体对个人的道德具有净化作用，而且这种作用是一种经常可以看到的常态①。这种作用也可以见于网络集群行为之中，具体表现在以下几个方面：

一是缓解了道德冷漠。在当今的社会中，人们对身旁并不鲜见的有损道德却与己无关的事，大抵持看客的态度，这是因为在现实中道德情感的表达受到了多种限制。没有情感就意味着人的冷漠，而冷漠就会带来更为可怕的严重后果。由于网络的便捷性，在网络集群行为中情形就会有所不同，集群行为的参与者可以不花成本地抒发自己的道德情感。通过群体成员之间的相互作用，道德情感被提高到极高的境界。在现实中已经退居心灵深处的恻隐之心、道德义愤感、关爱精神和奉献精神等，会从幕后走向前台。任何在网络集群行为中停留的人都会发现，人与人之间的冷漠在此变成了同情和支持。由此，参与网络集群的个人在摆脱了现实世界的道德冷漠和疏离之后，在虚拟的网络中重新构建了一个积极道德情感充沛的世界。

二是释放了道德焦虑。通常负面的道德事件会引发网民意见的聚集，越是耸人听闻越会引发人们的关注。在关注这些事件的过程中，参与者对当前道德现状的担忧得以证实，对一些道德冷漠现象感到触目惊心，对道

① ［法］古斯塔夫·勒庞．乌合之众——大众心理研究［M］．冯克利，译．北京：中央编译出版社，2005：40.

德事件处理的某些措施、政策以及某些机构更加不满。这实际上就是道德焦虑。由于群体情绪极易扩散和传染，道德焦虑的感受会激荡到在其他条件下很少或没有达到的程度。一个群体的感情总是非常单一且极为浮夸，以至于一个群体既不知道怀疑也不知道不确定性①。处在群体中的人，在道德焦虑作用下，成为一名卫道士。在捍卫道德的过程中，焦虑得到一定程度的释放。

三是促进了道德共识。网络集群行为通常是以意见的强化与汇聚为特征的。通过网络平台上的参与和协商，成员之间成功克服了诸多差异以及分歧，导致了共同意识及行为的形成。网络集群行为的参与者通常会在短时间内就某一现象迅速达成一致的观点和态度，并将此看法持续到事件结束。这一共识通常就是对传统道德价值体系的确认。中国传统的道德体系中最受重视的主要有官员道德、性道德、生命道德和人际交往道德等。虽然这些传统道德在现实中的影响力已经大不如前，但是由于数千年来的文化积淀，它们已经成为国人集体潜意识的重要内容。一旦有外界事件的刺激，再加上有表达的自由空间，这些传统道德意识就会迅速复归。在网络集群行为中，随着与事件当事人有关的各方的不断卷入，随着道德词汇的大量使用，对传统道德观念的认同会迅速恢复，传统道德法则的权威性会得到确保。勒庞的观点可以作为此效用发生的佐证。他认为在群体中，人的个性消失了，种族潜意识显现出来，异质的东西被淹没在同质的东西中②。

四是实现了社会公正。公正就是根据一定的标准而言没有偏私，是同等利害交换的善行。一个人损害了其他生命的利益，他也会受到同等的损害。网络集群行为的行动干涉阶段通常带有实现社会公正的目的。通过现

---

① ［奥］弗洛伊德. 弗洛伊德心理哲学［M］. 杨韶刚，等译. 北京：九州出版社，2010：47.

② ［法］古斯塔夫·勒庞. 乌合之众——大众心理研究［M］. 冯克利，译. 北京：中央编译出版社，2005：16.

实和网络行为的互动，部分网络集群行为实现了此目的。这部分网络集群行为是有公正诉求的，如天价烟局长、史上最牛团长夫人等。通过网络集群的行动干涉，现实不良现象受到了制约，官员腐败等现象得到了揭露，社会正义得到了伸张。正是见证了网络集群行为的强大力量，很多人在感到由社会状态如贫困、冲突、不公平的待遇、难以捉摸的前途等所导致的压抑时，会诉诸它来解决问题。

（三）网络集群行为的道德负功能

群体不注意深思熟虑，匆匆做判断，只具有简单而不完善的推理形式①。他们只凭另一个人的职业就可以断定其为罪犯，而对一个无辜的人展开道德讨伐。群体所接受的论证在逻辑上也属于十分拙劣的一类。群体推理的特点就是把彼此不同，只在表面上相似的事务搅在一起，并且立刻把具体事物普遍化②。对于一个网络事件，群体往往只对表层事实进行解读，自绝于他人意见，屏蔽不同的看法，群体观点最终逐步在自我回音中走向极端。

一旦一个人成为群体中的人，在文明的阶梯上他就下降了几个阶梯。当他只身独处的时候，他可能是有教养的人，而在一个群体中，他却是一个野蛮人③。因为他的超我的抑制作用减弱了，再加上因为人多势众而产生的力量感，他们用语言暴力和肢体暴力，愤怒地声讨事件的主角。他们以无名氏的方式，躲藏在数码丛林里，以卫道士自居，高举话语暴力的武器，狙击那些被设定有罪的道德猎物④。

---

① ［奥］弗洛伊德. 弗洛伊德心理哲学［M］. 杨韶刚，等译. 北京：九州出版社，2010：56.

② ［法］古斯塔夫·勒庞. 乌合之众——大众心理研究［M］. 冯克利，译. 北京：中央编译出版社，2005：47.

③ ［奥］弗洛伊德. 弗洛伊德心理哲学［M］. 杨韶刚，等译. 北京：九州出版社，2010：46.

④ 王道勇. 匿名的狂欢与人性的显现——对 2006 年网络集群事件的分析［J］. 青年研究，2007（03）：24.

四、相关案例分析

事件的基本过程如下：钱某，浙江乐清蒲岐镇寨桥村人。2005 年当选村主任后，因土地纠纷问题带领村民上访。在 5 年的上访过程中，先后 3 次被投入看守所。2010 年 12 月 25 日上午 9 时，乐清市蒲岐镇发生一起交通事故，导致一人死亡，死者随后被证实是钱某。

该事件的网络点击量超过四百万，本文仅以天涯论坛中的帖子为例进行分析。以钱某为关键词在天涯论坛进行搜索，大约可以找到点击量和回复量均高的 250 多个相关帖子。按照帖子出现的时间，可把集群行为划分为四个阶段：

（一）引爆发生阶段

一旦具有强烈刺激作用的道德事件被传到网络上，就会被迅速引爆。在引爆点的作用下，身处不同地点的网民闻风而动聚集在一起。该事件不但具有强烈的道德刺激作用，而且还充满了不确定性，这便引发了集群行为。该事件伊始有两种声音在对立和交锋。一种声音是官方的事故论。2010 年 12 月 27 日，浙江乐清警方宣布该事件是交通肇事案件。随后和该结论一致的帖子，如“温州调查结果出来了：温州警方认定钱某案为交通肇事案件”“该事件温州公安局的调查结果还是可信的”等引发网民的关注和聚集。另一种声音是阴谋论。由于这起事件涉及“土地”“上访”等敏感词，一些人猜测钱某之死并非出于意外。于是各种阴谋论的帖子出现在了网上，如“浦岐一苦难的村主任，为民办好事的村主任，不幸去世”，“钱某疑云事件成网民关注焦点，期待真相”。这些帖子就像导火索，引发了网民的意见汇聚。

（二）情绪表达阶段

随着事实的初步确认，网民被事件本身、事件主人公的经历以及事件其他当事人的行为所震撼。大量的极端情绪，如义愤、焦虑、痛恨等充斥于网络，形成所谓的“群情激奋”。这起事件在网络中引爆后，人们通过发帖或跟帖的方式表达情绪。一个名为“悼钱主任”的帖子，因其表达的同情和哀伤而引发网民的聚集；由网名为“好人孙玉良”的网民所撰写的帖子“钱主任：一个值得纪念的人”，则因表达了对钱主任的尊重而使网民关注目光停留于此；另一个帖子“钱主任之死专题：正义感与妄想症在集体发作”则因表达了普通百姓的不安感而引发了网民的聚集。随着信息传播的进一步升级（煽动），越来越多的网民表达了同样的道德情感。

（三）舆论共振阶段

一旦一个事件唤起网民的强烈情绪，网络舆论就可能在极短的时间内迅速膨胀。要么从客观、专业或理论的高度谈论自己的观点，要么从更深层次的角度，如道德、人性、伦理、法律等方面进行参与。在表达了对这起事件的情感后，网络舆论蜂拥出现。如“钱主任事件的终极技术帖”“钱主任案司机撒谎——对照视频与照片”“钱主任案人车距离分析图、轨迹图”等。各种意见和观点在这里彼此交锋和沟通，从而形成了一个舆论场。

（四）行动卷入阶段

在虚拟空间中，认清真相的努力以及对责任方实施的制裁都有限制。网民只能采取评论、谩骂、诋毁、揭秘等手段，虽然这也会给事件的当事人造成一定的压力产生现实影响，但是这种影响并不直接。部分网民不满足于在虚拟空间表达愤怒之情，于是他们走出虚拟空间，集结起来直接参与社会现实。正是群体而不是个人，会不顾一切地慷慨赴难①。对当事人电话警告、围追堵截以及在当事人的居住地和工作地进行游行示威等是目前网民进行现实行动干涉的主要方式。在这起事件中，网民则组成了独立

① ［法］古斯塔夫·勒庞. 乌合之众——大众心理研究［M］. 冯克利，译. 北京：中央编译出版社，2005：19.

调查团，亲赴钱云会案的事发地点，展开真相的调查和探索，并为钱某的亲友留言表示安慰和支持。

当群体的情绪得到释放或产生阶段性成果时，网民的注意力会撤离，激烈的言论会渐渐平缓，集群行为会随之解体。

该事件的道德正功能如下：

钱某之死之所以引起关注，是因为他体现出的传统美德。他不顾自家的清苦，义务为村民奔走；他在巨大的利益诱惑面前，依然坚决为民请命；他在威胁面前，依然从容淡定；他忍饥挨饿，依然相信公道自在人间。参与集群的人越来越认同钱主任的善，并且在不知不觉间受到了善的精神的洗礼。

在这起事件中，虽然也有一些过激的帖子引发了网民的聚集，但是有相当一部分的集群行为却是出于同情、关心、帮助这样一些美好的心愿。正是因为人们想伸出手来支持这位村主任及其正义事业，才有数十万的跟帖和数以百万计的点击。事发数月之后，在网络中依然有人关注此事，并引来围观。在天涯论坛中，直到 2011 年 5 月 21 日仍有关注这起事件帖子。这些对他人深切关切、为他人利益执着不舍的帖子，在一定程度上说明了人心并不是那么冷漠。

一个名为《浦岐一苦难的村主任，为民办好事的村主任，不幸去世》的帖子是这起案件的首帖，该帖称这是一场有组织、有策划的案件。帖子一出，各大网站纷纷转载，仅 2010 年 12 月 25 日一天，天涯、猫扑、百度快照以及温州本地 730804 网等的访问量就达到 28 万人次，跟帖近 2000 条。网民强烈的反应，给温州政府造成了强大的舆论压力。温州市委随后召开专题会议并做出批示，要求查清真相。温州市公安局直接介入调查处理，并按刑事命案和交通事故两套程序分别展开调查、侦查。仅在事发两天后，浙江乐清市就召开新闻发布会，将这起案件定性为交通肇事案件。在事发一个多月后，对肇事司机进行了定罪和量刑，并协调和处理了巨额民事赔偿事宜。可以说正是由于网络集群行为，才使社会正义得以在一定程度上得以实现。

该事件的道德负功能：

在这起事件中，阴谋论的许多帖子会让人觉得在情在理。卷入这些帖子之中的人群会产生一种道德偏见，并基于此产生一种强烈的道德义愤之感。殊不知，事故论的推断也同样合情合理。可惜由于人们已经长期在和媒体的接触中产生了产生了条件反射式的学习，一涉及“土地”“上访”就一定和阴谋有关的认知图式已然形成。人们不愿意去看、去思考事故论的任何解释，任由道德偏见主宰着自己的情绪和行动。

这起事件自从在网络上被引爆，就一直有两种论调，即阴谋论和事故论。这两种论点的点击量和回复量是显著不同的。或许是因为网民特有的不安全感和不确定感，才使得他们更多地点击了阴谋论。如果网民们深度地卷入阴谋论中，就有可能被发帖人的观点所左右，继而对警方、地方政府、法院的道德面貌产生深深的失望感，道德焦虑油然而生。受道德焦虑困扰的人，会觉得社会的道德已经沦丧，已经无药可救。于是，就放弃了对道德的执着、坚守和勇毅，退缩回自我的世界中。

这起事件起初就是被当作是一起刑事案件放在网络上的，关注此事件的网民据此产生了义愤之感。当官方证实这是一场普通的交通肇事案后，部分人的情绪由义愤转为了对死者的同情。

五、道德负功能的防范

（一）控制道德焦虑的度

道德焦虑有发烧的预警价值，它既是道德在不断挣扎的信号，也是道德即将发生严重崩解的指标。有了道德焦虑，就有了在互联网上揭露坏人坏事的动力，使严重的道德问题和明显的缺失得以匡正。因此，对于公众的道德焦虑应该有正面的充分的肯定。同时也应当注意道德焦虑是情绪混乱和行为失序的核心问题。必须控制好道德焦虑的度，这样才能创造出清明的网络空间，才有利于和谐社会秩序的创造。道德焦虑度的控制需要做以下事情：

1. 社会应当保护网民的道德惯习

如果人们真的抛弃了传统和现代意义上的各种道德规范，根本就不会有道德焦虑。对于道德状况的不满实际上意味着公众对于道德回归的渴求。所以防止过度道德焦虑产生的一个重要方法是对网民道德惯习的保护。这需要培养网民践行道德的信心。要在行政制度上形成社会道德扶植机制，让“好心没好报、好心遭利用、恶未遭恶报等恶例不再发生”。

我们要认识到痛苦和快乐是人类行动的重要条件，而且是我们行为有效的刺激因素，政府必须认识到它在维持道德关系方面扮演的重要角色。行善者应当因为其行为而获得奖励，作恶者应当为其恶而获得痛苦的惩罚。社会所能施加的快乐和痛苦的价值范围包括：从小奖赏到最强烈的快乐、巨大的经济财富、声望和英雄的光环；从轻微的否定和罚款到资产惩罚①。通过这些刺激因素的不断塑造，英雄流血又流泪、好心反被诬等事件就会在现实中大大减少。网络是现实的反应，当每个人的道德惯习得到良好的保护时，网络中的不良道德刺激就会有效减少。这样就不至于出现个人渴求道德的心理与社会道德保护不力之间的矛盾，使道德焦虑保持在适度的水平。

2. 网站应当防止获得性启发

认知在道德焦虑的产生中扮演关键的角色。人类认知并非在社会真空中产生，当一个事件在认知上可获得时，它通常是社会影响的结果。受到媒体注意的十分生动的事例或新发现所导致的认知，在公众担忧上升方面

① ［美］索罗金．爱之道与爱之力：道德转变的类型、因素与技术［M］．陈雪飞，译．上海：上海三联书店，2011：331.

发挥了主要作用①。当网民高度关注“救人反被诬”等网络事件时，遇到现实中跌倒的老人，“救人反被诬”就会在他们的头脑中出现，这就是获得性启发。获得性启发是指人们根据头脑中能够想起一个例子的容易程度或者想起这样例子的多少来评价一个事件的可能性和频率。如果人们能轻易地想象到某一负道德事件，便会认为这个社会的道德状况堪忧。网络中越是有生动的有关道德沦丧的报道，例如“富士康连续自杀事件”“搀扶老人大讨论”“小悦悦事件”等。它们就会作为一个生动的事例紧紧攫住公众的注意力，会使得网民对道德的担忧突然猛增。

防止负道德事件的获得性启发，首先大众传媒要承担起应尽的社会义务。在选择网络新闻标题时，不能为了吸引受众眼球而危言耸听。网络工作者还有另外一种责任那就是不要把负道德事例进行无限扩大。无限扩大的负道德事例会引发人们强烈的情绪反应。强烈的情绪在概率忽视中发挥了作用。在最糟案例所引发的高度情绪化之下，概率被忽视。强烈情绪介入使得概率忽视已经为许多研究所证实。尤其当情绪强烈介入时，最糟糕的情形倾向于排斥对道德状况的实际调查。媒体对道德事件进行报道的时候要客观，不能进行片面的截取。

3. 防范网络互动中的社会连锁反应

互动性是网络传播的重要特点之一。网络的飞速发展使社会成员间的物理距离急剧缩小，世界俨然成为地球村。通常刺激人眼球的每一个帖子，都会引发一个网络互动。它往往会使不同地区的不同受众共处于同一个信息场中，做出各自的反应与评价，这种关注与评价往往又具有传染性和持久性。在互动中人们注意到了他人所表达的焦虑，会导致道德很危险这一观念迅速传播。因此，要呼吁网民善于内省，忠实于自己的内心而不是盲目从众，人云亦云。

---

① [美] 凯斯·R. 桑斯坦. 恐惧的规则——超越预防原则 [M]. 王爱民，译. 北京：北京大学出版社，2011：35.

(二) 根据道德集群的阶段特点引导

根据对网络集群行为的道德功能产生机制分析，笔者认为采取如下措施是可行的：

在引爆发生时，人们要防止网络推手的影响。网络中有海量的信息，但是它们成为网络社区关注主题的机会却不均等。决定一个信息能否被关注的关键是它能在多大程度上吸引受众眼球。由于当前人们对道德危机的普遍担心，各种违反道德或貌似违反道德的事件最能吸引受众，它们就成为网络推手关注的主要内容。网络推手们在关注这些事件的时候，非常善用词语的作用。因为他们深知，“一个群体受制于语词的真正魔力。语词在群体心理中能唤起最可怕的骚动，也能使这种骚动平息。”① 当新闻帖中存在危言耸听、夸大其词和一再重复同样东西的时候，网民就要注意网络推手的影响作用了。在选取的这起事件中，某报记者以阴谋论为框架对事件进行了报道。他将事件相关者的访谈披露在互联网上，这些信息透露着案件的重重疑点，很容易让网民感受到这是一场阴谋而非事故。在阴谋论报道框架的暗示下，人们对官方产生了道德认知偏见。如果事件发生后，政府部门以事故为报道框架发布真实客观的消息，认知偏见就会大大减少。

在情感激荡时，人们要警惕概率忽视现象。人们经常会依据一个或几个显著事例，对当前社会的道德现状进行判断。所谓概率忽视现象是指人们关注最糟的案例而忽略实际发生的概率②。例如，小悦悦事件爆发后，人们的注意力被其紧紧攫住，产生了当前社会人心冷漠的推断，加重了道德焦虑。实际上只有依据实际的调查才能对道德的现状做出估计。概率忽视现象缘于人们惯用的心理捷径——可用性法则。可用性法则是指将判断

---

① ［奥］弗洛伊德．弗洛伊德心理哲学［M］．杨韶刚，等译．北京：九州出版社，2010：56.

② ［美］凯斯·桑斯坦．恐惧的规则——超越预防原则［M］．王爱民，译．北京：北京大学出版社，2011：5.

建立在某些容易进入我们脑海中的事物上。那些受到媒体充分注意的十分生动的事例，在公众担忧上升方面发挥了主要作用。于是人们彼此之间开始交流自己的担忧，担忧存在的广泛事实提高了媒体的关注，这一螺旋过程一直持续直到人们转移话题。所以要防止道德焦虑的出现，应当在道德文化建设中注重舆论引导，注重正面道德事件报道的生动性，使它们更加容易进入网民的脑海。

在舆论共振时，人们要防止沉默的螺旋。网络群体成员对某些问题的认识具有较大的认同性，表现出群内同质、群际异质的特征。由于清楚地意识到了自己的强大，群体便给自己的理想和偏执赋予了专横的性质①。专横的群体将用强烈的反驳和孤立来对付那些与大多数人不一致的人。具体为：对一个优势意见，很多人跟帖表示顶或者强烈地顶；对于与优势意见相左的意见则拍砖不允许其发声。对孤立的恐惧导致个人在任何时候都会试图评估意见气候。于是，符合群体要求的观点得到了传播，不符合要求的声音沉默了。在本章选取的案例中，该现象也有所体现。具体为：对一个优势意见，很多人跟帖表示顶或者强烈地顶；对于与优势意见相左的意见则拍砖不允许其发声；对于优势意见，个别网民还重复发帖。这样做的结果，网民就非常容易受网络推手精心策划的议程左右，成为道德盲从者。引导网民在跟帖和转帖之前进行反思、降低其对孤立的恐惧、打破沉默的螺旋积极发出自己的声音等是减少道德盲从的有效方法。防止沉默螺旋的办法，包括引导网民在跟帖和转帖之前进行反思；尊重他人自由表达的权利；扮演中坚分子积极发出自己的声音等。

在行动介入时，人们要防止去个性化。形成群体的个人感到有一种势不可当的力量，这使他敢于发泄出自本能的欲望。群体是一个无名氏，因此也不必承担责任，这样一来，总是约束个人的责任感便彻底消失了。导

① ［法］古斯塔夫·勒庞. 乌合之众——大众心理研究［M］. 冯克利，译. 北京：中央编译出版社，2005：36.

致去个性化发生的原因有：匿名、不用承担责任、团体的大小、活动、一个全新的环境、噪声的激励和精疲力竭①。从以上任一因素着手，我们都可找到可行的去个性化的解决方案。

总之，网络道德情感和集群行为对于道德文化建设来说是一把双刃剑。如果采取了有效方法趋利避害，它就能成为社会道德文化建设的有效途径。

① ［美］泰勒，［美］佩普劳，［美］希尔斯. 社会心理学［M］. 10版. 谢晓非，等译. 北京：北京大学出版社，2004：425.

第十二章

危机重重——网络人际信任分析

信任是人际交往的润滑剂，也是经济和社会发展的助推剂。信任可以降低人与人之间的沟通成本，减少社会风险与不确定性。现实生活的正常运作很大程度都是建立在人与人之间基本的信任之上。网络社会可以说是现实社会中人类精神层面在网络空间中的投影。在现实生活中，由于人际交往对象及范围的确定性、有限性，人际信任或许还不是当前人们面临的一个问题。但是在网络互动中，由于网络具有时空分离的特性致使交互双方无法面对面交流，进而导致信息泄露或风险增加。因此，分析网络信任，找到网络人际信任危机的成因，提出网络人际信任危机的解决策略，是一个重要的课题。

一、信任的界定及形成

（一）信任的内涵

关于什么是信任，学者们的见解颇为纷乱。经济学家、社会学家、心理学家及管理学家对信任都下了不同的定义。心理学领域将其视为人格特征和人际现象，而经济学领域把信任看成是一种理性选择机制，伦理学界又从道德角度来分析信任问题。

《牛津英语辞典》将信任定义为对某人或某物质品质和属性，或对某一陈述之真实性，持有信心或依赖的态度①。在不知道或不可知的社会背

① ［美］安东尼·吉登斯. 现代性的后果［M］. 田禾，译. 南京：译林出版社，2000：24.

景下，信任是特别重要的，它是使个人能适应复杂社会环境的一种简化策略。信任包括内在的信念和外显的行为。有了信任的人能意识到种种可能性又力图以行动避开风险。也就是说，有了信任的人不但其内心对某事物有坚定性的信奉，而且还会表现在行动上。

在社会学的视野下，早期的社会学家如齐美尔、韦伯、涂尔干、彼得·布劳等人曾对信任问题予以关注。德国社会学家齐美尔指出："离开了人们之间的一般性信任，社会自身将变成一盘散沙。"① 韦伯将信任分为两种：一种是特殊信任，即以血缘性社区为基础，建立在私人关系和家族或准家族关系之上；另一种是普遍信任，即以信仰共同体为基础②。前者主要是以关系网络作为基础，同属于一个关系网络的群体共享着全知性的信息，身处其中的群体受到名声的控制，要做出守信的行为；而后者则被认为是以社会制度为主要保证，社会中的所有人共享一套制度规范，用奖惩机制来规范人们的行动。二者的主要区别在于，信任是由关系网络化方式制约还是制度化方式制约的③。涂尔干认为信任来自家庭和血缘关系，因为人们发现在家庭和血缘关系亲近的群体之间，信任更容易建立或程度更深。信任保证了婚姻关系的产生和稳定。帕森斯把信任视为约定（交换的一种代表性媒介）的一种结果。彼得·布劳则把信任描述为稳定社会关系的基本因素。

进入 20 世纪 70 年代以后，随着更多社会学家的介入，信任这一话题开始成为社会学的专门课题。福山认为信任是在一个充满规律、诚实与合作关系的团体内产生的预期，这种预期建立在共同分享的行为规范上，建立在这个社区其他成员所扮演的角色上。信任恰如润滑剂，能使任何一个群体或组织的运转变得更加有效。如果能够指望人们信守承诺，尊重相互关系的规范，避免机会主义行为，那么团体的形成就会更容易，已形成的

---

① ［美］SIMMEL G. 货币哲学［M］. 陈戎女，译. 北京：华夏出版社，2002：46.

② 彭泗清. 信任的建立机制：关系运作与法制手段［J］. 社会学研究，1999（02）：55-68.

③ 翟学伟. 信任的本质及其文化［J］. 社会，2014（01）：1-26.

团体也将会更加有效地达到共同的目的①。卢曼（Luhmann）认为信任是一种当人们必须与不确定性打交道时，减少行为复杂性的机制。当对其他人的行动不可能控制或不能充分了解时，人与人之间的相互作用就会变得复杂，而信任是一种能使人们对其行为产生理解的机制②。

吉登斯认为："信任可以被定义为：对一个人或一个系统之可依赖性所持有的信心，在一系列给定的后果或事件中，这种信心表达了对诚实或他人的爱的信念或者对抽象原则之正确性的信念。"③ 在其信任结构理论中将信任区分为两大类，人格信任和系统信任。人格信任其实就是对某些熟人的信任，依靠双方的关系情感的联系而建立。而系统信任，往往针对社会一般人或与己无关者的交往，与抽象的制度规范联系。另一种常见的分类为，以契约制度为基础的普遍信任，以特殊亲情为基础的特殊信任④。人格信任大致对应着特殊信任，系统信任对应普遍信任。不同社会的信任结构是不同的，传统社会是一种以特殊主义的人格信任为主的信任结构，而现代社会更强调普遍信任，并以此来衡量社会信任水平高低。实际上，社会信任还包括对各种社会制度的信任以及对各种社会职业群体的信任，比如，对政府、媒体、企业、公益组织的信任以及对医生、公务员、警察、教师等职业群体的信任。因此，社会信任反映了人们对社会、对国家、对政府、对其他人的信赖程度。社会信任作为社会资本的重要组成部分，与一个国家的稳定发展和社会进步密切相关⑤。

中国学者大多从中观层面提出了自己对信任的解释，杨中芳在其本土人际信任模式中，将人际信任与人际交往联系起来，认为在人际交往的不

---

① ［美］弗朗西斯·福山. 大分裂：人类本性与社会秩序的重建［M］. 刘榜离，王胜利，译. 北京：中国社会科学出版社，2016：18.

② LUHMANN N. Familiarity, Confidence, Trust: Problems and Alternatives［M］// GAMBETTA D. Trust: Making and Breaking Cooperative Relations. NewYork: Blackwell, 1988.

③ ［美］安东尼·吉登斯. 现代性的后果［M］. 田禾，译. 南京：译林出版社，2000：30.

④ 童士清. 社会信任结构论［J］. 财经科学，1999（04）：30-34.

⑤ 从整体视角提高社会信任［EB/OL］. 中国社会科学网，2016-08-17.

同阶段，人际信任有不同的来源，人际信任将随着人际关系的进展而进展。信任被界定为在人际交往中对对方能够履行他人托付的义务责任的一种保障感①。王绍光提出了一种新的信任解释理论，指出个人拥有的资源越多，越容易做出信任行为②。张静认为，任何信任都包括信任的机制与信任的对象两个方面，因此，对人的信任首先必然包含着个体对相应的约束机制的信任③。一个比较通用的概念是不管一方对另一方的监视和控制能力如何，总是认为对方将按照对他重要的行为方式行事，并愿意将自己置于因他者的行为而容易受到攻击的状态④。

(二) 网络人际信任

网络信任是什么？目前还没有一个统一的观点，白淑英认为，网络人际信任是互动的双方对对方能够完成自己所托之事的一种概括化期望，这种期望决定未来对对方的行动方式和交际策略⑤。鲁兴虎认为，与现实一样，熟悉也是建立网络信任的依据。在交往中，信息、情感等资源交换的发生与持续，强化着双方的信任关系⑥。网络在线信任是对互联网可信程度的一种线上技术的信任，通过计算机技术保证网络的信息安全；网络在线信任是一种体现在网络组织在网络活动中的“信誉”或“信用”，及其追求的用户信赖⑦。

学者们基本认可网络人际信任是信任的一种类型，它和现实信任既有联系，又有区别。二者的联系：第一，互动主体统一。虽然网络中的互动

---

① 杨中芳，彭四清. 中国人人际信任的概念化：一个人际关系的观点 [J]. 社会学研究，1999 (02)：1-19.

② 王绍光. 信任的基础：一种理性的解释 [J]. 社会学研究，2003 (02)：23-39.

③ 张静. 信任问题 [J]. 社会学研究，1997 (02)：84-87.

④ MAYER R C, DAVIS J H, SCHOORMAN F D. An Integrative Model of Organizational Trust [J]. Academy of Management Review, 1995 (20)：709-734.

⑤ 白淑英. 网上人际信任的建立机制 [J]. 学术交流，2003 (03)：95-97.

⑥ 鲁兴虎. 网络信任：虚拟与现实之间的挑战 [M]. 南京：东南大学出版社，2003：91.

⑦ 张毅，杨奕，邓雯. 网络在线信任影响因素研究综述 [J]. 数据分析和知识发现，2020 (5)：15-20.

主体隐藏了真实的身份背景信息，但是他毕竟是现实社会中活生生的人，每一个虚拟符号下都对应着一个现实社会的生活实体。第二，心理和行为统一。网络信任是心理预期和行为策略的统一。信任首先是一种心理特质，反映了一种心理期望。如果人们具有了信任这种心理特质，在与他人未来的互动中，将会选择与对方交往下去的行为模式；相反，如果没有信任，互动主体可能会选择终止互动关系的方式。因此，信任是心理和行为的统一。网络信任体现得更为明显，在网络互动中，交往的双方不存在由于权利、义务等关系而引发的信任问题。信不信任谁没有外来的压力，完全凭自己对他人的感知。信任在没有外界干预的情况下，极易成为一种行动的策略。第三，对制度保障需求统一。人们之所以相信某个交往对象，就是因为有相应的约束机制能够规避信任中的风险。任何信任都包括对当事人的信任与对相应的约束机制信任两个方面，网络社会也需要形成像现实世界那样强大而正规的社会规范，有很多行为要受到法律的明确约束，还要依靠个人内心信念和自律程度来维系。现实的信任离不开制度系统的保障，网络人际信任也离不开宏观的制度系统保障，要建立与网络相关的伦理道德和规章制度。

但是，网络社会毕竟具有许多与现实社会不同的特征，网络信任也将呈现其独具的特征。网络信任与现实人际信任的区别在于：第一，由于网络资源和信息的分散性，缺乏高度信任的基础。第二，由于网络空间隔离、匿名性，而导致信任建立在局部人格的基础上，无法保证双方言行的可信性。黄厚铭认为网络信任是没有系统信任保障的陌生人之间的人格信任，即网络信任在很大程度上是依赖于个人人格特性的信任。第三，非对称性，即网络中经常出现一种单向信任，一方为了满足自己的需要而主动地单方面信任对方。当单方面轻信对方以后可能会出现对方的失信损害到自己利益的情况，从而引发网络信任危机。

网络信任一般包括：网络上人与人之间的信任，即网络人际交往中的信任，包括精神层面和物质层面的交往；网络交易中的信任，涉及个体与平台的经济互动问题，主要是“B2C”和“C2C”电子商务中，消费者对于电商平台和网络卖家的信任；对网站上提供的信息和服务的信任，主要涉及的是主体与网络技术之间的互动。本研究主要关注网络上的人际信任。

网络社会的开放性、匿名性等特点造成了网络社会中行动者之间的信任度要低于日常社会生活。网络社会尤其是网络行为正在遭遇信任危机，网络中的欺骗、机会主义行为超过很多领域。机会主义行为导致了信任的普遍缺乏，导致了信用问题。互联网使生产的信息成本变得很低，信息的真伪更难辨别，从而降低了互动主体双方对信息正确程度的概率评价。

总之，网络信任是社会人际信任的网际化表现，反映网络环境下人与人、人与组织或组织与组织间的信任关系①。目前对网络人际信任的研究偏重于宏观的定性方面。因此，要借助实证调查，分析网络人际信任危机的原因，并在此基础上探讨网络信任重建的策略。

（三）网络信任的影响因素

中国社会科学院发布的《社会心态蓝皮书》显示，我国城市居民的不信任感不断增强，到 2013 年，对社会信任总体情况持肯定态度并表示“非常信任”的仅占 3.9%。与 2012 年相比，北京居民的社会信任程度有较大下降。根据 2015 年 CSS 的调查结果，我国公众对陌生人的信任度仅为 5.6%，对商人的信任度依然下降了近 6%，对医生的信任度也下降了 3.5%。由此可见，近年来我国社会信任水平的发展趋势不容乐观②。因此，研究网络信任的影响因素，有利于帮助网络环境的改善，提高使用者的信任水平，降低交往成本，并直接影响互联网服务的成功与否。一般意义上的人际信任是由个人价值观、态度、心情及情绪、个人魅力交互作用的结果，信任他人意味着愿意承受对方行为伤害的风险，这也是人际信任

① 张毅，杨奕，邓雯. 网络在线信任影响因素研究综述［J］. 数据分析和知识发现，2020（05）：15-20.

② 从整体视角提高社会信任［EB/OL］. 中国社会科学网，2016-08-17.

问题的核心。网络信任则除了一般信任所涉及的复杂主体要素外，还涉及平台要素、组织要素和外部环境要素等。

从信任主体的特征来看。赖特曼（L. S. Wrightsman）认为信任是“个体所有的一种构成其个人特质部分的信念”。罗特尔（Rotter）从社会学习理论出发，提出了有关信任的“人格特质论”。他认为信任源自个体，是“个体对另一个人的言辞、承诺以及口头或者书面的陈述为可靠的一种概括化的期望”①。Salam 等研究发现，在信息匮乏的情况下，有些人会表现出较高的信任倾向性，有些则表现出较低的信任倾向性②。信任本身并不是一种德行，而是德行的副产品。当人们拥有共同的诚实和相互关系标准时，就会产生信任，这样人们便可互相协作。过分的自私和机会主义会破坏信任。③ 可见，有相当多的研究者认为信任是一种人格特质，该人格特质越显著，信任的倾向越强。

此外，年龄、性别、受教育程度、收入水平、婚姻状况、宗教信仰等因素都会影响个体的社会信任。年龄越大、受教育程度越高、收入水平越高、婚姻越稳定，个体的社会信任水平就越高。这是因为这些客观条件增加了个体对风险的认知和控制能力，进而提高了其社会信任水平。在性别方面，许多研究表明女性的信任度高于男性。女性在社会化过程中，更多地被赋予了温柔、体贴、有爱心等特质，并且社会对其在事业上的期望不会太高，因而体验到的竞争压力相对较小，在社会角色的扮演上更多地体验了人际友爱的一面；而男性在社会化过程中，更多地被赋予了独立、坚强等特质，并且社会对男性在事业上的期望较女性高，这使得男性经常体验到竞争的压力，因而社会角色的扮演上更多地经历人际间的斗争一面。因此，男女社会角色的不同造成了其人际信任程度上的差异。在年龄对信

---

① 鲁兴虎. 网络信任：虚拟与现实之间的挑战［M］. 南京：东南大学出版社，2003：91.

② SALAM A F，IYEr L，PALVIA P，et al. Trust in E-commerce［J］. Communications of the ACM，2005（02）：72-77.

③［美］弗朗西斯·福山. 大分裂：人类本性与社会秩序的重建［M］. 刘榜离，王胜利，译. 北京：中国社会科学出版社，2016：18.

任度的影响中，年龄大的人比年龄小的人对他人的信任度略高。另外，年长者通常有着更丰富的阅历和经历，在与他人的交往中也更具有经验和自信。教育对信任的影响体现在人们借助于不同的教育行动，可以传递文化物品，这些文化物品就是文化资本。而这种文化资本，又可以转换为个人的外部财富。因此较高的受教育水平可以带来较高的回报，增加个人的财富，提高个人的社会地位。外部财富的增加，使得个人承受失信风险的能力越强，因而越可能倾向于给予他人信任。

一些心理因素也会影响信任，如主观幸福感。主观幸福感是指评价者根据自定的标准对其生活质量的整体性评估，它由三个维度组成：积极情感、消极情感和生活满意感。主观幸福感越高的人对他人越信任，因为主观幸福感中的生活满意度在一定程度上反映了个人的生活客观状况。一般来说，生活的满意度越高，其生活的各种客观条件就越好，承受失信风险的能力就越强。另外幸福感也会增强个体的成功心态，进而增强社会信任决策风险的承受能力。主观幸福感高，既反映了客观上个人承受风险的能力较强，又能从主观上增强个人承受风险的能力，因此保证了个人承受风险的能力处于一个较高的水平上，故其信任度往往较高。

从互动双方的关系来看。信任是人际关系的产物，是由人际关系中的理性计算和情感因素共同决定的。卢曼对信任与风险之间的联系做了探讨。他认为，信任是在意识到存在风险情境下的一种冒险行为，"信任必须在熟悉的世界中获取"①。帕特南（Robert D. Putnam）认为，社会信任能够从互惠规范和公民参与网络这两个相互联系的方面产生。网络既有横向的，也有垂直的。帕特南更强调横向的网络在信任建立中的作用。在他看来，横向的参与网络增加了人们在任何单独交易中进行欺骗的潜在成本；培育了强大的互惠规范；促进了交往，促进了有关个人品行的信息的流通；还体现了以往合作的成功，可以把它作为一种具有文化内涵的模

① ［德］尼克拉斯·卢曼. 信任［M］. 翟铁鹏，译. 上海：上海世纪出版社，2005：117.

板，未来的合作在此基础上进行①。许多调查也曾表明，人与人之间的普遍信任和社会资本来自志愿性团体内部个体之间的规范化、习惯性互动，这些团体通过推动个体之间的合作而促进社会信任的提高。

从亲密朋友数量对信任度的影响上看，亲密朋友越多说明个人与他人的紧密互动的频率越高，在这种互动中的体验以及所获得的经验使得个人在与他人的交往时更有把握去信任他人。另外，一个人的亲密朋友越多，他遇到陌生人的时候越有可能发现他与陌生人同时是某个人的朋友。这时，那个共同认识的朋友就变成了信任的中介，信任得到了传递。

从互动所处的社会情境来看。王飞雪、山岸俊男在《信任的中、日、美比较研究》一书中提到，当前中国社会的信任仍以特殊主义的人格信任为基础，受血缘地缘关系影响极大。中国人比西方人有一种更强烈的关系取向，即信任更倾向于因人而异，而不是因事而异，中国人对既定关系外的陌生人的信任度较低②。但他们同时指出，当个人的生活环境发生变化，处于一种充满不确定性且机会成本很高的情景下，个体更容易摆脱传统关系的依恋，而去信任其他人。杨中芳、彭泗清认为最重要的方式在于关系的运作。情感性关系运作在长期合作中占据重要位置，但是在一次性的交往关系中，工具性的运作方法反而受到关注与重视。而在经济合作中，法制手段会被同时运用作为关系运作的处理方法，以此来增加双方的信任程度。③

信任关系的建立一般分为三个阶段：一是初始信任建立期，主要双方相互关注，通过简单互动后，达到一定的信息积累，从而建立初步信任，同时也有可能在此阶段信任就消失；二是信任持续期，在这一时期有两种发展情况，其一出现了一些不良的互动因素而导致关系破裂迅速进入信任

① 黄少华，郝强．社会信任对网络公民参与的影响［J］．兰州大学学报（社科科学版），2016（02）：68-80.

② 王飞雪，山岸俊男．信任的中、日、美比较研究［J］．社会学研究，1999（2）：67-82.

③ 杨中芳，彭四清．中国人人际信任的概念化：一个人际关系的观点［J］．社会学研究，1999（02）：1-19.

的消退期，其二双方合作较为愉快，信任持续延长；三是信任消退期，随着时间的变化以及个人动机以及需求的变化等顺其自然地结束信任关系。并不是每一段信任关系都会完整的经历这三个时期，有的停留在第一段，有的在第三段结束。

二、网络人际信任的实证调查

在选择调查对象方面，将调查对象的年龄限制在21—30岁。在H省两所校园内，采用偶遇抽样发放问卷100份。回收98份问卷，其中有效问卷91份，有效率91%，样本情况如表12-1所示。

表12-1　样本情况表

		年龄			总计
		11—20岁	21—30岁	30岁以上	
性别	男	9	38	0	47
	女	13	28	3	44
总计		22	66	3	91

（一）网络信任的强关系取向

在被调查对象中，有58.2%的人更愿意选择和自己性别、年龄、地域相同的人作为自己的网络交往对象。在表12-2中，有47.25%的人是出于共同的兴趣爱好信任别人，39%的人是出于地缘因素信任别人。不管是共同的地缘也好，还是共同的兴趣爱好，都可以说是他们在网络中找到了认同感，人们更信任那些与自己有着共同心理认同的人，这使得他们有一种归属感。

表 12-2 触发信任的原因统计

	频数	百分比	有效百分比	累计百分比
共同的兴趣爱好	43	47.25	47.25	47.25
地域上比较接近	39	42.85	42.85	90.1
其他	9	9.9	9.9	100.0
总计	91	100.0	100.0	

在现代中国社会，尽管生活日趋理性化、工具化，但是现实社会中起支配作用的仍是关系、人情。中国人虽然在不同程度上也因事而异，但关系仍然是中国人是否信任他人的决定因素。在日常的信任关系中，信任度最高的一般都出现在以家庭邻里、同龄人为主体的初级群体中。由于群体成员的社会化背景相同，形成了一致的文化价值观念，遵循相同的规范体系，相互之间比较熟悉，信任关系自然而生。因此，在所有信任关系中，处于核心地位的还是来自日常生活的核心信任圈，这种信任关系极其牢靠，具有不可替代性。这也在一定程度上印证了前文所提及的王飞雪对中日美信任差异的比较研究。他认为中西方在信任上的差异体现在，即相比而言，中国人更注重关系，根据关系疏密度来决定信任的程度，西方人更注重事件，根据不同事件中包含的风险来决定对人的信任。

从表 12-3 中我们可以看到，在网络人际互动中，信任呈现出因关系的远近而由低到高的变化。也就是说对和自己关系越好的人信任度越高，即存在着信任的差序格局。当前中国社会信任度调查也显示，公众对亲人的信任度接近 100%，有 86.5%的公众愿意信任朋友，邻居获得 80.1%的公众信任，陌生人信任度仅 5.6%①。

① 邹宇春，周晓春. 当前中国社会信任度调查［EB/OL］. 中国社会科学网，2016-06-13.

表 12-3 人际关系与信任的情况

	初次交往的陌生人			关系一般的人			关系密切的人		
	愿意	不愿意	不知道	愿意	不愿意	不知道	愿意	不愿意	不知道
告诉地址	4.4	90.1	5.5	17.6	75.8	6.6	73.6	26.4	0
倾诉心事	37.4	53.8	8.8	75.8	20.9	3.3	95.5	5.4	0
安慰对方	82.4	26.5	1.1	96.7	3.3	0	98.9	1.1	0
现实见面	14.3	72.5	13.2	31.9	61.5	6.6	71.4	23.1	5.5

中国人社会结构是一种差序格局，“以自己为中心，和别人所联系成的社会关系像水的波纹一样一圈圈推出去，愈推愈远也愈推愈薄”①。中国人这种传统的差序格局，使他们在社会交往过程中，特殊信任非常突出。在农耕经济基础上形成的乡土社会是一个相对稳定的社会形态，人们重视血缘、地缘等关系网络的存在，并发展出一套礼仪来影响关系的处理方式②。人们从熟悉中获得信任感，习得可靠性规矩，并形成一种对行为规矩自觉的身体化遵守，即传统中国是以地缘、亲缘、职缘为基础的“熟人社会”。在“熟人社会”中，个体的社会关系结构简单、社交活动范围有限，社会交往双方信息比较对称，容易建立和维持彼此间的信任。

到了网络时代，虽然认识与否不再是交往的障碍，但是在网络中个体也会因为这种特定关系的亲疏而决定是否信任他人，关系在网络信任中仍发挥着重要作用。关系的好坏意味着双方不同的熟悉程度，不同的信息缺失。特别是在网络这种匿名交往环境下，交往对象的信息是一种非常重要而又比现实更难获取的资源。能否了解有关对方的信息，直接影响给予信任所带来的风险的大小。网络交往主体在网络中发展出来的人际关系，主要是陌生人之间的一种“情感人—情感人”的关系，网络人际信任的发展具有较强的兴趣、情感导向，情感因素是网络人际交往的基础。另外网络

① 费孝通. 乡土中国 生育制度［M］. 北京：北京大学出版社，1998：26.
② 薛天山. 人际信任与制度信任［J］. 青年研究，2002（06）：15-19.

交往又具有匿名性、间接性的特点，这种以情感为基础的网络关系，缺乏现实身份的联结，有着虚幻、不稳定的一面。

（二）对网络震惊消息的信任较低

从表 12-4 可以看到在被调查对象中，仅仅有 8.8%的人认为，网上的震惊消息是可信的，而通过现实获得同一消息则有 45.1%的人认为这是可信的。在不可信方面，49.5%的人认为通过网络得到的消息是不可信的，只有 16.5%的人认为通过现实得到的震惊消息是不可信的。

表 12-4　网络和现实对同一消息信任情况

	网络中听到的震惊消息					现实中听到的震惊消息				
	非常可信	可信	不可信	不知道	非常不可信	非常可信	可信	不可信	不知道	非常不可信
频次	3	8	45	18	17	8	41	15	25	2
%	3.3	8.8	49.5	19.8	18.7	8.8	45.1	16.5	27.5	2.2

网络带来了信息传递的便捷性、即时性和互动性，但同时虚拟空间的匿名性和隐蔽性，也容易产生“负外部性”，为失信行为提供了客观上的可乘之机。比如，一些网络媒体、公众号、客户端不惜通过哗众取宠、传播谣言吸引流量，一些电商通过售卖假冒伪劣追求利益，一些数据技术公司甚至通过倒卖个人信息牟取私利①。这些问题都说明，无论在技术、利益还是机制层面，互联网信任都急需得到保障。习近平总书记强调：“网络空间是亿万民众共同的精神家园。网络空间天朗气清、生态良好，符合人民利益。网络空间乌烟瘴气、生态恶化，不符合人民利益。”②

（三）网络中虚假的自我表露

网络上的自我表露是指一种信息传播行为。用户出于维持人际联系或

① 以诚信建设守望网络家园［N］. 人民日报，2019-12-04.

② 在践行新发展理念上先行一步　让互联网更好造福国家和人民［N］人民日报，2016-04-20.

者满足个人需求的目的，通过各种不同的信息形式将在线生产的内容传递给媒体上的其他用户。具体来说，媒体上的自我表露可以是语言形式的（聊天信息、评论、状态更新），也可以是非语言形式的（位置共享、共享照片、视频、新闻或者链接）①。从表 12-5 中我们可以看出，有 49.5%的调查对象在网络中对别人说谎，其中有占 34.1%的调查对象选择了在向别人描述自己身份的时候几乎全是假的，有 30.8%的调查对象给他人的身份信息是真假相间的。

表 12-5 网络自我呈现的真实性情况

	频数	百分比	有效百分比	累计百分比
几乎完全是假的	31	34.1	34.1	34.1
大部分是假的	14	15.4	15.4	49.5
真假相间	28	30.8	30.8	80.2
大部分是真的	10	11.0	11.0	91.2
几乎全是真的	8	8.8	8.8	100.0
总计	91	100.0	100.0	

在网络上呈现虚假信息，即“印象管理”。印象管理出自拟剧论，指如何在他人心中塑造一个自己所希望的印象的过程。拟剧论使用剧场语言描述自我在日常生活中的表演，这个设定同样可以延伸到虚拟世界中：网络中的个体如同舞台上的演员，在互动过程中不断调整自己的行为反应以寻求与互动对象的相互协调；人们在网络上赋予自己的角色以不同的含义，也由于各自不同的自我概念和角色扮演技巧而拥有独特的互动方式。在同一个舞台中，两位演员根据情境和自身需要决定联合演出，并共同分享后台道具和运作。表演是否顺利、能否得到观众的认可和好评是决定互动进行下去的关键。从表 12-6 中，我们可以看出，有 49.5%的调查对象

① 牛静，孟筱筱．社交媒体信任对隐私风险感知和自我表露的影响：网络人际信任的中介效应［J］．国际新闻界，2019（07）：91-109.

认为其他网民所给他的信息大部分是假的，并且 34.1%的调查对象认为其他网民的信息是真假相间的。也就是说，充满了虚假信息的网络互动很难持续，也很难建立信任关系。

表 12-6 网络身份的真实性

	频数	百分比	有效百分比	累计百分比
几乎完全是假的	9	9.9	9.9	9.9
大部分是假的	36	39.6	39.6	49.5
真假相间	31	34.1	34.1	83.5
大部分是真的	8	8.8	8.8	92.3
几乎全是真的	7	7.7	7.7	100.0
总计	91	100.0	100.0	

哈贝马斯的沟通行动理论认为沟通行动的目的是行动者为了协调相互的行动而进行的行动。这种协调又是行动者相互之间以语言为中介，通过相互沟通而达到的。在建立私人关系之前一定有言语或文字上的沟通作为前提条件或准入机制，以此区分是否“为我族类”，而在完成任务的过程中也少不了彼此间的策略商讨和沟通，在持续沟通的过程中建立信任关系①。由于网络世界的虚拟性，人们对网上的对话充满了怀疑和不信任感，不敢轻易相信。正如有的人所言：“网上交往只能把它看作游戏。在网上与你谈情说爱的纯情少女在现实生活中也许是一个老婆婆。”人们都互相怀疑与自己交往对象的真实性，不敢把自己的真实情况告诉对方，信任自然会受到影响。

（四）网络中的利益计算

从表 12-7 中我们可以看到，在陌生网友告诉你她来到你所在的城市，

① 陈纪. 哈贝马斯的沟通行动理论［J］. 河北理工大学学报（社会科学版），2008（03）：8-10.

已经身无分文，要你去“营救”她的情形下，有82.4%的调查对象认为这些网友可能是有组织的骗钱、故意捉弄自己、觉得这类网友来路不明。有点犹豫的占8.8%，只有8.8%的人选择相信。

表12-7　对陌生网友的信任情况

陌生网友告诉你她来到你所在的城市，已经身无分文，要你去“营救”她。你会				
	频数	百分比	有效百分比	累计百分比
可能是有组织利用网络骗钱的	19	20.9	20.9	20.9
肯定是有人故意作弄自己	30	33.0	33.0	53.8
来路不明的网友不理为妙	26	28.6	28.6	82.4
有点犹豫想到可能是真的	8	8.8	8.8	91.2
毫不犹豫让她在那里等你	8	8.8	8.8	100.0
总计	91	100.0	100.0	

霍曼斯认为，对社会行为的所有解释归根到底都是心理学的解释。人是理性的，他的行为要么是为了获取报酬，要么是为了逃避惩罚，这种利益最大化的原则就是人们交往的基本原则①。根据霍曼斯的交往原则，网络中的人们之间的交往源于其自身利益的需要和满足，不论是组队完成任务，还是交易行为，初衷都是如此。而在此之后建立的更深层次的信任关系则依赖于对方能否长期地给自己带来“好处”或利益。在这层保证下，持续互动成为可能，信任关系由此升级；反之，信任坍塌。由于网络社交的虚拟性，导致它的可靠程度较差、交往的层次肤浅，很多人认为它仅仅是消遣。认为这种交往只有广度而没有深度，多为点头之交，而真心好朋友难觅。如果没有进一步交往的可能，基于理性的算计，人们也会对其产生不信任。

虽然人们对网络交往的对象，不愿用金钱来帮扶，但是却又抑制不住

---

① 潘崇岚. 在心理学与社会学之间：霍曼斯交换理论的行为主义心理学基础［D］. 北京：北京师范大学，2009.

对陌生人的爱。从表 12-8 中，我们可以看到绝大多数人不会将自己的隐私拿到网上去说，但是还是有 11.0%的调查对象觉得网络中没有利益的纠葛，为了一时的痛快，他们会把自己的隐私告诉别人。但是，这并不代表他们信任对方，而是在双方没有利益纠葛的前提下做出的行为。

表 12-8　网络隐私表露情况

	频数	百分比	有效百分比	累计百分比
绝对不会	24	26.4	26.4	26.4
不会，不知道倾诉对象可靠与否	33	36.3	36.3	62.6
看自己心情而定	24	26.4	26.4	89.0
会，网络中没利益纠葛	10	11.0	11.0	100.0
总计	91	100.0	100.0	

在网络社会中，由于社会线索的缺失，网络人际交往被称为“只爱陌生人”的交往，网络社会也成了陌生人社会。从心理学角度说，陌生人社会往往使人容易放纵，而网络的速效便利，使得一些被压抑的欲望轻而易举地释放到网上。许多人日常生活中循规蹈矩，而在网络中随便做什么事情都不觉得有什么不妥。

三、网络信任危机的原因

信任危机是社会成员在个体间交往、团体活动及社会公共生活方面因缺乏共同的信任基础而产生怀疑与不放心的体验，网络人际交往信任危机便是这一危机在网络层面的体现①。本书根据收集的第一手资料和查阅的相关文献，得出目前网络信任危机出现的原因主要有以下几个方面：

（一）网络信任的单向性

当单方面轻信对方以后可能会导致对方的失信而损害到自己的利益，

① 张学敏，李雨，张明. 提升社会信任——转型期高等教育作用变化的实证研究［J］. 教育与经济，2017，33（05）：3-9，26.

从而引发他以后对别人不再信任，而产生网络信任危机。在信任关系中，一旦对方失信，利用了这种信任，那么个体受到的损失将远远大于他信任他人所带来的收益。从表12-9中，我们可以看出有68.1%的人，在网络交往过程中，有不愉快的经历，其中有39.6%的人是单方面信任了别人。有了这些不愉快经历，他们下次还会相信别人吗?

表12-9　网络交往中的负面经历

	频数	百分比	有效百分比	累计百分比
告诉心里话，遭恶意回应	32	35.2	35.2	35.2
告诉地址，电话后被骚扰	4	4.4	4.4	39.6
理想和现实差距太大	22	24.2	24.2	63.7
受到钱财上的欺骗	3	3.3	3.3	67.0
其他	1	1.1	1.1	68.1
没有这些经历	29	31.9	31.9	100.0
总计	91	100.0	100.0	

（二）网络信任的外部环境不佳

我们从表12-10中可以看出，有59.3%的调查对象，认为造成目前网络信任危机的原因是社会上缺乏诚信观念，不信守自己承诺的人存在和社会风气的影响。

表12-10　网络信任危机的原因

	频数	百分比	有效百分比	累计百分比
社会风气造成的	46	50.5	50.5	50.5
缺少宣传和教育	37	40.7	40.7	91.2
社会上缺乏诚实守信观念，不信守自己承诺的人存在	8	8.8	8.8	100.0
总计	91	100.0	100.0	

当前，中国社会的信任仍以特殊主义的人格信任为基础，受血缘地缘关系影响极大，中国人对既定关系外的陌生人的信任度较低。有很多人认

为反正是陌生人，也没有义务为其恪守承诺，从而致使整个社会没有诚信风气。当中国从传统型社会逐渐向现代型社会转型，科学技术的进步与经济的快速增长扩大了个体的社会交往空间时，这种状况尤其显著。个体开始走出单一封闭的社会交往舒适圈，建立新的网络人际关系和社交网络。传统的以“关系”为本位的社会关系结构逐渐瓦解，基于情感“熟人社会”的人际信任逐渐弱化。然而，现代社会基于“契约精神”的制度信任却尚未完全成型，新旧社会规范、功能交替时出现了某种程度上的信任机制断裂①。人际信任受多种因素的影响，如社会交往、过去的经验等。现实生活中和互联网上大量的负面信息容易使我们陷入人际信任的危机当中，容易使我们沉浸在消极悲观的情绪之中，尤其是人们目睹了一些负面案例之后，感觉整个世界都是糟糕的。由于社会诚信环境欠缺，网络信任也就更无从谈起，进而产生人际信任危机。

（三）网络信任的去社会性

现实社会中，行动者总是被打上特定的社会烙印。有各种各样的社会特征，它们都会影响人际互动。然而，网络空间是一个既隐匿又流动且非面对面的情境，人们在互动时，可以放心不会被人监视，也不用太顾忌社会规范的压力以及在现实社会互动中的人际障碍，如生活方式的不同、文化层次的高低、身份的差异等。这里并不存在真实世界中的身体属性、社会属性及地域属性等造成的各种沟壑。

就互动者的心理而言，他们大可安心，畅所欲言。因为大部分现实社会中附加在人身上的各种自然和社会的特征在网络互动中被忽略了，在网络中可谓“真正”建立了人与人之间的普遍交往。互动的去社会性，可以让人们在真正意义上平等地互动。但是，网络具有开放性的特点，很少有人能找到真正的符合自己要求的交往对象，这就使得交往的主体和客体之间缺乏共同的心理认同，从而缺少了信任的基础。

---

① 张学敏，李雨，张明. 提升社会信任——转型期高等教育作用变化的实证研究［J］. 教育与经济，2017，33（05）：3-9，26.

在现实社会中，人们既有的生理、心理特征和社会身份都直接影响着人际交往和人际关系。人们往往因某人的外在特征，如相貌、身高及其扮演的社会角色或已有的社会身份地位而产生心理上的接近或疏远。而网络空间作为一种符号化的信息储存库，实际上也就决定了人们在网络空间中的互动本质上就是一种符号化或以符号为中介的互动，人们别无选择，只能顺着已经铺设好的路线，借助于毫无生气的二进制符号来行动。虽然人们在现实互动过程中也必须依赖于符号的运用，但在这一过程中符号仅仅是作为一种互动沟通的中介而使用。在网络互动中，各种各样的象征符号不仅构成了人们互动的必不可少的行动中介，而且进一步构成了人们可能直接进行互动的对象。现实社会互动中的中介在网络社会中占据了主体的地位，势必导致人的主体性消解，人际互动成为符号文本之间的互动。符号化和抽象化更进一步消解了人的情感、价值及其多样性，最终导致人与人之间关系的疏远、情感的冷漠。

（四）网络信任的规范保证不足

网络社会的人际交往是以网络为中介进行的，网络中的每一个成员都可以最大限度地参与信息的制造和传播，这就使网络成员几乎没有外在约束，而更多地具有自主性。同时，网络是基于资源共享、互惠互利的目的建立起来的，网民有权利决定自己干什么、怎么干，由于网络提供的是一个介于“似”与“不似”之间的拟态社会，它很难形成像现实世界那样强大而正规的社会规范，有很多行为也难以受到法律的明确约束。人们仅靠个人内心信念和自律程度来维系，其力量远不如现实社会中的法律和道德规范的约束力。

网络的无主控中心和追求自由的特点，决定了虚拟社会的交往更容易处于无序和失范状态。所谓失范是指在社会生活中，当社会规范不得力、不存在时，个人或社会都会出现的混乱状况。在现实社会中，人际交往行为多是依靠社会舆论监督以及法律制裁等的威慑，人际交往的规则具有强大的约束力。而一旦进入虚拟的网络社会，其约束作用就会丧失，加之网络发展初期社会还没有形成健全的适用于网络的社会规范，一些人会为自己突然之间在虚拟社会中获得的能力所陶醉，忘掉自己的社会角色、地位和行为后果，在网络世界中彻底释放自己，随心所欲，诱发了网络世界中不负责任行为的大量涌现，使得网络交往中人与人之间普遍缺乏信任。

网络中的人际信任危机虽然是在虚拟社会中产生的，但它反映的心理却是有代表意义的。如果不加以正确引导，势必会对社会造成一定的影响。心理学研究表明，当一个人的某种行为习惯养成之后，就有可能转换成个人的人格特质。网络上流行的一段话就是该思想的写照："请小心你的思想，它会影响你的行为。请小心你的行为，它会影响你的习惯。请小心你的习惯，它会影响你的性格。请小心你的性格，它会改变你的命运。"人们在虚拟社会养成的虚假言行习惯，很容易带到现实社会中来，而现实社会不同于网络社会，它有严格的伦理规范和道德规范，这种虚假行为的存在是受到谴责的，这就很容易产生人格障碍。

网上人际信任危机还会迁移到现实社会，人们由于在虚拟的网络交往中已经习惯于以虚假的身份角色与别人进行交往，在现实的人际交往中自然而然地也容易以虚假的面目去与人交往，这样就导致人际交往的真诚性受到很大质疑。人们更愿意去面对电脑而不是真实的人，宁愿沉溺于虚拟世界，也不愿直面现实生活，从而加剧了现实社会人际关系的信任危机。一直以来，公众的信任水平是衡量社会经济平稳发展、防范社会风险和化解潜在危机的重要指标。因此，必须着力缓解网络信任危机。

四、网络信任危机的缓解策略

（一）互动主体方面

由于网络空间还没有发展出像现实社会那样完整而严密的法律制度来确保网络秩序，所以在网络交往过程中要通过长期的人际互动，寻找信赖。人们总要行动，信赖让人们敢于行动，因为这种信赖基于对未来可能事件的可靠性的预测和计算之上，信赖作为假设是对一个人的知和不知之间的状态。彻底知晓的人不需要去信赖（他人），根本不知晓的人，从理智上讲，根本不可能信赖（他人）。借助这种信赖，人们建立熟悉和亲密的网络人际互动关系。这样也就更接近了中国现实社会的熟人信任结构，这在一定程度上可以解决网络信任危机。

（二）社会环境方面

社会信任首先是一个国家、一个地区、一个民族文化积淀的体现。Knight 认为，良好的社会文化与价值规范能够起到激励作用，从而使人们在社会生活中遵守互信原则。我国社会文化历来重视诚实守信，强调“言而有信”“取信于民”。因此，自古以来，我们的优良传统文化氛围营造了良好的诚信氛围①。我国正处于社会转型期，有研究者认为暂时出现的社会信任下降与这一特定历史时期可能有一定的关系。社会在经历巨大变迁时，会出现一定的失范状态，这时往往会观察到比平时更多的互不信任甚至欺诈的现象，民众的社会信任感也会随之下降。在调查过程中，有 50.5%的调查对象认为，网络信任危机受社会风气的影响。当整个社会诚信风气不定的时候，网络信任又何从谈起？那么要解决网络信任危机，人们必须为其提供诚信的社会环境。这就要求现实社会中的人们“以诚为本”，做一个诚实守信的人。社会要快捷地重建信任，首先以制度促进人们追求长期利益而不是短期利益。因为当人追求长期效益的时候，就要注意自己的声誉，不会骗人了。比如，陌生人社会实行记录制度，就像档案一样一直跟着你，如果你哪一个阶段不诚实，都有记录，都能查到。有记录，人们就会在乎自己的名誉。

（三）网络社会规范和制度方面

在信任理论中，根据交往双方的身份，外在环境中的互动大体分为两类：一类是人际互动，发生在人际交往领域，交往对象包括家人、朋友等，催生人际信任；另一类是制度互动，互动对象是制度或者实施制度的

---

① 从整体视角提高社会信任［EB/OL］. 中国社会科学网，2016-08-17.

代表（如医生、法官、警察等），互动行为是以制度规范为依托。作为传统人际架构范围之外的行动准则或办事规程，制度是对“非人际”关系领域内的社会互动的一种规范和承诺，而公众之所以对制度产生信任，在于相信这些制度会顾及自身利益，并且它能够在相应领域内实现对公众的承诺①。近年来网络上常出现“做好事被讹”现象，由此导致各类社会信任问题。有研究指出这类事件频繁发生的诱因有三点：法律上的漏洞、社会不公平导致的讹人理由、特殊主义道德观②。由于网络提供的是一个介于似与不似之间的拟态社会，它很难形成像现实世界那样强大而正规的社会规范，有很多行为也难以受到法律的明确约束，人们仅靠个人内心信念和自律程度来维系，其力量远不如现实社会中的法律和道德规范的约束力。

从社会学的角度解决网络信任危机的方法就是促进网络社会运行规则和行为规范的形成。网络社会是一个完全开放的社会，其成员构成极其复杂，它吸引了不同背景、行业、年龄的公民，同时也吸引了许多居心不良的人。因此，我们需要建立一整套区别于现实社会的网络运行规则来规范网络社会。该规则是区别于现实社会的，专门适用于网络社会的，比如，《维护互联网安全的决定》《互联网信息服务管理办法》等法律法规，他们是保证网络社会秩序和安全运作的强制而有效的手段。

在网络中的信任也可以依赖软性的、非约束性的机制。对人性善的奉献、对网络友谊执着的信念，是启动和深化网络人际信任的必要条件。但是，它们在很大程度上只是一种单方面的道德信任，没有法规作最后的屏障，其本身面临着巨大的风险。所以我们要把互动主体、社会环境、网络社会规范结合起来，齐抓共管，这样才能更好地完善网络社会，减少和避免网络危机的产生。

---

① 邹宇春，周晓春. 当前中国社会信任度调查［EB/OL］. 中国社会科学网，2016-06-13.

② 杨慧. 现代社会的信任重构［EB/OL］. 中国社会科学网，2020-06-16.

第十三章

规则体认——以天涯社区为例

网络把人类社会及其多样复杂的各个部分连成了一个崭新的世界，使人类的连接方式和社会关系发生了巨大变化。由于网络媒体传播方式的复杂性、交互性以及开放性，使得网络上出现了各种情形。网民们可以通过各种博客、论坛、微博、轻博等匿名或公开地发表自己的意见、表达自己的情绪、开展各种活动。人们习惯了基于网络的社交环境，但却有谣言、网络暴力和信任危机等一些反常规情形，需要规则来约制。与现实社会以“差序格局”式的人际关系网络和科层制式的组织结构为基础构建起来的规则体系不同，虚拟世界以其匿名性、无权威性、去中心化、多元化、联结与隔离并存等特性，具有自身独特的秩序构建模式、规则衍生机制及作用机理。

在虚拟社区发展的初期，某些内在规则使虚拟社区有效运转，虚拟社区的繁荣发展过程基本上是一个自组织的过程。但近年来，网络所衍生出来非秩序化的社会现象不仅妨碍了网络社会中大部分人或一部分网络行为者的正常的社会生活轨迹和秩序，而且也对整个网络社会生活造成了较大的影响，并在一定程度上影响了网络社会正向变迁过程的形成①。因此，虚拟社区的管理已被各国政府与组织所重视，要求外在秩序的植入，以与网络内在秩序一道共同维护网络和谐。

① 冯鹏志. 数字化乐园中的阴影：网络社区问题的面相特征［J］. 自然辩证法通讯，1999（05）：35.

在虚拟世界独特的生活空间内，其内在的秩序是如何生成的，外在的秩序又是如何植入的，社会怎样通过内在秩序与外在秩序的良性互动来达成虚拟社区完整秩序的建构成为人们的关注焦点。

一、规则与秩序的社会学意蕴

从社会学角度研究规则，主要研究的是社会中独立于行动者的规则及其服从问题。基于各自的理论取向和分析角度，研究者对此问题大致分为两种解释视角：一种是工具性视角，一种是规范性视角①。工具性视角认为，人们之所以会服从规则，乃是实际利益使然；人们在行动过程中对规则是否服从完全取决于由此所带来的收益和所付出的代价②。规范性视角的观点认为，人们服从规则是伦理、道德等文化因素“价值内化”的结果；人们对规则的服从是因为内在的价值取向告诉他们这样做是“应该的”，而不在于他们认为这样做对自己有益③。泰勒将上述两种视角综合起来考虑，提出法律服从的动因可以分为基于工具性和基于规范性的：前者主要包括“受惩罚的风险”和“同侪的评价”；后者主要包括“个人的道德观”和“合法性观念”。“合法性观念”又可分为“意识到的责任”和“对法律权威的拥护”，并将其操作化为量表进行了具体的经验性研究④。该看法无疑可以对我们了解规则及其服从有一定的助益。但因为规则问题的重要性，其他学者的观点，也需要进一步参考。

因“社会规则是可以自发演化的”的观点而闻名于世的哈耶克，将社会秩序分为“内生秩序”和“外生秩序”，并对内生秩序进行了详细的论

① 郭茂灿. 虚拟社区中的规则及其服从——以天涯社区为例 [J]. 社会学研究，2014 (02)：103-111.

② [美] J. 科尔曼. 社会理论的基础 [M]. 邓方，译. 北京：社会科学文献出版社，1989：294.

③ [美] M. 沃特斯. 现代社会学理论 [M]. 杨善华，等译. 北京：华夏出版社，2000：47.

④ 冯仕政. 法社会学：法律服从与法律正义——关于中国人法律意识的实证研究 [J]. 江海学刊，2003 (04)：98-105，205.

证。哈耶克用“self-generating order”“self-organizing order”来表达自生自发的秩序，对应于希腊语中的“cosmos”，是成长的秩序、内生秩序，同时用希腊语“taxis”表述人造秩序或外生秩序。他认为社会秩序“是许多人的行动的产物，而不是人之设计的结果①”。哈耶克对内生秩序的阐释成为社会秩序演化的经典论证。

在20世纪70年代兴起的自组织理论为自发秩序的生成过程提供了全新的方法，将“秩序”界定为远离平衡态条件下开放系统的自组织状态②。秩序可以在过程中得以发现，秩序自发产生的现象，就是自组织。自组织可定义为这样的过程：最初缺乏组织的系统在复杂环境中作为经济主体自发相互作用的结果，在没有任何主体控制或任何系统外控制力量的情况下，实现日益增加的自我控制，形成自我维持的复杂秩序。

根据上述分析，规则可以被看作“类似于一种程式或程序，一种关于如何行事的想当然的知识”。这种程式既可以是外在的规则内化于行动者的实践意识中的，也可以是行动者在情境中的创造③。本研究将规则分为两个方面：对虚拟社区外部约束，即法律、管理规定、道德和习俗等外部权威；虚拟社区自觉生成的成文以及不成文准则即内部权威，如不得进行人身攻击、泄露他人的隐私等。

二、规则服从的实验以及影响因素

对规则服从最著名的研究来自米尔格莱姆。他试图通过实验来回答“为什么会有这么多正常的、受过文明教化的德国人竟会对别的人实施如此不可理喻的暴行”这一问题。在20世纪60年代，他通过海报招募了40名20—50岁的被试者，各自分配了不同的见面时间。在一间很大的实验

---

① HAYEK F A. Law, Legislation and Liberty: Rules and Order (I) [M]. Chicago: The University of Chicago Press, 1973: 44.

② 沈小峰，等. 自组织的哲学 [M]. 北京：中共中央党校出版社，1993：6-19.

③ [美] M. 沃特斯. 现代社会学理论 [M]. 杨善华，等译. 北京：华夏出版社，2000：113.

室里，一位打扮整齐、身着灰色实验制服的人接待了他们。同时见面的还有另一位“被试者”。穿实验制服的人（权威），向两位真的和假的被试者解释说，他在研究惩罚与记忆的关系。两位被试者中一位将扮演教师，另一位扮演学习者，抓阄决定各自扮演什么角色。实验者抓阄环节进行了别有用心的安排，所有真被试都抓到了“教师”那张。

然后，实验者会带领两位被试者到一个小房间里去。学习者（假被试）坐在一张桌子前，他的双臂被绑起来，电极接到手腕上。实验者说，他希望电击不会太重；这人有心脏病。然后，教师（真被试）被带入另一个邻近的房间，他可以在这里向学习者说话，也可以听到学习者的声音，可看不到他。桌子上有一个大金属盒子，里面有一个电击发生器。前面有摆成一排的 30 多个开关，每个开关上都标着电压数（15 伏—450 伏），另有“轻度电击”“中度电击”“危险：严重电击”等标志。

教师要宣读一些成对的词给学习者听，再考他的记忆力。他先念一组词中的第一个词，然后念四个可能答案，让学习者选择其中正确的一个词。学习者通过面前的按钮来选择答案。每当学习者选择了错误的答案，老师就按动开关，给他一个电击，从最低的水平开始。每当学生犯一个错误，老师就给他一个比先前高 15 伏的电击。

一开始，实验进行得很容易。学习者会给出一些正确的答案，也有一些错误答案，老师在每个错误答案之后给学习者轻微的电击。可是，随着学习者犯的错误越来越多，电击程度也越来越高了。要交代的是，这些仪器都是些假摆设，实际上没有任何电流从里面出来。到 75 伏的时候，学习者发出了听得见的呻吟声；到 120 伏的时候，他喊出声来，说电击已经弄得他很痛了；到 150 伏时，他叫出声来：“放我走，我不想试了！”每当教师动摇时，站在他旁边的研究者都说：“请继续下去。”到 180 伏时，学习者喊叫起来：“我疼得受不了啦！”到 270 伏时，他嚎叫起来。当教师犹豫不决时，研究者说：“实验要求你进行下去。”后来，当学习者开始撞墙，或者更后面，他开始尖声大叫时，研究者严肃地说：“你得进行下去，这是绝对必需的。”超过 330 伏时，隔壁只有沉静。令人万分惊讶的是有 63%的教师当真进行下去了，用 450 伏电击击打学生。

如果你说这些被试者都是施虐狂，能够从他们以为正在发生着的痛苦当中体会到什么快感，那你就错了！性格测试显示，他们完全正常。据实验报告和被试者回忆，在遵照研究者的命令进行实验时，受试者是很痛苦的。如米尔格莱姆在报告中所言：在很多情况下，紧张到了在心理学实验室里很少看见的程度。可以看见受试者出汗、颤抖、口吃、咬嘴唇、呻吟、手指甲都抓进肉里面去了……一位成熟的、开始很有自制力的生意人，进实验室的时候满脸微笑，十分自信。在 20 分钟时间里，他就变得颤搐，口吃起来，很快接近精神崩溃……可是，他还是继续对实验者的每一句话进行反应，一直执行着命令，直到最后①。

在米尔格莱姆看来，在实验中，权威的作用举足轻重。当实验者穿着实验制服——典型的权威标志时，服从情况最多；当实验者脱去制服，只穿着普通衣服时，服从情况最少。当实验是在象征着权威的学术殿堂开展时，服从情况较好；当实验在路边的两层普通建筑中开展时，服从情况较少。当实验者在被试者身边进行命令督促时，服从情况较普遍；当实验者用电话进行命令指示时，服从情况较差；当被试者与假被试面对面时，服从情况最差；当被试者与假被试相互不可见时，服从情况最好。可见，导致服从的因素包括：规范性信息和信息性信息。在现代社会无任何异议地服从合法权威是我们学会的一条规则。通过工具性学习和观察性学习，通过父母、教师和政治人物的教育，我们充分地学习了这一规则。就像从众一样，服从也有其益处。服从通过让社会避免混乱和无政府状态，从而使社会受益；因此，在社会生活中命令广泛存在。同样，通过学习那些能够帮助我们避免某些惩罚（例如，因蔑视老板而失业、因忽视警察发出的靠边停车的命令而被逮捕）和获得某些奖励（例如，专家的合理忠告）的经

---

① ［美］菲利普·津巴多，迈克尔·利佩. 影响力心理学［M］. 邓羽，等译. 北京：人民邮电出版社，2008：60.

验规则，使我们个人也能在服从中受益①。根据米尔格莱姆的实验，探究虚拟社区的规则及其服从时，应着重从其外部权威和内部权威入手。

三、天涯社区的外部权威

天涯社区创办于1999年3月，自创立以来，其以开放、包容、充满人文关怀的特色受到了全球华人网民的推崇，经过二十几年的发展，已经成为以论坛、部落、博客为基础的交流方式，综合提供个人空间、相册、音乐盒子、分类信息、站内消息、虚拟商店、来吧、问答、企业品牌家园等一系列功能服务，并以人文情感为核心的综合性虚拟社区和大型网络社交平台。

天涯社区注册用户早已过亿，拥有数百万高忠诚度、高质量用户群所产生的超强人气、人文体验和互动原创内容。天涯社区一直以网民为中心，满足个人沟通、创造、表现等多重需求，并形成了全球华人范围内的线上线下信任交往文化，成为华语圈首席网络事件聚焦平台，是最具影响力的全球华人网上家园。作为重要的网络虚拟社区，其内容得到各种层面的监管，是网络环境整洁和内容健康的关键。

（一）管制的主体

政府管制是政府基于特定的价值追求而做出的积极主动的权利行为，旨在协调个人利益和公共利益，而公共利益是政府管制的目的。一个人的利益不能损坏另一个人的利益，而个人利益不能损坏公共利益。虚拟社区管制涉及管制主体、管制内容、管制对象及管制手段。管制主体是指对虚拟社区进行管制的单位，主要包括政府司法部门、行业监管机构以及政府授权成立的行业协会；管制内容主要是指在互联网上传播，对个人、企业和国家造成伤害的内容；管制对象是受互联网内容法律法管制约和规范的

① ［美］菲利普·津巴多，迈克尔·利佩. 影响力心理学［M］. 邓羽，等译. 北京：人民邮电出版社，2008：63.

人或企业主体，主要包括在网络上传播、运营内容的个人或企业；管制手段是指管制主体对管制对象实施管制的方法措施。

由于网络内容包罗万象，传播方式新颖而独特，因此单个部门很难承担网络管理的重担。鉴于此，很多政府部门参与到了网络管理之中。从国家层面上看，承担互联网主要管理职责的是中华人民共和国国家互联网信息办公室、信息产业部和公安部。除了这三大部门，文化、卫生、工商、教育、新闻出版等部门也在对网络实施着管理。这些管理者根据每个部门的工作内容和特点以及自己拥有的权限关注着网络世界。

（二）管理方式

当前网络管理采用的是多样化的管理方式。管理方式主要有政策法规、经济手段、行政手段和技术监督等。目前在网络活动管理上主要的法律法规有《中华人民共和国国家安全法》《中华人民共和国网络安全法》《互联网信息服务管理办法》《互联网上网服务营业场所管理条例》等法律法规及部门规章。

2020 年 3 月 1 日施行《网络信息内容生态治理规定》对网络信息的管理更加规范和严格。网络信息内容生态治理是指政府、企业、社会、网民等主体，以培育和践行社会主义核心价值观为根本，以网络信息内容为主要治理对象，以建立健全网络综合治理体系、营造清朗的网络空间、建设良好的网络生态为目标，开展的弘扬正能量、处置违法和不良信息等相关活动。该规定要求网络信息内容服务平台应当建立网络信息内容生态治理机制，制定本平台网络信息内容生态治理细则，健全用户注册、账号管理、信息发布审核、跟帖评论审核、版面页面生态管理、实时巡查、应急处置和网络谣言、黑色产业链信息处置等制度①。这些政策和法规瞄准的是更高层面建设清朗网络空间的目标，即全面提升网络内容治理效果，全面优化并重构网络内容生态结构，是宏观管理。

---

① 《网络信息内容生态治理规定》全文［EB/OL］．人民网，2019-12-20.

经济手段、行政手段和技术监督则是微观管理，其目的是对网络供应商和使用者的网络相关行为有所规定。经济手段主要包括中央政府投资建网和重点扶持拥有优秀网络文化内容的网站等。行政手段是网络管理部门有规律地对网站进行更为具体的干预，主要包括定期检查网站内容、临时下达各类报道要求，随时布置网站的工作重点、控制网络信息资源等。技术监督主要是采用技术手段对不良网络内容进行过滤和封堵，对可能诱发网络成瘾综合征的产品进行技术改造。宏观和微观相结合的管理方式在一定程度上净化了网络社区，同时也使各部门有了发挥的天地，调动了他们的积极性。

对网络进行管理不但包括硬性的管理措施，还包括柔性的管理策略。柔性的管理策略之一就是依靠网络阵地进行积极的辐射和引导。当前能够起到积极辐射和引导作用的网络主要是由政府、高校、主流媒体等建设的。这些机构都是社会的主导机构，这样的社会地位使他们认识到自己有责任在网站中大力唱响主旋律，因此派出专门人员不断地建设和优化相关网站。政府主要是投资建设和优化了新华网、人民网、千龙网和中国网等网站。高校建设和优化了校园网和教育城域网。主流媒体则迅速抢滩了互联网，纷纷创办了电子版。这些被优化后的众多网站就形成了一片阵地，这一片阵地的作用非常巨大。例如，中央政府积极支持的新华网、人民网等 8 家重点新闻网站每天首发新闻超过 24000 余条，日均页面访问量达到了 2. 17 亿人次①。这样大的访问量说明这样一片阵地不但对网民具有辐射和引导的作用，而且行业各部门思想的统一、凝聚力的形成也有赖于这一片阵地。

柔性管理措施之二是道德制约。虚拟社区中人们之所以会服从规则，最主要是人们“个人的道德观”起作用。人们相信如果不服从规则，在道德上是错误的。一个人在一定的道德认识、道德情感和道德意志的指引和激励下，表现出对他人或社会所履行的具有道德意义的一系列具体行动称之为道德行为。道德行为受一定的社会条件制约并具有某种社会倾向，它

---

① 荣华. 我国的网络文化：现状及作用［J］. 中国党政干部论坛，2007（06）：35-36.

是一切具有善恶价值并应承担道德责任的个人活动；在个人利益和社会利益关系上，会从本人意志出发，自主地进行选择。在虚拟社区中，更多的用户，还是会在自己的道德情感指引下，做出一些具有道德意义的行为。例如，在著名的“犀利哥”事件中，大家自发地去关心他、寻找他的家人，而当有人出于好玩的心态与他合影时，大家都去谴责这种行为，认为这是对犀利哥的不尊重，是一种对他人尊严的践踏。这些行为都是一种道德行为，是道德动机与行为的统一。

（三）管理队伍

网络管理的具体实施必须依靠高效的管理队伍，因此各个管理部门都组织了精兵强将来营造健康的网络环境。这些队伍有信息产业部门的网络技术和网络产业建设队伍、文化部门的网络项目的策划者和网络内容审查者、公安部门的网络安全队伍如网络警察、教育部门的舆论引导队伍和网络管理研究者等。他们积极探索虚拟社会现实化管理的办法，加强对网络虚拟社会各项要素的控制。这些控制的要素包括网站、论坛、栏目和网民，目前已经初步取得了管理成效。

四、天涯社区的内部规则

在2012年12月28日通过的《全国人民代表大会常务委员会关于加强网络信息保护的决定》中规定：“网络服务提供者应当加强对其用户发布的信息的管理，发现法律、法规禁止发布或者传输的信息的，应当立即停止传输该信息，采取消除等处置措施，保存有关记录，并向有关主管部门（许可证）报告。”这一“授权条款”授权网络服务提供者对用户发布信息进行管理、采取必要的处置措施①。具体到天涯社区，其与用户之间的法律关系是基于平台的注册而产生的，用户协议、隐私政策都是以格式条

① 王磊. 互联网场域下社交网络社区规则研究——以微博社区委员会为例 [J]. 科技与法律，2015（04）：734-745.

款形式存在的合同，这是一个社区良性运行的基本保障。天涯社区有非常多样化的社区规则，有天涯社区用户注册协议、天涯社区公约、ID 管理制度等不一而足。这些规章在国家管制之下，以国家规定为基础，同时又会针对社区具体情况进行规定。这些规则对于网民的行为进行约束，以保证社区的健康运行。

在用户注册天涯会员时，会有一个选项，询问是否会遵守《天涯社区用户注册条例》，条例中对用户的用户账号、使用规则、隐私保护等都有相应的规定。如“如发现用户账号中含有不雅文字或不适当名称的，本社区保留取消其用户资格的权利”“遵守中华人民共和国相关法律法规……”“本社区不对外公开或向第三方提供单个用户的注册资料……”

在用户注册成功成为天涯社区的会员后，又会有相应的《ID 管理制度》来约束会员的行为。如果想申请为“斑竹”，也有相关的社区规则——《天涯社区斑竹申请管理规定》。针对“斑竹”、管理员有《天涯斑竹管理规定》来约束他们的行为。如果会员有什么不满或觉得社区管理上有什么漏洞，可以按照《天涯社区用户投诉管理规定》来进行操作。

天涯社区内部长期以来已经形成了一个自我管理、自我净化、自我提升的机制。网民之间、板块之间相互竞争、共同发展，形成了开放、自由、宽松的舆论氛围，带给网民丰富、舒适，独特、温情的社区体验。

天涯社区是一个互联网场域的社会群落，不同兴趣、爱好、习惯的网民，通过天涯社区来展示个性，表达态度，并共享资源。在相互交流和探讨中，依据一个公民合理的判断标准以及意见领袖的权威作用，形成一个对规则能正确服从和体认的组织良好的社区。具体过程如下：

（一）身份的确认

在进入天涯社区前会有一个资格或身份核查的过程，这种准入机制是以会员注册为核心、登录管理为辅助的运行策略。这个核查过程主要是对用户在社区内的操作进行规定。参与者只有服从这些社区规则，才能在社区中进行正常的操作。如果不进行登录，那就只能用“游客”的身份进入社区了，这样在社区内的操作就会受到限制。比如，只能浏览信息而不能发表评论、不能下载或上传资源等。对于用户登录，天涯社区不仅确认了社区用户的身份，审核了他们活动的权限，还通过 ID 掌握用户的一些观点或行为。这种既有的规则，是一个社区可以正常运作的基础，初期的规则只是出于技术方面的考虑以方便工作人员进行操作，而随着系统的复杂和参与人群互动的增加，逐渐具有了管理性和组织性，最终确定自己的规范体制。

就天涯社区而言，如果要对某一帖子发表看法或回帖，就会弹出一个界面提示要进行登录，登录后的身份就是“注册会员”，这时发言或操作就带有一定的身份特征。这个身份确认的过程也可以看作是一个契约，它会在一定程度上影响用户的角色扮演，从而会造成系统的不平衡。除了建立账号外、在网上发表文章、签名等也是建立身份的一个重要手段。

哈耶克认为身份是形成规则的行为模式的前提和基础，它是社会构件的最基本单位，社会互动、社会关系、社会群体和社会组织等都由它引发或构成①。因此，网络社会最初阶段也应该有身份认同或身份定位的过程，它是任何社会维系其运行秩序的基础，虚拟社区的出现就显现了较强的认同兼容，网民拥有相似的行为预设②。身份识别是一个网民介入网络社会与其他网民交往的首要过程，身份确定的状况决定了网络社会的社会秩序的状态。网络并不是纯粹匿名的，不管使用什么网名，一经稳定使用就塑造这个代号（网名）的特性。换句话说，这个代号的所指者慢慢地有了自己的身份认同，通过对交流双方内在人格性向识别或品位识别，推测对方的其他社会属性，以应对之后的交流互动行为。

（二）社群形成

在天涯社区中参与活动，主要是以发帖和回帖的方式进行的。一个发

---

① ［英］弗里德利希·冯·哈耶克. 自由秩序原理［M］. 邓正来，译. 北京：生活·读书·新知三联书店，1997：190.

② 孙佳音，高献忠. 虚拟社区的自组织特征及其规则生成问题［J］. 学术交流，2018（07）：143-146.

布话题的主帖及参与其中的回帖就构成了一个小型的虚拟社区。成员通过回帖的方式进行讨论，从而参与到这个社区文本互动中来。话题的发帖人要在主帖中介绍话题的基本信息：讨论内容是什么、怎么讨论等，以方便成员了解基本情况，这样可以让讨论顺利地进行下去。发布话题是虚拟社区组建的第一步，有了它才能让社区成员参与到社区文本中进行互动，从而形成一定的行为规范。

发布话题实际上是社群形成的外在刺激物。社群通常是由来自世界各地的有共同兴趣、需要或目标的网络用户自发形成的。对某一话题的共同兴趣、需要和目标等是虚拟社区中社群形成的主要原因，社群成员在长期的交流和互动中会建立或强或弱的关系。

（三）意见冲突的出现

在讨论之初，大家都是各抒己见，一副“百家争鸣”的状态。而随着讨论的不断深入，一些获得较高支持率的观点逐渐凸显出来，影响到其后成员的意见倾向。这些不同论点的出现，加剧了社区的复杂性，出现了许多意见的分歧点，同时也获得了成员自发的支持，又进一步加深了分歧。虚拟社区话语冲突的主要表现形式为：管理人员与社区人员之间的冲突、意见领袖之间的冲突、普通网民与资深网民之间的冲突，这些冲突具有普遍性、激烈性、流动性、散漫性和现实性的特征。虚拟社区离不开冲突，它既在冲突中运行，又在冲突中平衡，并在冲突中发挥其功能①。

（四）群体合意达成

随着冲突观点的交锋，形成一个个变化的论点。人们开始围绕着这些观点进行回帖，引导着话题的讨论一步一步地深入。随着回帖量频繁的活跃分子的不断涌现，态度逐渐明朗，形成观点的共识。

活跃分子在互动的过程中，话题的主要观点就已经有开始凝聚的趋

① 刘永谋，夏学英．虚拟社区话语冲突研究——以天涯社区为例［J］．长沙理工大学学报（社会科学版），2006（12）：56.

势。支持率较高的观点开始收拢互动成员，并且形成几个小观点，这些小观点统一在主导观点之下，支持主导观点，后面进来的成员只需在自己支持的观点下发表“赞同”即可。这样使得观点逐步凝聚，通过系统的自组织性可以自调节、自适应。这种自调节、自适应主要体现在不同观点的同质化和同质观点的自然发展。

（五）对偏离的导正

在形成统一观点后，发帖人和意见领袖就会对随后的回帖进行梳理，会不时地参与到成员的讨论中。同时对那些偏离话题的帖子进行引导，规范社区行为。在社区气氛变得恶劣的情况下，发帖人利用权威及时出来制止。他们要重申社区讨论的话题范围、规范互动的形式、回帖不宜带有攻击性的文字、谢绝无实质性意义的探讨等。通过发帖人权威的管制行为和活跃分子的积极响应，社区的氛围逐渐回归正轨，重新开始良性互动，就话题内容进一步展开深入探讨。因此，虚拟社区规则生成的约束机制主要体现在对观点的梳理、对偏离话题的纠正和对恶意互动行为的制止上。

（六）建立规则

随着讨论的深入，大量的回帖，观点越来越清晰并逐步凝聚。在讨论的后期，成员自然而然地去寻找真相，通过这种自组织、自调节、自适应，观点开始同质化。不断地讨论，不时有新的信息进来，会逐步发现其共同点，再加上人们的从众心理，使得这些观点开始聚合，在不受外部干扰的情况下发展。随着观点的集中凝结和约束机制的作用，观点逐渐类型化，出现同类的“意见集群”，话题的意见走势逐渐明朗。在逐渐形成统一观点后，网民的行为就会围绕着这个观点去进行，这时的互动带有明显的秩序性，大家自觉地去遵守、去维护，不再是一个简单的模式，而是一个群体的共鸣，在看似无序的氛围中进行着有序的表达。

人们往往以为，网络人际关系比较松散，人们应该会最大程度上表现出其不受约束的一面。但是经过分析却发现，人们在虚拟社区中依然受到他人的影响，重要权威人物依然制约着人们的行为。说明在虚拟社区中，个体的虚拟身份越是固着化，其活动越受社区规范的制约。

五、对虚拟社区规则的体认

“体认”是指体会认识。虚拟社区的规则包括三个部分：法律规范、社区规则和道德约束。对于这三个部分通过访谈进行分析，旨在了解天涯社区用户在进行发帖和回帖的操作时是否有注意相关的规定。

这方面的访谈主要是了解被访者对于国家法律和社区规则的了解程度。如：“你了解国家对于社区管理的法律法规吗？你了解天涯社区的社区规则吗？可以简单说一说有哪些规则？”通过与被访者的交谈可以看出，他们一般都不会去认真研读社区的相关规定，但是知道社区有规则在约制。

一名有超十年网龄 21 岁的女大学生说：“我平均每天有六分之一的时间在上网，而大部分的上网时间都会泡在天涯社区，可以算一名资深的天涯网民了。天涯注册时的确有一个选项是询问你是否要遵从天涯用户协议，不过一般都不会怎么去看，注册的时候就是直接选择。”“社区的规则不是专业人士哪里会去关心啊，不过一般发帖子时都会被提醒：发帖要符合国家规定……”“一般大家都知道一些网络文明，如不灌水、不说脏话……这些都是在上网的时候自然而然就知道的，大家都是这么去做的。”

另一名 22 岁的本科生说：“国家对于网络的法律规定还真的不知道，也不会去关心这些。”每天，她都会去天涯逛逛，看到自己感兴趣的帖子总会去参与，发表自己的一些看法。“各个社区都有自己的规定，虽然自己不是很了解，不过在平时上网的时候都会有注意，也知道一些大概吧！”

可见，被访者对于天涯社区的规则不一定了解，但是却大概知道什么可以做、什么不可以做。规则被体认的关键环节在于发帖和回帖。对于这方面的访谈，集中在了解被访者是否有被删帖的经历，以及在该行为背后的规则。

我一般都是回帖，也没怎么发过帖子。回帖的内容都挺和谐的，都是什么“支持”“顶”“说的不错”……反正也没什么人说我回的帖子有什么问题。我一般都是凑热闹。（被访者：女，21岁，学生）

我在发帖和回帖时都很注意自己的言辞，也没有被人删帖的经历。我挺讨厌网上那些相互攻击的帖子。（被访者：女，22岁，学生）

被访者都会主动地去遵守社区规则，对自己的行为都有一定的约束力。在社区中，版主扮演着重要的角色，他是否能以身作则、是否公正，对于社区的良性运行十分重要。访谈侧重于从会员的角度对版主的行为进行评价。

我一般都是随便看看，也不会一直待在某一个板块，再说我也没想过要去当什么版主、管理员，所以也不会去关心谁是版主，或者怎么当一个版主，这些和我没多大关系。不过要说到版主，我觉得他们应该要有较高的道德标准，并且要做到公正公平。就我经常逛的那些板块，我觉得版主们做得都挺好的，板块里都挺和谐的，感觉大家都挺守规矩的。我也挺尊重他们的，要不是有他们社区也不会这么和谐，秩序井然，方便了大家。如果有什么人无理取闹说他们怎么怎么不好，我想我会站出来维护他们的形象的。（被访者：女，20，学生）

我很认可的的版主有：白色彩色、闲情公子，我和他们很熟。他们都是水平很高的人，大家都挺信服他们的，封贴、删帖都很按规矩来，也就很尊重他们。（被访者：女，22岁，学生）

从访谈结果看，被访者对于自己所在社区的版主的认同度高，说明版主起到了维护社区规则的作用。在虚拟社区中发帖和回帖除了要按照社区规则来进行操作外，他们的一些行为还会受到自身道德的约束。道德行为在虚拟社区中多表现为对他人的同情、对弱势群体的同情、对正义的维护、对不公平事件的谴责。

> 对别人进行人身攻击或者泄露他人的隐私，都是不道德的行为。我们虽然都有言论自由权，但是最基本的是要秉持最起码的道德底线，不能因为自己一时的情绪化行为而去攻击他人，这样虽然发泄了情绪，但却伤害了他人，同时也降低了自己的水准，是不值得提倡、鼓励的行为。遵守规则是一项美德，如果一个人老是想着怎么去破坏社区规则，那么他对于社会安全应该有一定的威胁。(被访者：女，21 岁，学生)

行动者的动机并不是单纯的自我意志的实现，会受到诸多因素的影响，在虚拟社区中尤为明显，一个帖子的出现一定是各方因素相互制衡后的结果。这些因素包括社区本身就存在的规则、国家对于网络的法规还有发帖人自身的道德品质。

在虚拟空间中，由于“混杂着理智和非理智的成分”，网络行为、认知、信念等难免参差不齐。关注点偏离、社会舆论分散、事实不清、观点偏激、缺乏理性等经常会出现。还有些网民受群体压力等因素的影响而产生的从众行为；一些网民只为看热闹而来，在看的过程中受到相互感染和暗示作用，加入了舆论的讨伐大军，甚至会泄露当事人的隐私，侵犯了当事人的名誉权，对当事人造成严重的身心伤害，最终为网络暴力事件推波助澜。因此网络规则与秩序的建设是一个关系到网络和谐环境建设与保持的重要措施。

后 记

历经十余年，笔者在网络空间的研究方面积累了大量资料。因为教学工作繁重一直没有时间去梳理，它们一直静静地躺在文件夹里。在新冠肺炎疫情暴发期间，网络的神奇作用进一步被肯定，我们通过网络进行教学、研讨以及开展大量的日常工作。网络活动的开展，需要理论和实践知识的启迪，这促使我静下心来把要表达的思想整理成书。

在本书的写作中，我指导的社会学系本科生提供了很多第一手的素材，我在素材部分已经有所标注，在此向他们表示感谢。同时，我也感谢社会学系同仁们，特别是李斌教授为本书的出版所做的努力。

刘玉梅

2020 年 7 月

于中南大学